2026년도 제24회 사회복지사1급 국가시험 대비
FINAL 모의고사 1회

난이도 : 중하

가. 시험 구성

시험 과목수	문제수	배점	총점	문제형식
3과목 (8영역)	200문항	1점 / 1문제	200점	객관식 5지 택1형

나. 시험과목 및 시험시간

○ 일반수험자 기준

구 분	시험과목	세부영역	시험시간	과락기준	총점기준
1교시	사회복지기초 (50문항)	◦ 인간행동과 사회환경 (25문항) ◦ 사회복지조사론 (25문항)	09:30~10:20 (50분)	1~19 문항	합계 120점 이상
2교시	사회복지실천 (75문항)	◦ 사회복지실천론 (25문항) ◦ 사회복지실천기술론 (25문항) ◦ 지역사회복지론 (25문항)	10:50~12:05 (75분)	1~29 문항	
3교시	사회복지정책과 제도 (75문항)	◦ 사회복지정책론 (25문항) ◦ 사회복지행정론 (25문항) ◦ 사회복지법제론 (25문항)	12:35~13:50 (75분)	1~29 문항	

※ 필기시험 합격은 과락기준과 총점기준을 모두 충족해야 함

※ 시험관련 법령 등을 적용하여 정답을 구하여야 하는 문제는 시험 시행일(26. 01. 10.) 현재 시행 중인 법령을 기준으로 출제함

해당 모의고사는 저작권법에 의하여 보호를 받는 저작물이므로 무단전재와 복제를 금합니다.

2026년도 제24회 사회복지사1급 국가시험 대비
FINAL 모의고사 1회

교시	문제형별	시간	시험과목 및 시험영역
1교시	A	50분	**사회복지기초** ① 인간행동과 사회환경 ② 사회복지조사론

수험번호		성 명	

【 수험자 유의사항 】

1. 시험문제지는 **단일 형별(A형)**이며, 답안카드 형별 기재란에 표시된 형별(A형)을 확인하시기 바랍니다. 시험문제지의 **총면수, 문제번호 일련순서, 인쇄상태** 등을 확인하시고, 문제지 표지에 수험번호와 성명을 기재하시기 바랍니다.

2. 답은 각 문제마다 요구하는 **가장 적합하거나 가까운 답 1개**만 선택하고, 답안카드 작성 시 시험문제지 **마킹착오**로 인한 불이익은 전적으로 **수험자에게 책임**이 있음을 알려 드립니다.

3. 답안카드는 국가전문자격 공통 표준형으로 문제번호가 1번부터 125번까지 인쇄되어 있습니다. 답안 마킹 시에는 반드시 **시험문제지의 문제번호와 동일한 번호**에 마킹하여야 합니다.

4. **감독위원의 지시에 불응하거나** 시험기간 종료 후 답안카드를 제출하지 않을 경우 불이익이 발생할 수 있음을 알려 드립니다.

5. 시험문제지는 시험 종료 후 가져가시기 바랍니다.

사회복지 전문출판 **나눔의집**

해당 모의고사는 저작권법에 의하여 보호를 받는 저작물이므로 무단전재와 복제를 금합니다.

각 문제에서 요구하는 가장 적합한 답 1개만을 고르시오.

사회복지기초(인간행동과 사회환경)

1. 인간발달의 원리에 관한 설명으로 옳지 않은 것은?
   ① 생애 전 과정에 걸쳐 연속적으로 계속 일어난다.
   ② 특정 단계의 발달은 이전 단계의 발달과업에 영향을 받는다.
   ③ 발달의 순서는 일정하지만 발달의 속도는 항상 일정한 것은 아니다.
   ④ 어떤 시기의 결손은 계속 누적되어 다음 단계에 영향을 미친다.
   ⑤ 발달은 보편적인 성장의 과정을 거치기 때문에 개인차는 존재하지 않는다.

2. 인간발달이론이 사회복지실천에 유용한 이유로 옳은 것을 모두 고른 것은?

   ㄱ. 다양한 연령층의 클라이언트를 이해할 수 있는 기반을 제공한다.
   ㄴ. 인간의 사회적 기능과 적응수준을 평가할 수 있는 근거를 제공한다.
   ㄷ. 발달에 영향을 미치는 사회적 영향력을 평가할 수 있는 준거틀을 제공한다.
   ㄹ. 클라이언트의 발달과업과 문제를 파악할 수 있는 준거틀을 제공한다.

   ① ㄱ, ㄴ, ㄹ ② ㄱ, ㄷ
   ③ ㄴ, ㄹ   ④ ㄴ, ㄷ, ㄹ
   ⑤ ㄱ, ㄴ, ㄷ, ㄹ

3. 프로이트(S. Freud)의 정신분석이론에 관한 설명으로 옳지 않은 것은?
   ① 인간의 행동은 기본적인 생물학적 충동과 본능을 만족시키려는 욕망에 의해 동기화된다.
   ② 원초아는 현실원리에 의해 작동한다.
   ③ 어린 시절의 경험이 중요한 영향을 미친다
   ④ 리비도의 흐름에 따라 심리성적 발달단계를 5단계로 구분한다.
   ⑤ 초자아는 자아와 함께 행동을 통제하는 기능을 한다.

4. 에릭슨(E. Erikson)의 심리사회이론에 관한 설명으로 옳지 않은 것은?
   ① 발달단계에서 외부 환경에 대처하고 적응하는 과정을 중요하게 다룬다.
   ② 단계별 발달과업이 성취되었을 때와 위기를 극복하지 못했을 때를 양극개념으로 설명하였다.
   ③ 인간행동의 기초로서 원초아보다 자아를 더 강조한다.
   ④ 인간행동은 의식 수준에서 통제 가능한 자아에 의해서 동기화된다.
   ⑤ 무의식을 개인무의식과 집단무의식으로 구분하였다.

5. 아들러(A. Adler)의 개인심리이론에 관한 설명으로 옳지 않은 것은?
   ① 인간은 성적 만족보다는 우월감을 추구한다고 보았다.
   ② 인간을 합리적이고 창조적인 존재로 보았다.
   ③ 성격구조나 발달단계를 제시하지 않았다.
   ④ 열등감과 보상을 위한 노력이 모든 부적응의 근원이 된다고 보았다.
   ⑤ 개인의 창조적 자아의 중요성을 강조하였다.

6. 융(C. Jung)의 분석심리이론에 관한 설명으로 옳지 않은 것은?
   ① 인간을 무의식의 영향을 받지만 의식에 의해 조절될 수 있는 가변적 존재로 보았다.
   ② 성인기보다는 아동기의 발달에 더 관심을 두었으며, 어린 시절의 경험이 성격 형성에 중요한 영향을 미친다고 보았다.
   ③ 집단무의식은 성격구조 중 가장 접촉하기 어려운 가장 깊은 수준, 즉 정신의 심층에 위치한다.
   ④ 남성이 억압시킨 여성성을 아니마(anima)라고 하고, 여성이 억압시킨 남성성을 아니무스(animus)라고 한다.
   ⑤ 개성화의 목표는 가능한 한 완전히 자기 자신을 아는 것, 즉 '자기인식'에 있다.

7. 피아제(J. Piaget)의 인지발달이론에서 '구체적 조작기'에 관한 설명으로 옳은 것을 모두 고른 것은?

   ㄱ. 논리적 사고를 방해하는 전조작기 사고의 특징인 자아중심성을 극복한다.
   ㄴ. 유목화, 서열화, 조합, 보존의 개념을 완전히 획득한다.
   ㄷ. 감각운동기에 형성되기 시작한 대상영속성이 확립된다.
   ㄹ. 실제로 혹은 구체적으로 경험할 수 없는 사물이나 사건을 머릿속으로 생각할 수 있다.

   ① ㄱ, ㄴ   ② ㄱ, ㄷ
   ③ ㄴ, ㄷ   ④ ㄴ, ㄹ
   ⑤ ㄷ, ㄹ

8. 스키너(B. Skinner)의 행동주의이론에 관한 설명으로 옳은 것은?
   ① 인간의 행동은 학습되거나 학습에 의해 수정될 수 없다.
   ② 인간행동에 영향을 주는 중요한 근원은 내적인 동기와 욕구이다.
   ③ 부적 강화는 특정 행동 뒤에 유쾌한 자극을 철회하여 해당 행동의 빈도를 감소시키는 것을 말한다.
   ④ 인간은 보상과 처벌에 따라 유지되는 기계적 존재로서, 모든 인간행동은 법칙적으로 결정되고 예측 가능하므로 통제할 수 있다.
   ⑤ 조작적 조건형성보다 반응적 조건형성을 강조한다.

9. 반두라(A. Bandura)의 사회학습이론의 주요 개념으로 옳지 않은 것은?
   ① 자기강화
   ② 상호결정론
   ③ 모델링·모방
   ④ 변별자극
   ⑤ 관찰학습

10. 콜버그(L. Kohlberg)의 도덕성 발달이론에 관한 설명으로 옳지 않은 것은?
    ① 전인습적 수준의 아동은 이기적인 도덕적 판단이 특징이며, 사회의 규범이나 기대를 잘 이해하지 못한다.
    ② 여성의 도덕적 판단에서 나타나는 가치와 특징을 과소평가, 평가절하한다는 비판을 받았다.
    ③ 인습적 수준의 사람들은 아직 다른 사람의 견해와 입장을 이해할 수 없다.
    ④ 피아제(J. Piaget)와 마찬가지로 아동의 인지능력이 발달함에 따라 도덕발달 수준도 단계적으로 발달해간다고 보았다.
    ⑤ 후인습적 수준의 도덕적 추론을 위해서는 형식적·조작적 사고가 필요하다.

11. 매슬로우(A. Maslow)의 욕구이론의 욕구체계 단계에 관한 설명으로 옳은 것은?
    ① 생리적인 욕구 – 보호, 의존, 질서, 구조의 욕구
    ② 안전에 대한 욕구 – 음식, 배설, 수면, 성의 욕구
    ③ 소속과 사랑에 대한 욕구 – 애정, 친분, 우정의 욕구
    ④ 자기존중에 대한 욕구 – 자발성, 포부실현, 창조성의 욕구
    ⑤ 자아실현의 욕구 – 명성, 능력, 존경, 성취의 욕구

12. 로저스(C. Rogers)의 현상학이론에 관한 설명으로 옳지 않은 것은?
   ① 완전히 기능하는 사람은 경험에 대해 개방적이며, 실존적인 삶을 산다.
   ② 인간행동은 객관적 현실세계에서의 경험의 결과로 보았다.
   ③ 인간은 목적지향적 존재라고 인식하였다.
   ④ 성격발달 그 자체에 특별한 주의를 기울이지 않았기 때문에 발달단계에 대한 구체적인 시기를 언급하지 않았다.
   ⑤ 공감적 이해와 무조건적 긍정적 관심과 배려를 중요하게 생각한다.

13. 다음의 사례와 관련 있는 체계이론의 개념은?

   > 부부가 심각한 갈등을 반복하면서 지내오다가 자녀가 아프면 자녀를 치료하는 동안 잠시 덮어두었다가 자녀가 완쾌되면 예전과 같이 갈등상태에 돌입하게 되는 경우이다.

   ① 항상성(homeostasis)
   ② 엔트로피(entropy)
   ③ 홀론(holon)
   ④ 다중종결성(multifinality)
   ⑤ 시너지(synergy)

14. 생태체계이론에 관한 설명으로 옳지 않은 것은?
   ① 클라이언트가 가진 문제를 개인의 책임으로 보며, 병리적인 관점으로 접근한다.
   ② 변화에 대해 매우 개방적이다.
   ③ '환경 속의 인간'이라는 전체적 인간관을 가지고 있다.
   ④ 생태체계관점에 의하면 부적응이란 존재하지 않는다.
   ⑤ 인간은 환경에 반응할 뿐만 아니라 스스로 환경을 창조해 내는 주인이기도 하다.

15. 생태체계이론에 관한 설명으로 옳은 것을 모두 고른 것은?

   > ㄱ. '유능성'은 환경과 성공적인 상호작용을 경험하는 데서 형성되는 것으로 일생에 걸쳐 확대될 수 있는 능력이다.
   > ㄴ. 개인과 다른 인간체계들이 내·외부적인 힘들에 반응해서 어떻게 변화하고 안정을 이루는가를 설명한다.
   > ㄷ. '상호교류'는 무엇인가를 전달하고 교환하는 것이기 때문에 활동적이며 역동적이다.
   > ㄹ. 어느 하나의 개입기법만을 선택하여 클라이언트에게 적용함으로써 클라이언트에게 보다 효과적으로 접근할 수 있다는 장점이 있다.

   ① ㄱ, ㄴ, ㄷ
   ② ㄹ
   ③ ㄴ, ㄷ
   ④ ㄱ, ㄹ
   ⑤ ㄱ, ㄴ, ㄷ, ㄹ

16. 개방형 가족체계에 관한 설명으로 옳지 않은 것은?
    ① 지역사회와의 교류가 활발하다.
    ② 다른 체계들과 정보, 자원 등을 서로 교환하며 체계의 기능을 발전시킨다.
    ③ 가족 외부와의 경계가 분명하면서도 침투력이 있어 유동적이다.
    ④ 외부체계와의 지속적인 상호작용이 이뤄진다.
    ⑤ 가족체계 내에서 엔트로피 상태가 지속된다.

17. 문화에 관한 설명으로 옳지 않은 것은?
    ① 개별 클라이언트에게 영향을 주는 주요 거시체계 중 하나이다.
    ② 학습을 통해 후천적으로 획득되며, 사회화를 통해 개인의 일부가 된다.
    ③ 물질문화는 크게 규범문화와 관념문화로 나뉜다.
    ④ 문화는 인간집단의 행동방식을 제시하고 구조화하며, 그 행동에 의미를 부여한다.
    ⑤ 시대에 따라 끊임없이 수정되고 조절되며, 새로운 특성이 추가되면서 변동한다.

18. 태아기의 발달 특성에 관한 설명으로 옳지 않은 것은?
    ① 임신초기(1~3개월)에는 태아의 급속한 세포분열이 일어나는 중요한 시기이다.
    ② 임산부는 단백질, 철분, 칼슘 등의 성분이 들어 있는 음식은 피해야 한다.
    ③ 간접 흡연도 태아에게는 매우 위험할 수 있다.
    ④ 일반적으로 35세 이상의 산모는 미숙아 출산, 자연유산, 임신중독증 및 난산이 될 확률이 높다.
    ⑤ 30주 정도가 지나면 신경계의 조절능력이 생기게 되므로 인큐베이터에서의 생존이 가능해 진다.

19. 영아기(0~2세)의 발달 특성으로 옳은 것을 모두 고른 것은?

    > ㄱ. 대상영속성이 형성되기 시작한다.
    > ㄴ. 프로이트(S. Freud)의 생식기, 에릭슨(E. Erikson)의 유아기, 피아제(J. Piaget)의 전조작기에 해당한다.
    > ㄷ. 목적을 위해 수단을 활용하는 목적지향적 행동을 한다.
    > ㄹ. 감각운동을 통하여 지능발달을 도모한다.

    ① ㄱ, ㄴ
    ② ㄷ, ㄹ
    ③ ㄱ, ㄴ, ㄷ
    ④ ㄱ, ㄷ, ㄹ
    ⑤ ㄱ, ㄴ, ㄷ, ㄹ

20. 유아기(3~6세)의 발달 특성에 관한 설명으로 옳지 않은 것은?
    ① 에릭슨(E. Erikson)의 심리사회 발달단계에서 주도성 대 죄의식이 형성되는 시기이다.
    ② 직관적 사고, 비가역적 사고를 한다.
    ③ 피아제(J. Piaget)의 인지발달단계에서 구체적 조작기에 해당하는 시기이다.
    ④ 오이디푸스 콤플렉스와 엘렉트라 콤플렉스의 시기이다.
    ⑤ 콜버그(L. Kohlberg)의 도덕성 발달단계에서 전인습적 단계에 해당하는 시기이다.

21. 아동기(7~12세)의 발달 특성에 관한 설명으로 옳은 것은?
    ① 제2반항기에 해당한다.
    ② 자존감이 발달되고, 향후 기본적인 사회기술과 가치관을 확립하는 시기이다.
    ③ 상징적 사고, 인공론적 사고, 전환적 추론 등의 특징이 나타나는 시기이다.
    ④ 사회적 관계의 범위는 아직 가족에 한정된다.
    ⑤ 프로이트(S. Freud)의 발달단계에서 생식기에 해당하는 시기이다.

22. 청소년기(13~19세)의 발달 특성에 관한 설명으로 옳지 않은 것은?
    ① 자기중심적 사고에서 벗어나 추상적 사고가 가능해진다.
    ② 가설을 통한 연역적 사고와 논리적 추론을 할 수 있다.
    ③ 근면성이 발달하면서 자기존중감을 갖게 되는 시기이다.
    ④ 심리사회적 유예가 일어나는 시기이다.
    ⑤ 부모로부터 심리적으로 독립하고 자아정체감을 형성하는 심리적 이유기이다.

23. 청년기(19~29세)의 발달 특성에 관한 설명으로 옳지 않은 것은?
    ① 성역할 정체감이 완성되는 시기이다.
    ② 신체적 성숙이 거의 완성되며 신체적 기능이 최고조에 달한다.
    ③ 가족으로부터 독립을 준비해야 하며, 직업을 선택하고 경력을 쌓아야 한다.
    ④ 독립과 자율성에 대해 갈망하는 양가감정을 갖는다.
    ⑤ 엘킨드(D. Elkind)는 청년기의 자기중심성을 강조하였다.

24. 장년기(30~64세)의 발달 특성에 관한 설명으로 옳지 않은 것은?
    ① 단기기억력은 약화되기 시작하지만 장기기억력은 변화하지 않는다.
    ② 반두라(A. Bandura)의 이론에 의하면 장년기 후기에는 외부세계에 쏟았던 에너지를 자기 내면에 돌리려 한다.
    ③ 새로운 것의 학습 능력은 저하되지만 문제해결 능력은 오히려 향상된다.
    ④ 남녀의 성적 능력이 저하되며, 갱년기를 경험하게 된다.
    ⑤ 유동성 지능(fluid intelligence)은 떨어지지만, 결정성 지능(crystallized intelligence)은 더 좋아진다.

25. 큐블러-로스(E. Kübler-Ross)의 죽음에 이르는 5단계에 관한 설명으로 옳지 않은 것은?
    ① 1단계: 사실로 받아들이지 않는다. 흔히 의사의 오진이라고 생각한다.
    ② 2단계: "왜 하필이면 나에게…"라고 생각하며 가족이나 의료진에게 분노를 터뜨린다.
    ③ 3단계: 모든 것을 포기하고 삶의 희망을 내려놓는다.
    ④ 4단계: "너무 슬프고, 끔찍하고, 어떻게 살아갈까…"라고 생각한다. 이별할 수밖에 없다는 데서 오는 우울증이 나타난다.
    ⑤ 5단계: 사실을 받아들인다.

사회복지기초(사회복지조사론)

26. 과학적 방법에 관한 설명으로 옳지 않은 것은?
   ① 경험적으로 검증 가능해야 한다.
   ② 잠정적이며, 수정 가능하다.
   ③ 비교적 일반적이며 보편적으로 적용될 수 있는 지식을 추구한다.
   ④ 원인과 결과의 관계에 있어서 단정적 결정론을 따른다.
   ⑤ 상호주관성을 갖는다.

27. 실증주의와 해석주의에 관한 설명으로 옳은 것은?
   ① 실증주의는 현장연구, 참여관찰 등과 같은 질적 연구방법을 주로 활용한다.
   ② 해석주의는 객관성, 정확성, 일반화 등을 강조한다.
   ③ 해석주의는 보편적으로 적용가능한 분석도구가 존재한다고 본다.
   ④ 실증주의는 사회적 행위의 주관적 의미에 대한 이해를 강조한다.
   ⑤ 후기실증주의는 연구방법에 있어서 양적 연구방법과 함께 역사적, 비교학적, 철학적, 현상학적 담론을 통한 해석을 강조한다.

28. 다음 연구 상황에 유용한 조사유형은?

   | 대학 신입생들의 학과만족도가 어떻게 변화하는지 알아보기 위해 2023년에는 2023년도 신입생을 조사하고, 2024년에는 2024년도 신입생을 조사하고, 2025년에는 2025년 신입생을 조사하는 방식으로 매년 당해 신입생들을 대상으로 학과만족도를 조사하였다. |

   ① 패널조사   ② 경향조사
   ③ 전수조사   ④ 동년배조사
   ⑤ 횡단조사

29. 종단조사에 관한 설명으로 옳지 않은 것은?
   ① 동년배조사는 일정 기간에 걸쳐 나타나는 변화에 대해 가장 포괄적인 자료를 제공한다.
   ② 조사대상자와 상황이 어떻게 변화되는지를 살펴보는 데 적합하다.
   ③ 반복적으로 측정이 이루어지므로 비용이 많이 든다.
   ④ 일정한 시간적 간격을 두고 측정하므로 동태적이다.
   ⑤ 패널조사는 시간이 지나면서 조사대상이 중도에 탈락하는 문제가 있다.

30. 가설의 특징에 관한 설명으로 옳지 않은 것은?
   ① 가설에 포함된 변수의 계량화가 가능해야 한다.
   ② '정치적 행위는 근본적으로 인간이 결정한다.'라는 가설은 경험적 검증이 어렵다.
   ③ 가설은 반드시 방향성을 갖고 있어야 한다.
   ④ 변수는 2개 이상으로 구성되며 그것들 간의 관계를 나타내고 있어야 한다.
   ⑤ 이론 그 자체를 직접 검증하기는 어렵기 때문에 이론에서 도출한 가설을 검증한다.

31. 다음 가설에서 ㄱ~ㄷ이 의미하는 변수의 종류를 바르게 짝지은 것은?

   > (ㄱ) 초등학교 교사의 지지가 높으면 (ㄴ) 집단따돌림이 (ㄷ) 초등학생의 자아존중감에 미치는 영향력을 감소시킬 것이다.

   ① ㄱ: 매개변수, ㄴ: 종속변수, ㄷ: 독립변수
   ② ㄱ: 매개변수, ㄴ: 독립변수, ㄷ: 종속변수
   ③ ㄱ: 통제변수, ㄴ: 독립변수, ㄷ: 종속변수
   ④ ㄱ: 조절변수, ㄴ: 종속변수, ㄷ: 독립변수
   ⑤ ㄱ: 조절변수, ㄴ: 독립변수, ㄷ: 종속변수

32. 개념의 조작화에 관한 설명으로 옳지 않은 것은?
   ① 하나의 개념을 조작화하는 방법은 다양하게 존재한다.
   ② 어떤 변수를 측정할 수 있는 방법이 무엇인지를 제시해준다.
   ③ 개념적 정의는 추상적이고 주관적일 수 있기 때문에 그 자체로는 측정이 어렵다.
   ④ 학업스트레스를 '학업으로 인해 유발되는 긴장상태로서 개개인이 느끼는 불안과 갈등'이라고 정의하는 것은 조작적 정의이다.
   ⑤ 조작적 정의는 개념적 정의를 벗어나지 않는 범위에서 측정 가능하도록 재정의하는 것이어야 한다.

33. 조사설계의 타당도에 관한 설명으로 옳지 않은 것은?
   ① 배합(matching)은 무작위 할당과 병행해서 사용될 경우 실험의 내적 타당도를 더욱 높일 수 있다.
   ② 내적 타당도의 핵심이 인과관계라면, 외적 타당도의 핵심은 일반화이다.
   ③ 극단적인 측정값을 보이는 대상자를 선정해야 통계적 회귀를 제거할 수 있다.
   ④ 표본의 대표성이 떨어지면 외적 타당도도 낮아질 수밖에 없다.
   ⑤ 내적 타당도를 저해하는 내적 요인들은 대부분 실험집단과 통제집단을 설정함으로써 제거할 수 있다.

34. 다음 사례가 나타내는 조사설계는 무엇인가?

   > 장애인 근로자 전용 공장인 '자립공장'에 근무하는 장애인 근로자 가운데 임의로 15명을 선택하여 실험집단에 배치하고 다른 15명을 뽑아 통제집단에 배치하였다. 실험집단에는 사회기술훈련을 실시하고 통제집단에 대해서는 실시하지 않았다. 사회기술훈련을 실시하기 전후 각 4회씩 양 집단에 대해 직장만족도를 관찰한 결과, 훈련을 받은 실험집단의 직장만족도가 현저히 높게 나타났다.

   ① 복수시계열 설계
   ② 비동일 통제집단 설계
   ③ 분리표본 사전사후검사 설계
   ④ 단순시계열 설계
   ⑤ 단일집단 사전사후검사 설계

35. 실험설계에 관한 설명으로 옳지 않은 것은?
   ① 통제집단 사전사후검사 설계는 순수실험설계에 해당한다.
   ② 솔로몬 4집단 설계는 통제집단 사전사후검사 설계와 비동일 통제집단 설계가 결합된 형태이다.
   ③ 복수시계열 설계는 무작위 할당이 이루어지지 않으므로 실험집단과 통제집단이 이질적일 가능성이 있다.
   ④ 단순시계열 설계는 종속변수의 변화가 우연한 사건들의 영향을 받았을 가능성을 배제하지 못한다.
   ⑤ 1회 사례연구는 탐색적 목적으로 수행되는 경우에는 유용할 수 있다.

36. 단일사례설계에 관한 특성으로 옳지 않은 것은?
    ① 하나의 사례를 반복 측정함으로써 실험집단과 통제집단과 같은 집단비교의 효과를 갖는다.
    ② 기초선단계에서 충분히 관찰이 이루어질 때 단일사례연구의 내적 타당도가 향상된다.
    ③ 단일사례연구만으로 인과관계를 충분히 확신할 수 있다.
    ④ 1차적인 목적은 가설의 검증에 있는 것이 아니라 어떤 표적행동에 대한 개입의 효과성을 분석하는 데 있다.
    ⑤ 개입의 효과성에 대한 즉각적인 피드백이 가능하다.

37. 측정의 수준이 서로 다른 변수로 짝지어진 것은?
    ① 혈액형, 성별, 종교
    ② 노인장기요양등급, 석차, 학점
    ③ 온도, 지능지수(IQ), 출생률
    ④ 자녀수, 가격, 연령
    ⑤ TV시청률, 체중, 고용률

38. 측정의 타당도에 관한 설명으로 옳지 않은 것은?
    ① 같은 대상에 대해 반복적으로 측정할 때 어느 정도 동일한 측정값을 산출하는지를 말한다.
    ② 내용타당도는 궁극적으로 전문가의 주관적 판단에 의존할 수밖에 없는 한계를 지닌다.
    ③ 기준타당도에는 예측타당도와 동시타당도가 있다.
    ④ 타당도가 높은 측정은 신뢰도도 높다.
    ⑤ 구성타당도는 측정되는 개념이 전반적인 이론적 틀 속에서 다른 개념들과 관련성을 갖고 있는 정도를 검증한다.

39. 측정의 신뢰도를 높이는 방법으로 옳은 것을 모두 고른 것은?

> ㄱ. 응답자가 무관심하거나 잘 모르는 내용은 측정하지 않는 것이 좋다.
> ㄴ. 측정항목을 늘리고 선택범위를 넓혀야 한다.
> ㄷ. 신뢰도를 떨어뜨리는 측정항목을 제외한다.
> ㄹ. 유사한 질문을 통하여 신뢰도를 검증해야 한다.

① ㄱ, ㄴ, ㄷ
② ㄹ
③ ㄴ, ㄷ
④ ㄱ, ㄹ
⑤ ㄱ, ㄴ, ㄷ, ㄹ

40. 측정의 오류에 관한 설명으로 옳지 않은 것은?
① 측정의 오류는 변수를 측정하는 과정에서 나타나는 오류로서 측정오차라고도 한다.
② 비체계적 오류는 오류의 값이 다양하게 분산되어 있어 무작위적으로 발생하는 오류이다.
③ 측정대상자가 긴장, 피로, 불안 등과 같은 신체적·정신적 요인을 갖고 있다면 비체계적 오류가 발생할 수 있다.
④ 비체계적 오류를 줄이기 위해서는 조사대상자가 잘 모르거나 관심이 없는 내용도 빠짐없이 측정해야 한다.
⑤ 타당도는 체계적 오류, 신뢰도는 비체계적 오류와 관련된 개념이다.

41. 다음 내용에서 설명하고 있는 척도는 무엇인가?

> • 둘 이상의 개념을 측정하는 다차원적인 척도로는 사용되기 어렵다.
> • 단일차원성과 누적적인 구성이 경험적으로 검증되도록 설계되어 있다.
> • 서열척도에 해당하며, 척도를 구성하는 문항들이 내용의 강도에 따라 일관성 있게 서열을 이루고 있다.

① 거트만(Guttman) 척도
② 리커트(Likert) 척도
③ 의미분화(Semantic Differential) 척도
④ 사회적 거리감(Social Distance) 척도
⑤ 써스톤(Thurstone) 척도

42. 확률표집방법에 관한 설명으로 옳지 않은 것은?
    ① 모집단의 각 표집단위가 모두 추출될 기회를 가지고 있다.
    ② 확률표집방법을 통해 추출한 표본은 비확률표집방법을 통해 추출한 표본보다 모집단을 대표할 가능성이 더 낮다.
    ③ 무작위 추출방식으로 표본을 추출한다.
    ④ 통계치로부터 모수치를 추정하는 방법을 제시해준다.
    ⑤ 층화표집, 집락표집은 확률표집방법이다.

43. 표본의 크기에 관한 설명으로 옳지 않은 것은?
    ① 신뢰수준이 높으면 표본의 크기도 커져야 한다.
    ② 조사 내용의 주요 변인의 수가 많으면 더 많은 표본을 추출해야 한다.
    ③ 서베이조사에 비해 사례연구와 같은 질적 연구는 표본의 크기가 대체로 크다.
    ④ 모집단 요소들이 유사한 속성을 많이 가지고 있다면 표본의 크기는 작아도 된다.
    ⑤ 모집단의 크기가 작을 경우에는 전수조사를 하는 것이 가장 정확한 결과를 얻는다.

44. 다음 사례에서 설명하는 표본추출방법은?

    > 한 종합대학교에서 정교수, 부교수, 조교수와 같이 계급 순으로 되어 있는 집단들에 관해 표집을 실시하고자 한다. 모든 정교수를 함께 하나의 동질적인 집단으로 목록을 만들고, 모든 부교수를 하나의 동질적인 집단으로 목록을 만들고, 모든 조교수를 하나의 동질적인 집단으로 목록을 만든다. 이것이 실행된 이후 무작위로 표본을 추출한다.

    ① 체계적 표집법(systematic sampling)
    ② 집락표집법(cluster sampling)
    ③ 층화표집법(stratified sampling)
    ④ 할당표집법(quota sampling)
    ⑤ 유의표집법(purposive sampling)

45. 서베이(survey) 방법의 특징으로 옳지 않은 것은?
    ① 자기기입식 설문조사는 민감한 쟁점을 다루는 데 더 효과적이다.
    ② 표준화된 설문지를 사용함으로써 객관적으로 측정할 수 있다.
    ③ 대규모 모집단보다는 소규모 모집단의 특성을 기술하는 데 유용하다.
    ④ 우편조사와 면접조사가 서베이방법에서 가장 많이 사용되는 방법이라 할 수 있다.
    ⑤ 한 시점에서 끝나는 경우가 많아 시계열적인 정보를 얻기 어렵다.

46. 설문지 문항의 작성에 관한 설명으로 옳은 것은?
    ① 민감한 질문이나 개방형 질문은 앞쪽에 배치한다.
    ② 신뢰도를 검사하는 질문은 서로 가깝게 하여 배치한다.
    ③ 특수한 것을 먼저 묻고 일반적인 것은 뒤에 묻는다.
    ④ 설문지에는 보다 분명하고 명확한 응답을 얻기 위해 응답 방법 등에 대한 지침을 제공해야 한다.
    ⑤ 질문은 가급적 길고 자세하게 설명하는 것이 좋다.

47. 내용분석(content analysis)에 관한 설명으로 옳지 않은 것은?
    ① 양적인 분석방법과 질적인 분석방법 모두를 사용한다.
    ② 기록된 의사전달 자료에만 의존하므로 기록으로 남아 있지 않은 것은 분석하기 어렵다.
    ③ 장기간에 걸친 종단연구가 가능하다.
    ④ 의사소통의 드러난 내용뿐만 아니라 숨은 내용도 분석대상이 된다.
    ⑤ 연구대상자에게 반응성이 생길 수 있다.

48. 관찰법의 장·단점으로 옳지 않은 것은?
① 언어적 의사소통이 어려운 아동, 노인, 장애인 등을 대상으로 할 수 있다.
② 표본의 크기에 제한이 없다.
③ 관찰자의 추리나 주관이 개입될 가능성이 높다.
④ 조사대상자의 행동이 발생하는 현장에서 즉각적으로 자료를 수집할 수 있다.
⑤ 익명성이 보장되기 어려운 경우가 많다.

49. 질적 연구에 관한 설명으로 옳지 않은 것은?
① 탐색적 연구보다는 인과관계를 규명하는 설명적 조사에 적합하다.
② 연구자의 관찰과 통찰 등을 통해 자료를 수집하고 분석한다.
③ 양적 연구에 비해 자료수집 및 분석과정이 유연하고 융통성이 있다.
④ 주로 현상에 대해 서술적이고 탐색적인 연구에 활용된다.
⑤ 연구 과정에서 잠정적인 가설들이 형성되는 것이 일반적이다.

50. 질적 연구와 가장 거리가 먼 것은?
① 참여행동연구
② 문화기술지
③ 단순시계열 설계 연구
④ 내러티브 연구
⑤ 현상학 연구

2026년도 제24회 사회복지사1급 국가시험 대비
FINAL 모의고사 1회

교시	문제형별	시간	시험과목 및 시험영역
2교시	A	75분	**사회복지실천** ① 사회복지실천론 ② 사회복지실천기술론 ③ 지역사회복지론

수험번호		성 명	

【 수험자 유의사항 】

1. 시험문제지는 **단일 형별(A형)**이며, 답안카드 형별 기재란에 표시된 형별(A형)을 확인하시기 바랍니다. 시험문제지의 **총면수, 문제번호 일련순서, 인쇄상태** 등을 확인하시고, 문제지 표지에 수험번호와 성명을 기재하시기 바랍니다.

2. 답은 각 문제마다 요구하는 **가장 적합하거나 가까운 답** 1개만 선택하고, 답안카드 작성 시 시험문제지 **마킹착오**로 인한 불이익은 전적으로 **수험자에게 책임**이 있음을 알려 드립니다.

3. 답안카드는 국가전문자격 공통 표준형으로 문제번호가 1번부터 125번까지 인쇄되어 있습니다. 답안 마킹 시에는 반드시 **시험문제지의 문제번호와 동일한 번호**에 마킹하여야 합니다.

4. **감독위원의 지시에 불응하거나 시험기간 종료 후 답안카드를 제출하지 않을 경우** 불이익이 발생할 수 있음을 알려 드립니다.

5. 시험문제지는 시험 종료 후 가져가시기 바랍니다.

사회복지 전문출판 **나눔의집**

해당 모의고사는 저작권법에 의하여 보호를 받는 저작물이므로 무단전재와 복제를 금합니다.

각 문제에서 요구하는 가장 적합한 답 1개만을 고르시오.

사회복지실천(사회복지실천론)

1. 다음 중 미시적 실천에 해당하지 않는 것은?
   ① 부모의 이혼 이후 불안감을 호소하는 자녀에 대한 심리상담
   ② 기관 이용자의 소개로 방문한 클라이언트의 이용접수 및 기관안내
   ③ 폭우로 수해를 입은 주민 실태조사 및 생활지원 방안 계획수립
   ④ 지역 내 저소득층 독거 어르신에게 병원 등 동행 서비스 제공
   ⑤ 예비 부부 대상 부부 간 의사소통 기술 교육 프로그램 실시

2. 사회복지실천의 이념적 배경에 관한 설명으로 옳은 것을 모두 고른 것은?

   ㄱ. 사회진화론은 모든 클라이언트도 대우받을 권리가 있음을 표방한다.
   ㄴ. 개인주의는 인간중심적 가치관을 바탕으로 집단을 위한 개인의 희생에 반대한다.
   ㄷ. 민주주의는 빈곤층의 가치를 인정한 인보관운동의 이념으로서 사회개혁 활동으로 이어졌다.
   ㄹ. 자선조직협회(COS)는 빈민들을 대상으로 박애사상에 따라 인도주의적 원조활동을 실시하였다.

   ① ㄱ, ㄷ   ② ㄴ, ㄹ
   ③ ㄱ, ㄴ, ㄹ   ④ ㄴ, ㄷ, ㄹ
   ⑤ ㄱ, ㄴ, ㄷ, ㄹ

3. 한국 사회복지 윤리강령의 기능에 관한 설명으로 옳지 않은 것은?
   ① 실천현장에서 윤리적 갈등이 발생했을 때 지침이 된다.
   ② 외부통제로부터 전문직을 보호할 수 있다.
   ③ 전문가로서 갖추어야 할 기본적인 자세를 제시한다.
   ④ 법률과 동등한 효력이 있어 민형사상 책임의 근거가 된다.
   ⑤ 사회복지사의 자기규제를 통해 클라이언트를 보호할 수 있다.

4. 레비(Levy)가 제시한 사회복지 전문직의 가치 중 수단에 관한 가치와 관련된 것은?
   ① 인간의 가치와 존엄성 존중
   ② 클라이언트의 자기결정권 존중
   ③ 서비스 제공에 따른 성과 도출
   ④ 인간으로서 누려야 할 기본욕구 충족
   ⑤ 불평등의 개선 등 사회적 책임

5. 우리나라 사회복지사 윤리강령의 전문에서 강조하고 있는 사항을 모두 고른 것은?

   ㄱ. 천부의 자유권과 생존권 보장
   ㄴ. 사회적·경제적 약자를 위한 사회정의 실현
   ㄷ. 평등, 자유, 민주주의 가치 실현
   ㄹ. 개인의 주체성과 자기결정권 보장

   ① ㄱ, ㄴ   ② ㄷ, ㄹ
   ③ ㄱ, ㄴ, ㄹ   ④ ㄴ, ㄷ, ㄹ
   ⑤ ㄱ, ㄴ, ㄷ, ㄹ

6. 사회복지실천의 발달과정을 순서대로 나열한 것은?

   ㄱ. 메리 리치몬드(Richmond)의 『사회진단 Social Diagnosis』이 출간되었다.
   ㄴ. 사회복지직의 전문성에 대한 플렉스너(Flexner)의 비판이 있었다.
   ㄷ. 자선조직협회의 우애방문원에 대한 보수체계가 마련되기 시작하였다.
   ㄹ. 밀포드 회의에서 개별사회사업의 공통요소 8가지를 정리하였다.

   ① ㄱ-ㄷ-ㄴ-ㄹ   ② ㄴ-ㄱ-ㄹ-ㄷ
   ③ ㄷ-ㄴ-ㄱ-ㄹ   ④ ㄹ-ㄱ-ㄷ-ㄴ
   ⑤ ㄹ-ㄷ-ㄴ-ㄱ

7. 사회복지사의 역할에 관한 설명으로 옳지 않은 것은?
   ① 옹호자: 클라이언트의 입장을 대변하여 표적체계에 시정을 요구한다.
   ② 중재자: 갈등이 일어난 체계 사이를 중립적 입장에서 조정한다.
   ③ 계획가: 지역사회의 문제를 조사하고 해결할 서비스를 개발한다.
   ④ 교육자: 슈퍼비전, 보수교육 등을 통해 직원의 전문성을 강화한다.
   ⑤ 촉진자: 서비스 전달체계를 강화할 방법을 모색하고 실행한다.

8. 사회복지 실천현장 중 생활시설이면서 1차현장인 기관으로만 나열된 것은?
   ① 노인주간보호시설, 장애인 공동생활가정
   ② 성폭력 피해자 쉼터, 아동보호치료시설
   ③ 정신장애인 요양시설, 아동양육시설
   ④ 정신건강복지센터, 청소년 자립생활관
   ⑤ 아동보호전문기관, 지역자활센터

9. 강점관점에 대한 설명으로 옳지 않은 것은?
   ① 사회복지의 근본적 가치인 인본적 가치 및 사회정의에 관련된 가치와 일치한다.
   ② 문제를 새로운 도전과 기회로 인식한다.
   ③ 개입의 초점을 클라이언트의 문제에 두어 이를 해결함으로써 역량을 강화한다.
   ④ 클라이언트 체계에 대한 존중을 바탕으로 원조 활동을 진행한다.
   ⑤ 이용 가능한 자원을 찾고 활용하도록 원조한다.

10. 체계이론의 개념 중 다음에서 설명하고 있는 것은?

    > 출발이 같더라도 그로 인한 결과는 다양하게 나타날 수 있다. 이로 인해 가족을 대상으로 상담을 진행하더라도 상담에 따른 성과 혹은 목표달성 정도는 가족원마다 다를 수 있다.

    ① 환류   ② 홀론
    ③ 순환적 인과성   ④ 동등종결
    ⑤ 다중종결

11. 펄만(Perlman)의 사회복지실천 4가지 구성요소에 대한 설명으로 옳지 않은 것은?
    ① 장소(place): 클라이언트가 찾아오는 곳으로 서비스가 이루어지는 공간이다.
    ② 비용(price): 서비스 비용, 교통비, 심리적 부담감 등 접근성과 관련된다.
    ③ 문제(problem): 실천과정을 통해 해결해야 할 문제 및 욕구를 말한다.
    ④ 사람(person): 서비스를 요청하여 받게 되는 클라이언트이다.
    ⑤ 과정(process): 문제해결을 위해 이루어지는 지원, 활동을 말한다.

12. 통합적 접근의 특징으로 볼 수 없는 것은?
    ① 생태체계적 관점
    ② 다체계적 차원에서 접근
    ③ 단선적 사고
    ④ 이론과 개입의 개방적 선택
    ⑤ 환경 속 인간 관점

13. 사례관리의 등장배경에 관한 설명으로 옳지 않은 것은?
    ① 복합적인 문제와 욕구를 가진 클라이언트의 증가
    ② 클라이언트에게 통합적이고 체계적인 서비스를 제공하고자 하는 필요성
    ③ 사회적 지원체계와 지원망의 중요성에 대한 인식 증가
    ④ 클라이언트와 그 가족에게 부과되는 과도한 책임
    ⑤ 시설 중심의 사회복지서비스 활성화의 영향

14. 사례관리의 과정을 순서대로 나열한 것은?
   ① 사정 – 계획 – 아웃리치 – 개입 – 점검
   ② 사정 – 아웃리치 – 계획 – 점검 – 개입
   ③ 사정 – 점검 – 계획 – 아웃리치 – 개입
   ④ 아웃리치 – 사정 – 계획 – 개입 – 점검
   ⑤ 아웃리치 – 사정 – 계획 – 점검 – 개입

15. 사례관리의 원칙으로 옳지 않은 것은?
   ① 서비스 연계
   ② 포괄적 개입
   ③ 직접적 개입
   ④ 체계적 조정
   ⑤ 접근성 제고

16. 비스텍(Biestek)이 제시한 전문적 관계의 기본원칙 중 다음 사례에서 사회복지사가 지키지 못한 원칙은?

   > 양준우 씨(37세)는 아버지가 돌아가신 후 홀로 지내시는 어머니를 모시고 같이 살고 싶은데 아내가 너무 단호하게 반대해서 배신감을 느꼈다고 했다. 그동안 아내가 고작 일년에 두 번 있는 명절을 챙기는 것도 귀찮아하고 며느리로서의 역할에 무관심했다며 자식으로서 도리를 못하는 아내와 부부관계를 유지할 수 없다고 말했다. 사회복지사는 접수 과정에서 발견한 클라이언트의 잘못된 가부장적 가치관을 바로잡는 데에 초점을 두기로 했다.

   ① 개별화
   ② 자기결정
   ③ 비밀보장
   ④ 의도적 감정표현
   ⑤ 비심판적 태도

17. 전문적 관계형성을 위한 사회복지사의 행동으로 옳지 않은 것은?
    ① 클라이언트의 말과 행동에 모두 관심을 둔다.
    ② 상황에 적합하게 의상을 갖추어 입는다.
    ③ 클라이언트의 반응에 따라 적절히 자기노출을 한다.
    ④ 클라이언트의 기분과 상황에 맞춘 대화만을 통해 긍정적 반응을 유도한다.
    ⑤ 자기인식을 토대로 관계를 형성한다.

18. 원조관계의 요소 중 다음에서 설명하는 것은?

    - 원조과정에서의 책임감을 의미하는 것으로 신뢰성, 일관성을 포함한다.
    - 사회복지사와 클라이언트 모두 절차상의 조건을 따라야 한다.

    ① 구체성
    ② 헌신과 의무
    ③ 문화적 민감성
    ④ 자기개방
    ⑤ 창의적 능력

19. 면담기술에 관한 설명으로 옳지 않은 것은?
    ① 경청: 클라이언트의 사고와 감정을 이해하기 위한 적극적인 활동으로 클라이언트의 이야기에 대한 적절한 반응을 포함한다.
    ② 질문: 클라이언트의 생각을 자유롭게 표현할 수 있도록 개방형 질문을 사용하되 사실 확인이 필요할 때에는 폐쇄형 질문을 사용한다.
    ③ 해석: 클라이언트의 이야기를 분석하여 클라이언트가 문제에 대해 이해하고 깨닫도록 돕는 기술로 다양한 해석이 가능하다는 점에서 주의가 필요하다.
    ④ 재보증: 클라이언트가 자신의 결정에 대해 불안을 느낄 때 안심시키기 위한 기술로 근거 없는 확신을 주는 것은 지양해야 한다.
    ⑤ 초점화: 클라이언트의 진술이 일관되지 않다고 생각될 때 분명한 대답을 요구하는 방법으로 주로 질문 형식으로 이루어진다.

20. 접수단계에서 사회복지사의 과업으로 옳지 않은 것을 모두 고른 것은?

> ㄱ. 문제확인 및 타 기관으로의 의뢰 여부 판단
> ㄴ. 클라이언트의 양가감정 수용
> ㄷ. 클라이언트가 수행할 과제를 부여
> ㄹ. 클라이언트에 대한 개입목표 설정

① ㄱ, ㄴ
② ㄴ, ㄷ
③ ㄷ, ㄹ
④ ㄱ, ㄴ, ㄷ
⑤ ㄴ, ㄷ, ㄹ

21. 자료수집단계에 관한 설명으로 옳지 않은 것은?
① 클라이언트의 진술은 주관적인 경향이 있어 본인의 편견이나 감정에 의한 왜곡 등에 주의해야 한다.
② 클라이언트가 생활 속에서 현재 이용하고 있는 서비스, 현재 활동 가능한 자원 등도 자료의 영역에 해당한다.
③ 자료수집단계를 통해 사회복지사는 클라이언트의 문제와 욕구를 명확히 한다.
④ 사정이 진행되면 새로운 문제가 발견되더라도 추가 자료를 수집할 수 없기 때문에 자료수집단계에서 집중적으로 수행되어야 한다.
⑤ 접수단계보다 더 깊이 클라이언트의 문제에 대한 정보들을 수집한다.

22. 가계도에 대한 설명으로 옳지 않은 것은?
① 사정을 진행하는 과정에서 클라이언트와 사회복지사가 함께 작성한다.
② 체계론적 관점에서 가족에 영향을 미치는 환경체계를 분석한다.
③ 가족원 사이에 나타나는 갈등, 융합 등 정서적 관계를 살펴볼 수 있다.
④ 여러 세대에 걸쳐 반복적으로 나타나는 문제를 파악할 수 있다.
⑤ 각 가족원의 연령, 직업, 학력, 결혼 관계, 질병 등을 표기한다.

23. 계획수립의 과정에 관한 설명으로 옳지 않은 것은?
① 사회복지사와 클라이언트는 문제의 우선순위를 정한다.
② 목적을 먼저 설정하고, 목적을 목표로 구체화한다.
③ 표적문제는 클라이언트 사정에 따른 사회복지사의 의견에 따라 구체적으로 규정해야 한다.
④ 계약을 공식화하여 개입의 목적, 목표, 활동사항을 함께 정리한다.
⑤ 개입의 목표는 클라이언트가 원하는 결과와 관련이 있어야 한다.

24. 다음 중 직접적 개입에 해당하는 것을 모두 고른 것은?

> ㄱ. 재혼가족 대상 가족적응 프로그램 개발
> ㄴ. 비폭력 대화 교육집단 운영
> ㄷ. 트라우마 극복 프로그램 실시
> ㄹ. 아동학대 예방 캠페인 진행

① ㄱ, ㄹ
② ㄴ, ㄷ
③ ㄱ, ㄴ, ㄹ
④ ㄴ, ㄷ, ㄹ
⑤ ㄱ, ㄴ, ㄷ, ㄹ

25. 종결단계에서 사회복지사가 수행하는 활동으로 적절하지 않은 것은?
① 기술평가척도를 활용하여 사회복지사의 과제를 평가하였다.
② 서비스를 제공받은 클라이언트의 만족도를 측정하였다.
③ 클라이언트에게 개입과정에 대한 피드백을 요청하였다.
④ 문제 수준을 알아보기 위해 기초선을 측정하였다.
⑤ 클라이언트가 종결상황을 잘 받아들일 수 있도록 시간을 갖고 대화를 나눈다.

사회복지실천(사회복지실천기술론)

26. 사회복지 실천지식의 구성수준 중에서 구체성이 가장 높은 것은?
  ① 관점(시각)
  ② 패러다임
  ③ 실천지혜
  ④ 이론
  ⑤ 모델

27. 각 개입기법에 관한 설명으로 옳지 않은 것은?
  ① 재보증: 클라이언트가 가진 능력에 대해 신뢰를 표시함으로써 안심시키는 기법이다.
  ② 시연: 클라이언트가 습득한 행동기술을 사회복지사 앞에서 미리 연습하게 하는 기법이다.
  ③ 직면: 클라이언트가 보이는 말과 행동의 불일치를 언급하여 인식할 수 있게 하는 기법이다.
  ④ 재정의: 클라이언트가 제시한 문제를 살펴보면서 더 본질적인 문제를 파악하는 기법이다.
  ⑤ 공감: 클라이언트의 감정에 대해 이입하면서도 객관적 입장에서 경청하는 기법이다.

28. 정신역동모델의 특징으로 옳은 것을 모두 고른 것은?

  ㄱ. 과거 경험의 이해를 통한 통찰 획득
  ㄴ. 잘못 학습된 행동의 수정
  ㄷ. 위기에 따른 증상 완화
  ㄹ. 방어기제에 대한 이해

  ① ㄱ, ㄹ
  ② ㄴ, ㄷ
  ③ ㄱ, ㄴ, ㄹ
  ④ ㄴ, ㄷ, ㄹ
  ⑤ ㄱ, ㄴ, ㄷ, ㄹ

29. 심리사회모델에 관한 설명으로 옳지 않은 것은?
    ① 인간의 현재 행동을 이해하기 위해서 과거의 경험은 중요하지 않다고 본다.
    ② 상황 속의 인간(person in situation)이라는 개념을 중시한다.
    ③ 무의식이 현재 행동에 영향을 미치기는 하지만 결정적 요인이라고 보지는 않는다.
    ④ 심리사회모델에서 개입 초기단계에서는 '사실수집'에 초점을 둔다.
    ⑤ 사회복지사와 클라이언트 간의 관계형성을 위한 수용, 자기결정 존중 등을 강조한다.

30. 인지행동모델의 특징으로 옳지 않은 것은?
    ① 인지를 변화시킴으로써 행동 변화가 가능하다고 본다.
    ② 클라이언트와 사회복지사 사이의 협조적 노력을 강조한다.
    ③ 지적 수준이 낮은 클라이언트에게는 다소 적용하기 어렵다.
    ④ 사회복지사는 클라이언트의 경험을 치료자의 관점에서 해석한다.
    ⑤ 목표에 맞춰 시간제한적이고 구조화된 방식으로 접근한다.

31. 사회기술훈련에 관한 설명으로 옳은 것을 모두 고른 것은?

    ┌───┐
    │ ㄱ. 강화보다는 처벌을 통해 동기를 부여하고 반복적인 연습을 강조한다.   │
    │ ㄴ. 공격성이 과한 사람들을 대상으로 집단 프로그램을 실시할 수 있다.   │
    │ ㄷ. 문제가 발생하게 되는 실제 상황을 구체적으로 파악하는 것이 중요하다. │
    │ ㄹ. 모델링, 역할연기, 시연, 코칭, 과제부여 등 행동주의 기법을 활용한다. │
    └───┘

    ① ㄱ, ㄷ   ② ㄴ, ㄹ
    ③ ㄷ, ㄹ   ④ ㄱ, ㄷ, ㄹ
    ⑤ ㄴ, ㄷ, ㄹ

32. 다음 사례에서 나타난 인지적 오류는?

> 클라이언트: 그저께 방학했거든요. 그래서 지난 주부터 친구들이랑 다같이 방탈출 까페에 가기로 했었어요. 거기 가기 전에 뭐 먹고 갈까 하다가 제가 떡볶이를 먹자고 했는데 애들이 다 싫다는 거예요. 그래서 돈까스를 먹었어요. 얘네들이랑 친하다고 생각했는데 저만 그렇게 생각했나봐요.

① 과잉일반화 ② 극소화
③ 개인화 ④ 과장
⑤ 선택적 요약

33. 과제중심모델의 특징으로 옳지 않은 것은?
① 클라이언트의 자기결정권을 구체적인 방법으로 실천에 옮긴다.
② 전문적인 접근을 위해 통합적이고 절충적인 접근방법을 사용하는 것은 지양한다.
③ 클라이언트의 문제해결활동은 그가 수행에 동의한 과제를 중심으로 조직된다.
④ 시간제한적인 단기개입에 해당한다.
⑤ 사회복지사의 관점이 아닌 클라이언트가 인식한 문제에 초점을 둔다.

34. 임파워먼트모델에서 대화단계의 과업에 해당하지 않는 것은?
① 클라이언트와 동반자 관계 수립
② 클라이언트와의 방향 설정
③ 클라이언트의 참여 동기화
④ 클라이언트의 강점 탐색
⑤ 클라이언트의 현재 상황 명확화

35. 제시된 위기 상황 중 속성이 다른 하나는?
① 업무 스트레스로 게임을 시작했으나 중독이 되어 회사를 그만두었다.
② 옆집에서 일어난 화재로 인해 집이 전소하여 큰 재산 피해를 입었다.
③ 60대에 대기업에서 은퇴한 이후 재취업이 되지 않아 우울증이 생겼다.
④ 갑작스런 뇌졸중으로 운동성 실어증이 와 의사표현이 어렵다.
⑤ 어머니가 퇴근길 교통사고로 갑작스레 사망한 뒤 공황장애가 생겼다.

36. 가족의 특성에 대한 설명으로 옳지 않은 것은?
    ① 현대사회의 변화로 가족의 유형은 다양하게 변화하고 있다.
    ② 가족이 경험하는 위기가 반드시 가족해체로 이어지는 것은 아니다.
    ③ 가족의 생애주기는 가족유형에 따라 다르게 나타날 수 있다.
    ④ 핵가족화에 따른 가족규모의 축소로 정서적 기능은 점차 강화되었다.
    ⑤ 특정 가족원에게 부여된 특정 역할로 인해 가족문제가 심화되기도 한다.

37. 가족의 구조와 기능에 관한 설명으로 옳은 것을 모두 고른 것은?

    ㄱ. 기능적인 가족은 가족성원에게 정형화된 역할을 부여한다.
    ㄴ. 경계가 밀착된 가족은 가족을 위한 희생이나 가족 간 지나친 간섭과 속박을 당연하게 여긴다.
    ㄷ. 바람직한 가족규범은 가족성원들의 협의와 변화의 가능성을 개방적으로 수용하여 성립된 규범이다.
    ㄹ. 역기능적 의사소통은 언어적 메시지와 비언어적 메시지의 의미가 일치하지 않는다.

    ① ㄱ, ㄴ
    ② ㄱ, ㄷ
    ③ ㄴ, ㄷ
    ④ ㄴ, ㄷ, ㄹ
    ⑤ ㄱ, ㄴ, ㄷ, ㄹ

38. 가족사정도구에 관한 설명으로 옳지 않은 것은?
    ① 가계도를 통해 인종집단, 사회계층, 종교와 같은 사회적 정보도 알 수 있다.
    ② 생활주기표는 생활주기 및 각 발달단계의 과업 및 가족구성원의 발달단계와 주요 과업을 표로 나타낸다.
    ③ 가족조각을 통해 가족 간의 위계질서, 연합, 거리감 혹은 친밀감, 말로 표현되지 않는 힘의 역학 같은 상호작용 등이 표현된다.
    ④ 생태도에서 실선은 부정적 관계를 나타내며, 점선은 긍정적 관계를 나타낸다.
    ⑤ 생활력도표는 특정 발달단계의 생활경험을 이해하는 데 도움이 된다.

39. 해결중심모델에서의 목표설정에 관한 설명으로 옳지 않은 것은?
    ① 목표의 설정은 문제해결의 시작이라고 본다.
    ② 구체적이고 행동적인 것으로 실현가능하게 설정한다.
    ③ 현재 단계에서 필요한 것을 중심으로 한다.
    ④ 문제를 없애는 것이 아닌 조금 더 나아지는 것을 강조한다.
    ⑤ 클라이언트가 갖고 있지 않은 것에 초점을 둔다.

40. 가족치료모델의 학자, 모델의 명칭, 주요 개념, 기법 등의 연결로 옳은 것을 모두 고른 것은?

    ㄱ. 사티어 – 경험적 가족치료 – 가족의 성장경험 – 증상활용
    ㄴ. 헤일리 – 전략적 가족치료 – 치료적 이중구속 – 역설적 지시
    ㄷ. 미누친 – 해결중심 가족치료 – 예외 경험 – 해결지향적 질문
    ㄹ. 보웬 – 다세대 가족치료 – 다세대 전수과정 – 자아분화 촉진

    ① ㄱ, ㄷ
    ② ㄴ, ㄹ
    ③ ㄱ, ㄴ, ㄷ
    ④ ㄴ, ㄷ, ㄹ
    ⑤ ㄱ, ㄴ, ㄷ, ㄹ

41. 구조적 가족치료모델을 적용할 수 있는 상황을 모두 고른 것은?

    ㄱ. 부부체계가 지나치게 밀착되어 있어서 딸이 소외감을 느끼고 있다.
    ㄴ. 아버지와 딸 사이가 좋지 않아 아들이 그 사이에서 중재역할을 한다.
    ㄷ. 아버지와 어머니의 교육에 대한 관점이 달라 딸이 혼란스러워한다.
    ㄹ. 비난형 아버지와 회유형 어머니 사이에서 아들은 의사표현을 어려워한다.

    ① ㄱ, ㄴ, ㄷ
    ② ㄱ, ㄴ, ㄹ
    ③ ㄱ, ㄷ, ㄹ
    ④ ㄴ, ㄷ, ㄹ
    ⑤ ㄱ, ㄴ, ㄷ, ㄹ

42. 다음에서 설명하는 가족치료 개입기술은?

    • 개별성원 혹은 가족을 가족문제로 보지 않고 문제만을 문제로 보는 것이다.
    • 클라이언트의 내면에 존재하는 문제가 진정한 문제의 실체가 아니라, 치료자와 클라이언트와의 관계를 통한 이야기 속에 문제의 초점이 있다.
    • 자신을 병리적이라고 생각하는 것으로부터 자유롭게 하기 때문에 인간이 지닌 잠재력과 가능성을 인식하고 인정하게 하며 강점을 개발할 수 있도록 촉진한다.

    ① 균형 깨뜨리기
    ② 증상 처방
    ③ 탈삼각화
    ④ 문제의 외현화
    ⑤ 긍정적 의미부여

43. 다세대 가족치료의 주요 개념에 대한 설명으로 옳은 것은?
    ① 삼각관계: 가족의 분화수준이 높을수록 삼각관계를 형성하려고 하는 경향이 있다.
    ② 자아분화: 외부관계적 측면이 아닌 정신 내적 측면에서 일어나는 과정을 나타낸다.
    ③ 출생순위: 출생순위와 관계 없이 형제들은 같은 가족 내에서 모두 같은 경험을 한다.
    ④ 다세대 전수과정: 원가족에서 해소되지 못한 불안들이 개인에게서 새로운 가족에게로 투사되는 것을 말한다.
    ⑤ 가족투사과정: 대체로 부부가 불안이 증가될 때 자신의 미분화된 정서문제를 자녀에게 투사하는 방식으로 나타난다.

44. 집단 대상 실천에 관한 설명으로 옳지 않은 것은?
    ① 집단지도자는 집단의 목표를 설명하여 성원들을 동기화해야 한다.
    ② 집단지도자는 의도적으로 특정 성원의 발언을 제한하기도 한다.
    ③ 집단지도자가 다수일 때 지도자에 따라 하위집단이 발생할 수 있다.
    ④ 집단지도자는 성원들 간 대화보다 자신과의 대화를 더 강조해야 한다.
    ⑤ 집단지도자는 집단 성원들에게 명확하고 구체적으로 피드백해야 한다.

45. 자조집단에 관한 설명으로 옳지 않은 것은?
    ① 사회복지사의 역할에 대한 의존도가 높은 편이다.
    ② 성원들의 자발성과 상호원조가 강조된다.
    ③ 집단활동 과정에 자기노출이 개방적으로 일어난다.
    ④ 집단성원 간에 모델링 효과를 얻을 수 있다.
    ⑤ 성장집단 종료 후 자조집단으로 구성될 수 있다.

46. 집단 대상 실천에서 공동지도력이 갖는 장단점으로 옳지 않은 것은?
    ① 공동지도자가 참석해 있으므로 역전이를 어느 정도 방지할 수 있다.
    ② 지도자 각각의 역할에 대한 토론이 부족하면 의사소통에서 문제가 발생한다.
    ③ 집단지도자가 자신들의 개인적 문제를 해결하기 위해 집단을 이용할 수 있다.
    ④ 지도자의 소진(burn-out)이 더 빨리 일어난다.
    ⑤ 공동의 목적을 나눔으로써 지도자의 능력을 배가시킨다.

47. 집단 종결단계에서 진행될 수 있는 과업으로 옳은 것을 모두 고른 것은?

> ㄱ. 더 이상 집단이 필요하지 않음에 대해 이야기하며 의존성을 감소시킨다.
> ㄴ. 종결 후 재계약을 안내하거나 자조모임을 격려한다.
> ㄷ. 집단활동을 통해 성취한 변화를 유지하고 이러한 변화가 생활영역에서 일반화될 수 있도록 돕는다.
> ㄹ. 추가적인 서비스가 필요하다고 판단될 경우 다른 기관으로 의뢰를 고려해 볼 수 있다.

① ㄱ, ㄷ
② ㄴ, ㄹ
③ ㄱ, ㄴ, ㄷ
④ ㄴ, ㄷ, ㄹ
⑤ ㄱ, ㄴ, ㄷ, ㄹ

48. 과정기록의 장점에 관한 설명으로 옳은 것을 모두 고른 것은?

> ㄱ. 전체적인 실천 과정을 간단히 살펴볼 수 있다.
> ㄴ. 기록을 위한 시간과 비용이 적게 소요된다.
> ㄷ. 사회복지 실습, 교육 및 슈퍼비전 등에 유용하다.
> ㄹ. 사회복지사와 클라이언트와의 상호작용을 파악할 수 있다.

① ㄱ, ㄴ
② ㄷ, ㄹ
③ ㄱ, ㄷ, ㄹ
④ ㄴ, ㄷ, ㄹ
⑤ ㄱ, ㄴ, ㄷ, ㄹ

49. 사회복지실천 기록에 관한 내용으로 옳지 않은 것은?
① 전문가의 관점에 기초를 두지만, 클라이언트의 관점을 배제하지 않는다.
② 기록이 사례회의에 사용될 경우 클라이언트의 사적 정보가 노출되지 않도록 유의한다.
③ 기록물은 관계된 사람 외에 다른 사람이 쉽게 접근할 수 없도록 보관·관리되어야 한다.
④ 수동태 문장을 많이 사용하여 행위의 주체를 파악하기 어려운 기록은 좋지 않다.
⑤ 객관적인 사실과 기록자의 사적인 견해를 적절하게 섞어서 기록해야 한다.

50. 사회복지실천평가에 관한 설명으로 옳지 않은 것은?
① 기관, 클라이언트, 전문가 그리고 지역사회에 대한 책무성을 향상시키기 위해 평가를 실시한다.
② 실천평가기법 중 단일사례설계는 즉각적인 환류가 불가능하다는 단점이 있다.
③ 과정평가의 결과는 결과평가의 결과와 차이가 있을 수 있다.
④ 동료검토를 통한 평가의 목적은 사회복지사 개인의 개입과정에서 나타나는 문제점을 수정하고 개선하는 것이다.
⑤ 면접이나 관찰을 통해 얻은 자료는 객관성이 부족하다는 점에서 다양한 평가방법과 교차 사용하거나 혼용할 수 있다.

사회복지실천(지역사회복지론)

51. 지역사회에 관한 설명으로 옳지 않은 것은?
    ① 지리적 경계를 뛰어넘어 형성되기도 한다.
    ② 권력을 집중시켜 지역사회의 응집력을 강화해야 한다.
    ③ 지역사회 내 집단 간 갈등을 조정할 수 있어야 한다.
    ④ 사회적 상호작용과 연대성을 기초로 한다.
    ⑤ 다양한 집단을 포용하는 것이 바람직하다.

52. 워렌(Warren)이 제시한 지역사회 기능의 비교척도에 관한 설명으로 옳지 않은 것은?
    ① 다른 지역과의 관계 속에서 나타나는 자립도와 의존도를 살펴본다.
    ② 지역사회 내 단위조직 간의 구조적, 기능적 관련성을 살펴본다.
    ③ 공공시설 등의 서비스 영역이 이루어지는 동일 지역을 살펴본다.
    ④ 지역사회 내 규칙과 질서가 어느 정도 체계화되어 있는지를 살펴본다.
    ⑤ 주민들이 자기 지역을 중요한 준거집단으로 생각하는 정도를 살펴본다.

53. 다음의 설명과 관련된 지역사회복지 이념은?

    - 1959년에 제정된 덴마크의 정신지체인법에서는 "정신지체인(지적장애인)들에게 가능한 한 정상적인 상태에 가까운 생활을 제공할 것"을 최초로 규정하였다.
    - 강제적, 폐쇄적, 집권적인 방식의 시설보호에 반대한다.

    ① 정상화   ② 탈시설화
    ③ 지역사회보호   ④ 분배정의
    ⑤ 주민참여

54. 지역사회복지실천의 원칙에 관한 설명으로 옳지 않은 것은?
① 각 기관들은 상호의존적, 협력적으로 기능을 수행해야 한다.
② 지역사회는 있는 그대로 이해되고 수용되어야 한다.
③ 일차적인 클라이언트는 지역주민이어야 한다.
④ 욕구의 가변성에 따른 사업과정의 변화에 대해 이해하여야 한다.
⑤ 개별화, 자기결정 등의 원리가 적용되어야 한다.

55. 새마을운동에 관한 설명으로 옳지 않은 것은?
① 국가 시책에 따른 사업으로 도입되었으며, 1980년대에 민간주도로 전환되었다.
② 농촌 생활환경개선 사업으로 시작하였다.
③ 근검절약 등 의식개혁 사업을 진행했다.
④ 4월 22일을 새마을의 날로 지정하고 있다.
⑤ 1960년대에 근면·자조·협동을 기본이념으로 전개되기 시작하였다.

56. 우리나라 지역사회복지 발달과정을 순서대로 나열한 것은?

ㄱ. 읍·면·동 맞춤형 복지 제공을 위해 행정복지센터를 통한 복지허브화 사업 추진
ㄴ. 공공 사회복지 급여를 통합관리하기 위한 사회복지통합관리망 행복e음 구축
ㄷ. 지역사회의 사업조직으로서 협동조합을 활성화하기 위한 협동조합 기본법 제정
ㄹ. 사회보장급여의 이용·제공 및 수급권자 발굴에 관한 법률 제정으로 민·관 협력 강화

① ㄱ → ㄷ → ㄹ → ㄴ
② ㄴ → ㄱ → ㄷ → ㄹ
③ ㄴ → ㄷ → ㄹ → ㄱ
④ ㄷ → ㄴ → ㄱ → ㄹ
⑤ ㄷ → ㄹ → ㄴ → ㄱ

57. 다음과 관련된 지역사회복지이론은?

A지역아동센터에서 멀지 않은 곳에 공장지대가 들어선 이후 최근 2~3년 사이 이용아동 수 및 다문화 아동의 비율이 급격히 증가하였다. 이에 따라 센터에서는 다문화 아동들을 위한 프로그램 설계 및 사회복지사들에 대한 다문화 인식 교육 등의 필요성을 고려하고 있다.

① 교환이론
② 다원주의이론
③ 생태체계이론
④ 구조기능론
⑤ 사회학습이론

58. 교환이론에 관한 설명으로 옳지 않은 것은?
   ① 인간은 합리적인 동물이며 최대의 이익을 추구하려는 경향이 있다는 전제를 갖는다.
   ② 교환이 반복적으로 진행될수록 사회적 관계는 더욱 강화된다고 보았다.
   ③ 호만스(Homans)는 모든 사회적 상호작용에는 반드시 교환이 관계된다고 보았다.
   ④ 하드캐슬(Hardcastle)은 권력균형전략으로 협조, 연합, 동맹 등을 제시하였다.
   ⑤ 블라우(Blau)는 불평등한 교환관계로부터 권력구조가 만들어진다고 보았다.

59. 로스만(Rothman)이 제시한 지역사회복지 실천모델 중 사회행동모델에 관한 설명으로 옳지 않은 것은?
   ① 갈등이나 대결을 전술로 활용한다.
   ② 전문가의 문제 분석 및 해결이 중심이다.
   ③ 지역사회 내 피억압집단의 권리에 관심을 둔다.
   ④ 거시적 측면의 체제변화를 추구한다.
   ⑤ 사회정의 및 민주주의 실현을 기반으로 한다.

60. 다음 설명과 관련된 지역사회복지 실천모델은?

   - 지역사회의 당면 문제는 한 집단의 단독적인 노력만으로는 해결하기 어렵다. 이로 인해 관련 집단들이 함께 사회변화를 위한 활동을 추진해야 할 필요가 있다.
   - 일차적인 구성원은 특정 이슈에 이해관계가 있는 조직이 되며, 변화를 위한 표적체계는 선출직 공무원, 재단, 정부기관이다.
   - 지역사회복지 실천가는 집단들 사이에 의견이 다를 경우 이를 중재하고 협상할 수 있어야 한다.

   ① 로스만(Rothman)의 지역사회개발모델
   ② 로스만(Rothman)의 사회계획모델 + 사회행동모델
   ③ 테일러와 로버츠(Taylor & Roberts)의 지역사회연계모델
   ④ 웨일과 갬블(Weil & Gamble)의 연합모델
   ⑤ 웨일과 갬블(Weil & Gamble)의 프로그램 개발과 지역사회연계모델

61. 테일러와 로버츠(Taylor & Roberts)가 제시한 지역사회복지 실천모델에 대한 설명으로 옳지 않은 것은?
   ① 로스만의 사회계획모델이 지나치게 합리적이고 과학적인 접근을 지향한다는 점을 지적하며 계획모델을 제시하였다.
   ② 프로그램 개발 및 조정 모델은 공공기관을 중심으로 프로그램을 개발하고 조정해나가는 모델이다.
   ③ 지역사회개발모델은 지역사회가 스스로 문제를 해결할 수 있도록 자체적인 역량개발에 초점을 둔다.
   ④ 지역사회연계모델은 지역주민의 개별적 문제를 지역사회 차원의 문제로 연결하여 해결하고자 한다.
   ⑤ 지역사회보호모델은 노인, 장애인, 아동 등 지역주민의 복지를 위한 사회관계망 및 자발적 서비스를 증진시키고자 한다.

62. 지역사회복지 실천과정 중 가장 먼저 수행되어야 하는 것은?
   ① 사업들이 목표한 바를 달성해가고 있는지 점검한다.
   ② 사업을 통한 성과를 살펴보고 후속 사업을 논의한다.
   ③ 문제를 둘러싼 지역사회의 이해관계를 살펴본다.
   ④ 양적 방법과 질적 방법을 통해 자료를 수집한다.
   ⑤ 문제해결을 위한 활동계획을 구체적으로 수립한다.

63. 다음과 관련된 사정 유형은?

   A복지관에서는 지역사회에 새롭게 대두되고 있는 지역사회문제에 대응하기 위해 새로운 사업을 추진하고자 한다. 사회복지사는 새로 추진하는 사업과 관련하여 지역사회에서 이용 가능한 권력, 전문기술, 재정, 서비스 등의 영역을 검토해야 한다.

   ① 포괄적 사정   ② 문제중심 사정
   ③ 욕구사정   ④ 자원 사정
   ⑤ 협력적 사정

64. 지역사회복지 실천과정 중 실행단계의 과업을 모두 고른 것은?

> ㄱ. 지역사회의 변화를 위해 활용된 개입의 과정과 결과를 평가한다.
> ㄴ. 참여자들의 동기를 강화하고 반응을 확인하며, 참여자들 간 갈등을 관리한다.
> ㄷ. 지역사회의 상황을 고려하여 문제의 우선순위를 선정한다.
> ㄹ. 지역사회의 서비스 공급주체 간 연계 협력을 추진한다.

① ㄱ, ㄷ　　　　　　　　　② ㄴ, ㄹ
③ ㄷ, ㄹ　　　　　　　　　④ ㄱ, ㄴ, ㄷ
⑤ ㄴ, ㄷ, ㄹ

65. 연계기술에 관한 설명으로 옳은 것을 모두 고른 것은?

> ㄱ. 참여와 탈퇴에 대한 자유가 보장되어야 한다.
> ㄴ. 자원확보를 위한 활동에 한정되는 것은 아니다.
> ㄷ. 조직 간 경쟁심을 부추긴다는 단점도 있다.
> ㄹ. 사례관리가 강조되면서 더욱 중요해지고 있다.

① ㄱ, ㄴ　　　　　　　　　② ㄷ, ㄹ
③ ㄱ, ㄴ, ㄷ　　　　　　　④ ㄱ, ㄴ, ㄹ
⑤ ㄴ, ㄷ, ㄹ

66. 자원동원 기술에 관한 설명으로 옳지 않은 것은?
① 사회복지사의 개인적인 인간관계를 이용할 수 있다.
② 특정 문제나 문제해결이 아닌 지역사회 전반에 초점을 둔다.
③ 기존의 시민단체, 친목단체 등을 활용한다.
④ 자원봉사자 모임이 지속될 수 있도록 동기부여를 해준다.
⑤ 공익연계마케팅을 진행하기 위해 기업과 계약을 체결한다.

67. 옹호 기술에 대한 설명으로 옳은 것을 모두 고른 것은?

   ㄱ. 해당 기관 앞에서 시위를 함으로써 표적을 난처하게 할 수 있다.
   ㄴ. 유동인구가 많은 지역에서 탄원서에 서명을 받는 방법을 활용할 수 있다.
   ㄷ. 입법, 사법, 행정 등 다양한 차원에서 진행될 수 있다.
   ㄹ. 주민들이 겪는 문제를 사회복지사가 직접 대변하는 활동이다.

   ① ㄱ, ㄴ
   ② ㄷ, ㄹ
   ③ ㄱ, ㄴ, ㄷ
   ④ ㄴ, ㄷ, ㄹ
   ⑤ ㄱ, ㄴ, ㄷ, ㄹ

68. 지역사회복지 실천기술에 관한 설명으로 옳은 것을 모두 고른 것은?

   ㄱ. 조직화는 주민참여를 활성화하고 주민들의 역량을 강화하는 매개가 된다.
   ㄴ. 지역사회교육은 주민조직화를 목적으로 실시하기도 한다.
   ㄷ. 클라이언트의 자기옹호에 대해 사회복지사는 정보제공 역할을 한다.
   ㄹ. 지역사회 차원의 역량강화는 사회행동적 맥락에서 진행되기도 한다.

   ① ㄱ, ㄷ
   ② ㄴ, ㄹ
   ③ ㄱ, ㄴ, ㄹ
   ④ ㄱ, ㄷ, ㄹ
   ⑤ ㄱ, ㄴ, ㄷ, ㄹ

69. 지역사회보장계획의 특징으로 옳지 않은 것은?
   ① 시·도 계획과 시·군·구 계획이 연결되도록 한다.
   ② 지역사회 차원에서 통합성을 제고하고자 한다.
   ③ 다양한 민간기관의 참여 및 지역주민의 참여를 강조한다.
   ④ 중앙정부는 기획을, 지방정부는 집행을 맡는다.
   ⑤ 지역사회 내의 인적, 물적 자원을 확보하고 관리한다.

70. 지역사회보장계획의 수립과정을 순서대로 나열한 것은?

> ㄱ. 시·군·구 계획 수립
> ㄴ. 보건복지부장관에 제출
> ㄷ. 지역주민 등 의견 청취
> ㄹ. 지역사회보장협의체 심의
> ㅁ. 시·도 의회 보고

① ㄱ → ㄴ → ㄷ → ㄹ → ㅁ
② ㄱ → ㅁ → ㄹ → ㄷ → ㄴ
③ ㄴ → ㅁ → ㄱ → ㄷ → ㄹ
④ ㄷ → ㄱ → ㄹ → ㅁ → ㄴ
⑤ ㄷ → ㄱ → ㅁ → ㄹ → ㄴ

71. 사회복지협의회에 관한 설명으로 옳은 것을 모두 고른 것은?

> ㄱ. 한국사회복지협의회는 2009년 사회복지사업법 개정으로 법정단체가 되었다.
> ㄴ. 한국사회복지협의회, 시·도협의회 및 시·군·구협의회는 사회복지사업법에 따른 사회복지법인으로 한다.
> ㄷ. 시·도 사회복지협의회는 한국사회복지협의회의 지원 없이 독립된 법인으로 운영된다.
> ㄹ. 시·도 및 시·군·구 협의회도 각 단위에 필수적으로 조직하도록 사회복지사업법이 개정되었다.

① ㄱ
② ㄴ, ㄷ
③ ㄱ, ㄹ
④ ㄱ, ㄴ, ㄷ
⑤ ㄴ, ㄷ, ㄹ

72. 지방분권화의 긍정적 측면으로 옳지 않은 것은?
① 지방정부의 권한과 책임성을 강화시킬 수 있다.
② 지방정부 간 복지수준의 격차를 줄일 수 있다.
③ 지역주민의 새로운 욕구나 변화된 욕구에 민감하게 반응할 수 있다.
④ 지역사회주민들에게 밀착된 서비스를 제공할 수 있다.
⑤ 지역주민의 참여기회를 확대시킬 수 있다.

73. 사회복지공동모금회에 관한 설명으로 옳지 않은 것은?
   ① 지역사회의 재원을 동원하고 배분하는 전문기관이다.
   ② 법인격은 사회복지사업법에 따른 사회복지법인이다.
   ③ 보건복지부장관의 인가를 받아 등기함으로써 설립된다.
   ④ 시·도 공동모금지회는 각각 독립된 법인으로 운영된다.
   ⑤ 회장, 부회장 및 이사 등 임원의 임기는 3년으로 하며, 한 차례만 연임할 수 있다.

74. 사회적 기업에 관한 설명으로 옳지 않은 것은?
   ① 영리와 사회적 가치를 추구한다.
   ② 유급근로자를 고용하여 재화와 서비스의 생산·판매 등 영업활동을 한다.
   ③ 자활사업 영역의 하나이다.
   ④ 고용노동부 장관의 인증을 받아야 한다.
   ⑤ 취약계층의 일자리 창출이라는 사회적 목적을 추구한다.

75. 지역사회복지운동에서 강조하는 것으로 옳지 않은 것은?
   ① 특정 불이익집단 중심의 활동
   ② 지역공동체 형성
   ③ 지역주민들의 역량강화
   ④ 주민의 권리의식 제고
   ⑤ 지역사회조직의 활성화

2026년도 제24회 사회복지사1급 국가시험 대비
FINAL 모의고사 1회

교시	문제형별	시간	시험과목 및 시험영역
3교시	A	75분	**사회복지정책과 제도** ① 사회복지정책론 ② 사회복지행정론 ③ 사회복지법제론

수험번호		성 명	

【 수험자 유의사항 】

1. 시험문제지는 **단일 형별(A형)**이며, 답안카드 형별 기재란에 표시된 형별(A형)을 확인하시기 바랍니다. 시험문제지의 **총면수, 문제번호 일련순서, 인쇄상태** 등을 확인하시고, 문제지 표지에 수험번호와 성명을 기재하시기 바랍니다.

2. 답은 각 문제마다 요구하는 **가장 적합하거나 가까운 답** 1개만 선택하고, 답안카드 작성 시 시험문제지 **마킹착오**로 인한 불이익은 전적으로 **수험자에게 책임**이 있음을 알려 드립니다.

3. 답안카드는 국가전문자격 공통 표준형으로 문제번호가 1번부터 125번까지 인쇄되어 있습니다. 답안 마킹 시에는 반드시 **시험문제지의 문제번호와 동일한 번호**에 마킹하여야 합니다.

4. **감독위원의 지시에 불응하거나 시험기간 종료 후 답안카드를 제출하지 않을 경우** 불이익이 발생할 수 있음을 알려 드립니다.

5. 시험문제지는 시험 종료 후 가져가시기 바랍니다.

사회복지 전문출판 나눔의집

해당 모의고사는 저작권법에 의하여 보호를 받는 저작물이므로 무단전재와 복제를 금합니다.

각 문제에서 요구하는 가장 적합한 답 1개만을 고르시오.

사회복지정책과 제도(사회복지정책론)

1. 사회복지정책의 가치에 관한 설명으로 옳지 않은 것은?
   ① 수량적 평등은 개인의 욕구, 노력, 능력 및 기여에 따라 사회적 자원을 상이하게 배분하는 것이다.
   ② 공공부조제도인 국민기초생활보장제도의 급여기준은 사회적 적절성의 가치를 반영하고 있다.
   ③ 배분적 효율성은 사회 전체의 효용을 높일 수 있도록 사회적 자원을 배분하는 것으로서 파레토 효율(Pareto efficiency)이라고도 한다.
   ④ 소극적 자유의 개념은 신자유주의자들이 강조하는 개념이다.
   ⑤ 여성고용할당제는 사회복지정책의 가치 중 기회의 평등이라는 가치를 반영하고 있다.

2. 사회복지정책의 특성으로 옳지 않은 것은?
   ① 정책에 필요한 재원을 국민들로부터 거두고, 급여를 제공하는 과정에서 비효율성이 나타나기도 한다.
   ② 사회복지정책은 시장에서 배분된 소득을 다양한 방향으로 재분배하는 기능을 수행한다.
   ③ 사회민주주의자들은 국가경제가 성장하면 자연스럽게 국민에게 돌아가는 전체 분배의 몫이 확대되므로 선성장 후분배 논리를 주장하였다.
   ④ 사회복지에 대해 비판적인 사람들은 복지정책이 국민의 자립의지와 노동의지를 약화시키고 의존성을 증대시킨다고 본다.
   ⑤ 사회구성원 상호 간 삶의 기회가 재분배되는 사회화의 기능이 있다.

3. 사회복지에 대한 국가 개입의 근거로 보기 어려운 것은?
   ① 시장실패에 대해 대응하기 위하여
   ② 사회적 안정을 증진시키기 위하여
   ③ 긍정적 외부효과를 유도하기 위하여
   ④ 소득양극화를 통한 경제발전을 위하여
   ⑤ 사회 전체를 위한 공공재의 공급을 위하여

4. 영국의 사회복지 역사에 관한 설명으로 옳지 않은 것은?
   ① 엘리자베스 빈민법은 빈민을 노동능력자, 노동무능력자 및 빈곤아동으로 분류하여 서로 다른 처우를 하였다.
   ② 길버트법이 시행되면서 원내구제에서 원외구제로 전환하였다.
   ③ 작업장법의 경우 노동능력이 있는 빈민들이 작업장에 들어가길 꺼려 구호를 신청하지 않는 상황이 빈번했으며, 경제성이 떨어진다는 비판을 받기도 했다.
   ④ 스핀햄랜드법은 스스로 삶을 영위할 수 없는 자와 도움이 필요한 자를 적절히 구분하는 데 있어서 최초로 가족 수를 고려했다는 점에서 의의를 가진다.
   ⑤ 공장법은 여성의 노동조건과 작업환경을 개선하기 위한 목적을 갖는다.

5. 독일 비스마르크 사회보험에 관한 설명으로 옳지 않은 것은?
   ① 사회보험의 주요 수혜자는 여성과 아동들이였다.
   ② 사회보험으로는 질병보험법, 재해보험법, 폐질 및 노령보험법이 있다.
   ③ 1889년 노령폐질연금은 육체노동자와 저임금 화이트칼라 노동자를 대상으로 시행되었다.
   ④ 1883년 제정된 질병보험은 세계 최초의 사회보험이다.
   ⑤ 1884년 산재보험은 사용자만의 보험료 부담으로 운영되었다.

6. 사회복지정책 발달이론에 관한 설명으로 옳지 않은 것은?
   ① 사회양심론은 사회복지정책을 국가의 자선활동으로 간주한다.
   ② 산업화이론의 대표적인 학자로는 윌렌스키(Wilensky)와 르보(Lebeaux)가 있다.
   ③ 근대화론은 근대 국가들이 발전하면서 그 발전이 확산되어 전통적 국가들에게 영향을 미친다고 보았다.
   ④ 음모이론은 사회양심론과 정반대의 입장이다.
   ⑤ 마샬(Marshall)은 시민권이 확대되면서 자본주의 사회의 불평등한 체계가 심화될 수 있다고 보았다.

7. 에스핑-앤더슨(G. Esping-Anderson)의 복지국가 유형에 관한 설명으로 옳은 것을 모두 고른 것은?

   ㄱ. 복지국가 유형을 탈상품화와 계층화를 기준으로 분류하였다.
   ㄴ. 보수주의적 복지국가는 공공부조 프로그램을 강조하고, 탈상품화 효과와 복지의 재분배 효과가 미약하다.
   ㄷ. 자유주의적 복지국가는 전통적으로 가부장제가 강하며 남성생계부양자 모형에 속한다.
   ㄹ. 사회민주주의적 복지국가의 복지급여는 취약계층뿐만 아니라 중간계급까지 포섭한다.

   ① ㄱ, ㄴ ② ㄱ, ㄹ
   ③ ㄴ, ㄷ ④ ㄴ, ㄹ
   ⑤ ㄷ

8. 전통적 복지국가와 구분되는 사회투자국가의 특징으로 옳은 것을 모두 고른 것은?

   ㄱ. 기회의 평등보다는 결과의 평등 강조
   ㄴ. 경제정책을 우위에 둔 경제정책과 사회정책의 통합을 강조
   ㄷ. 인적 자본 및 사회적 자본에의 투자 지양
   ㄹ. 시민권의 권리와 의무의 균형 강조

   ① ㄱ, ㄴ, ㄷ
   ② ㄱ, ㄹ
   ③ ㄴ, ㄷ
   ④ ㄴ, ㄹ
   ⑤ ㄷ

9. 사회복지정책의 평가에 관한 설명으로 옳지 않은 것은?
   ① 정책평가를 통해 정책목표를 어느 정도나 달성하였는지 파악할 수 있고, 그에 대한 책임 소재를 규명할 수 있다.
   ② 정책에 이용한 자원의 경제적 합리성을 파악하기 위해 정책평가가 필요하다.
   ③ 정책평가의 기준으로서 효과성(effectiveness)은 '투입에 대한 산출'의 비율을 토대로 평가하는 것이다.
   ④ 정책평가를 위해서 평가기법 등의 기술을 필요로 하며, 통계기법 및 과학적 분석기법 등이 요구된다는 점에서 기술적 성격을 갖는다.
   ⑤ 총괄평가는 주로 양적 평가방법을 활용한다.

10. 사회복지정책을 분석하는 접근방법에 관한 설명으로 옳지 않은 것은?
    ① 과정분석을 통하여 사회복지정책 형성에 영향을 주는 사회적·정치적·경제적인 배경요인 등을 파악할 수 있다.
    ② 산물분석은 기획 과정을 통해 얻게 되는 산물로서 프로그램 안이나 법률안에 대한 여러 쟁점을 분석한다.
    ③ 성과분석은 프로그램이 얼마나 잘 실행되었는가, 프로그램 실시로 얻은 영향이 무엇인가를 연구한다.
    ④ 성과분석은 과정분석과 산물분석보다 더 객관적이고 체계적인 분석을 요구한다.
    ⑤ 노후소득보장과 관련된 입법의 전개 과정을 분석하는 것은 산물분석에 해당한다.

11. 우리나라 사회복지제도 중 보편주의 범주에 포함되는 것은?
    ① 생계급여
    ② 기초연금
    ③ 장애인연금
    ④ 아동수당
    ⑤ 의료급여

12. 현금급여와 현물급여의 장·단점에 관한 설명으로 옳은 것은?
    ① 현물급여는 정책의 목표효율성을 높일 수 있다.
    ② 현물급여는 프로그램의 운영비용이 적게 들어 운영효율성이 높다.
    ③ 현물급여는 서비스의 선택권을 보장하여 수급자 효용을 극대화할 수 있다.
    ④ 현금급여는 수급자에게 낙인감을 줄 수 있다.
    ⑤ 현금급여는 현물급여에 비해 오남용의 위험이 적다.

13. 사회복지정책의 재원에 관한 설명으로 옳지 않은 것은?
    ① 우리나라 사회복지정책의 재원은 주로 조세, 사회보험료와 같은 공공재원에 의존한다.
    ② 사회보험료는 일반조세에 비해 재원을 확보하는 데 있어서 상대적으로 저항이 크다.
    ③ 정부가 받아야 할 세금을 감면하는 방식을 통해 마련하는 사회복지재원은 조세지출이다.
    ④ 조세의 경우 고액체납 및 각종 탈세 등 도덕적 해이가 발생할 소지가 크다.
    ⑤ 사회보험료는 강제가입을 통해서 '역의 선택(adverse selection)'의 문제를 해결할 수 있다.

14. 사회복지 전달체계에 관한 설명으로 옳지 않은 것은?
    ① 중앙정부는 의료, 교육과 같이 공공재적 성격이 강한 서비스나 재화 공급에 유리하다.
    ② 민간부문은 공급자 간 경쟁유도를 통해 서비스 질을 확보할 수 있다.
    ③ 지방정부는 중앙정부에 비해 변화하는 욕구에 융통성 있게 대응하지 못한다.
    ④ 복지다원주의는 복지국가 위기 이후 정부의 역할이 상대적으로 후퇴되고 민간기업과 비영리 조직의 역할이 부각되면서 확산되었다.
    ⑤ 사회복지서비스는 프랜차이즈 제도, 바우처 제도 등의 형태로 민영화되고 있다.

15. 소득재분배에 관한 설명으로 옳은 것을 모두 고른 것은?

   ㄱ. 세대 간 재분배는 주로 부과방식으로 운영되는 공적 연금제도에서 나타난다.
   ㄴ. 국민기초생활보장제도는 조세를 재원으로 저소득층에게 제공하기 때문에 수직적 재분배 효과를 갖는다.
   ㄷ. 연금재정 운영방식 중 적립방식은 연금급여를 적립했다가 장래에 지급하는 방식으로 장기적 재분배 효과를 갖는다.
   ㄹ. 가족수당, 국민건강보험은 수평적 재분배에 해당한다.

   ① ㄱ, ㄴ, ㄷ
   ② ㄹ
   ③ ㄴ, ㄷ
   ④ ㄱ, ㄹ
   ⑤ ㄱ, ㄴ, ㄷ, ㄹ

16. 사회보장기본법상의 사회보장제도에 관한 설명으로 옳지 않은 것은?
   ① 국가와 지방자치단체는 사회보장에 대한 민간부문의 참여를 유도할 수 있도록 정책을 개발·시행하여야 한다.
   ② 국가와 지방자치단체는 사회서비스 보장과 소득보장이 효과적이고 균형적으로 연계되도록 하여야 한다.
   ③ 국가와 지방자치단체가 사회보장제도를 운영할 때에는 이 제도를 필요로 하는 모든 국민에게 적용하여야 한다.
   ④ 사회보험은 국가의 책임으로 시행하고, 공공부조는 국가와 지방자치단체의 책임으로 시행하는 것을 원칙으로 한다.
   ⑤ 부담 능력이 있는 국민에 대한 사회서비스에 드는 비용은 지방자치단체가 부담함을 원칙으로 한다.

17. 국민연금제도에 관한 설명으로 옳지 않은 것은?
   ① 우리나라의 국민연금 재정운영방식은 수정적립방식이다.
   ② 소득상한선은 국민연금 가입자들의 연금급여 편차를 일정수준에서 제한하는 기능을 한다.
   ③ 물가상승률에 따른 연금액 조정 및 재평가를 통해 연금액의 실질가치를 보전한다.
   ④ 국민연금사업은 기획재정부장관이 맡아 주관한다.
   ⑤ 우리나라의 주요 크레딧 제도에는 출산크레딧, 군복무크레딧, 실업크레딧이 있다.

18. 국민건강보험제도에 관한 설명으로 옳지 않은 것은?
    ① 건강보험의 보험자는 국민건강보험공단으로 한다.
    ② 의료급여 수급권자, 유공자등 의료보호대상자도 건강보험의 적용대상이다.
    ③ 건강보험의 운영은 국민건강보험공단을 통해 중앙집중관리 방식으로 운영되고 있다.
    ④ 공무원 및 교직원은 직장가입자에 해당한다.
    ⑤ 지역가입자의 보험료는 세대별로 부과한다.

19. 노인장기요양보험제도에 관한 설명으로 옳지 않은 것은?
    ① 노인장기요양보험의 가입자는 국민건강보험 가입자와 동일하다.
    ② 국민건강보험공단은 보험료를 징수할 때 장기요양보험료와 건강보험료를 통합하여 고지하여야 한다.
    ③ 재가급여를 시설급여에 우선하여 제공하여야 한다.
    ④ 장기요양인정 유효기간은 최소 1년 이상으로서 대통령령으로 정한다.
    ⑤ 단기보호는 재가급여에 해당한다.

20. 산업재해보상보험제도에 관한 설명으로 옳지 않은 것은?
    ① 보험 사업에 소요되는 재원인 보험료는 원칙적으로 사업주가 전액 부담한다.
    ② 근로자의 업무상 재해에 대하여 사용자에게는 과실의 유무를 불문하는 무과실책임주의이다.
    ③ 산재보험의 가입대상은 근로자를 사용하는 모든 사업이며 적용단위는 사업 또는 사업장이다.
    ④ 보험료의 고지·수납 및 체납관리 등 징수업무는 근로복지공단이 수행한다.
    ⑤ 업무상 재해의 사유에는 업무상 사고, 업무상 질병, 출퇴근 재해가 있다.

21. 고용보험제도에 관한 설명으로 옳지 않은 것은?
    ① 고용안정·직업능력개발사업에 해당하는 보험료는 사업주가 전액 부담한다.
    ② 구직급여를 받기 위해서는 이직일 이전 18개월간 피보험 단위기간이 합산하여 180일 이상이어야 한다.
    ③ 사립학교 교직원과 공무원은 적용제외 근로자이다.
    ④ 보건복지부장관은 보험사업에 필요한 재원을 충당하기 위해 고용보험기금을 설치한다.
    ⑤ 근로자는 보험가입자가 되는 동시에 피보험자가 된다.

22. 빈곤의 개념에 관한 설명으로 옳지 않은 것은?
    ① 절대적 빈곤은 최소한의 생존수준에도 미치지 못하는 상태라는 개념을 사용한다.
    ② 사회적 배제의 개념은 소득의 문제에 국한되지 않는 다차원적인 불리함을 의미한다.
    ③ 전물량 방식은 식료품비를 계산하고 엥겔수의 역을 곱해서 빈곤선을 기준으로 측정한다.
    ④ 상대적 빈곤의 문제는 불평등과 상대적 박탈감과 밀접한 관련을 가지고 있다.
    ⑤ 주관적 빈곤을 측정하는 대표적인 방식으로 라이덴(Leyden) 방식이 있다.

23. 빈곤 및 소득불평등에 관한 설명으로 옳은 것을 모두 고른 것은?

    > ㄱ. 지니계수는 0과 1 사이의 값을 가진다.
    > ㄴ. OECD의 경우에는 시장소득과 가처분소득을 이용해 소득불평등을 계산한다.
    > ㄷ. 센(Sen)의 빈곤지표는 빈곤율, 빈곤갭, 상대적 불평등의 세 가지 측면을 모두 고려한다.
    > ㄹ. 빈곤갭은 빈곤층의 소득을 모두 빈곤선 수준까지 끌어올리기 위해서 어느 정도의 소득이 필요한가를 보여주는 방법이다.

    ① ㄱ, ㄴ
    ② ㄷ, ㄹ
    ③ ㄴ, ㄷ
    ④ ㄱ, ㄹ
    ⑤ ㄱ, ㄴ, ㄷ, ㄹ

24. 공공부조의 장단점에 관한 설명으로 옳지 않은 것은?
    ① 행정비용이 적게 들어 효율적이다.
    ② 다른 제도에 비해 상대적으로 수직적 재분배 효과가 크게 나타난다.
    ③ 수급자의 근로의욕을 저하시킬 수 있다.
    ④ 목표효율성이 높다.
    ⑤ 수급자에게 낙인감이나 수치심을 줄 수 있다.

25. 국민기초생활보장제도에 관한 설명으로 옳은 것은?
    ① 차상위계층이란 수급권자에 해당하지 아니하는 계층으로서 소득인정액이 100분의 30 이하인 계층을 말한다.
    ② 현재 우리나라는 부양의무자 기준을 완화하여 의료급여 수급자도 부양의무자 기준이 미적용된다.
    ③ 근로능력이 있는 수급자에게는 자활사업에 참여할 것을 조건으로 급여를 지급한다.
    ④ 의료급여에 필요한 사항은 따로 국민건강보험법에서 정한다.
    ⑤ 의료급여 선정기준은 기준 중위소득의 100분의 50 이상으로 한다.

사회복지정책과 제도(사회복지행정론)

26. 사회복지행정에 포함되는 활동으로 옳은 것을 모두 고른 것은?

   ㄱ. 구체적인 계획을 수립함으로써 효과성, 효율성을 증진한다.
   ㄴ. 조직의 목표, 신념 등을 구성원과 공유하며 조직문화를 형성한다.
   ㄷ. 이용자들에게 일률적인 서비스가 제공될 수 있도록 표준화한다.
   ㄹ. 지역사회 내 인적, 물적 자원을 동원하는 활동을 포함한다.

   ① ㄱ, ㄴ
   ② ㄷ, ㄹ
   ③ ㄱ, ㄴ, ㄹ
   ④ ㄴ, ㄷ, ㄹ
   ⑤ ㄱ, ㄴ, ㄷ, ㄹ

27. 다음에 제시된 우리나라 사회복지행정의 역사 중 그 연대가 다른 하나는?
   ① 사회복지전담기구 설치를 위한 법적 근거 마련
   ② 지방자치제도 실시에 따른 중앙과 지방의 역할분담
   ③ 사회복지 시설평가 제도의 도입
   ④ 시설의 설치를 신고제로 전환
   ⑤ 사회복지사 윤리강령의 제정

28. 관료제 이론에 관한 설명으로 옳지 않은 것은?
   ① 공적인 지위에 기반을 둔 위계적인 권위구조
   ② 지위에 따른 권위를 규정하는 규칙의 체계
   ③ 인간관계에 대한 중시
   ④ 연공서열, 실적, 기술에 기반을 둔 승진 및 지위 보장
   ⑤ 명확하고 고도로 전문화된 분업 체계

29. 다음에서 설명하고 있는 이론은?

> 조직과 과업환경 간의 상호작용에 주목하여 조직이 서비스 생산을 위해 필요로 하는 자원을 과업환경과의 관계에서 어떻게 획득하게 되는지를 살펴본 이론이다. 자원을 둘러싼 조직의 행태를 힘의 논리에 따라 설명하기 때문에 사회복지조직이 외부환경에 의존하는 현실을 살펴봄에 있어 큰 함의를 준다.

① 목표관리이론
② 학습조직이론
③ 상황이론
④ 과학적 관리론
⑤ 정치경제이론

30. 총체적 품질관리(TQM)의 주요 특징으로 옳지 않은 것은?
① 도입과정에서는 최고관리자의 강력한 의지가 필요하다.
② 전체 구성원의 참여가 요구되는 총체적 관리체계이다.
③ 직원의 능력개발보다 유능한 직원의 선발을 강조한다.
④ 서비스의 품질에 대한 판정자는 클라이언트이다.
⑤ 서비스의 지속적인 개선을 통해 경쟁력을 확보한다.

31. 제도이론에 해당하는 내용으로 옳은 것은?
① 변화하는 환경이 선택한 조직은 살아남고 그렇지 않은 조직은 도태된다.
② 조직들이 갖는 기술적인 특성들보다는 제도적인 환경 속에 존재하는 규범이나 규칙들에 의해서 조직의 성격은 결정된다.
③ 조직은 외부환경과의 관계 속에서 자신의 독립성과 자율성을 확보하기 위해 경쟁, 협력, 갈등, 계약 등 다양한 전략을 사용한다.
④ 조직을 둘러싼 상황이 달라지면 그에 적합한 조직의 구조도 달라진다.
⑤ 조직은 각각의 기능을 수행하는 하위체계로 구성된 복합체로 봐야 한다.

32. 비영리조직에 관한 설명으로 옳은 것은?
① 모든 사회복지조직은 비영리조직이다.
② 정부 정책을 보조하는 것이 주된 역할이다.
③ 법인으로서의 지위를 취득하지 않아도 된다.
④ 초국적 조직으로 세제 혜택에서 제외된다.
⑤ 공공선을 추구하며 사회적 목적을 갖는다.

33. 조직의 구조적 요소에 관한 설명으로 옳지 않은 것은?
    ① 조직의 규모가 확대되면 수직적, 수평적 분화가 발생한다.
    ② 비공식조직은 공식조직의 책임을 분담하는 보조적 체계이다.
    ③ 비일상적 기술을 사용하는 조직은 업무의 공식화가 낮다.
    ④ 운영위원회 등의 참모조직은 집권화를 가져올 위험도 있다.
    ⑤ 수평조직은 책임자의 통솔범위가 확대된다.

34. 한국의 사회복지 행정체계에 관한 설명으로 옳지 않은 것은?
    ① 운영주체에 따라 공공체계와 민간체계로 구분된다.
    ② 사회복지에 관한 주무부처는 보건복지부이다.
    ③ 공공체계는 서비스 전달을 민간체계에 위탁하기도 한다.
    ④ 민간체계를 통해 서비스 선택의 범위가 확장된다.
    ⑤ 민간체계는 공공재, 연대재를 제공하는 역할을 한다.

35. 사회복지서비스 제공의 원칙으로 옳지 않은 것은?
    ① 클라이언트의 문제와 욕구를 다각도로 살펴보면서 포괄성을 확보해야 한다.
    ② 클라이언트의 욕구충족을 위해 서비스의 양과 질을 충분히 확보해야 한다.
    ③ 기관의 서비스가 제한적일 때에는 지역사회와 연계하여 지속성을 확보해야 한다.
    ④ 서비스의 누락 및 중복을 막기 위해 사회복지사의 전문성을 확보해야 한다.
    ⑤ 서비스 이용 비용 및 심리적 장벽 등을 고려하여 접근성을 확보해야 한다.

36. 다음 장단점에 해당하는 의사결정 기법은?

    - 장점: 전문가들을 한 자리에 모아야 하는 수고를 덜 수 있다. 참여자는 자신의 의견을 충분히 생각하고 편한 시간에 답변할 수 있다. 다른 참여자의 영향으로부터 자유롭게 의견을 제시할 수 있다.
    - 단점: 답변을 받을 때까지의 소요기간을 고려해야 한다. 이 기법은 수차례에 걸쳐 반복하기 때문에 답변 회수율이 점차 떨어질 가능성이 높다.

    ① 변증법적 토의 ② 델파이 기법
    ③ 명목집단 기법 ④ SWOT분석
    ⑤ 브레인스토밍

37. 사회복지기관에서 기획이 필요한 이유를 모두 고른 것은?

> ㄱ. 문제해결의 합리성을 증진시킬 수 있다.
> ㄴ. 미래에 대한 불확실성을 감소시킬 수 있다.
> ㄷ. 구성원들의 참여를 유도하여 동기를 부여할 수 있다.
> ㄹ. 제한된 자원을 효율적으로 사용할 수 있다.

① ㄱ, ㄴ
② ㄷ, ㄹ
③ ㄱ, ㄷ, ㄹ
④ ㄴ, ㄷ, ㄹ
⑤ ㄱ, ㄴ, ㄷ, ㄹ

38. 조직문화에 관한 설명으로 옳은 것을 모두 고른 것은?

> ㄱ. 조직문화가 조직의 전략과 일치할수록 조직성과는 향상된다.
> ㄴ. 조직문화는 구성원들의 소속감 및 정체성 형성에 영향을 준다.
> ㄷ. 조직문화가 변하면 조직의 정책결정 방식도 달라질 수 있다.
> ㄹ. 조직 구성원들의 상호작용을 규정하는 메커니즘으로 조직의 분위기를 결정한다.

① ㄱ, ㄴ, ㄹ
② ㄷ, ㄹ
③ ㄱ, ㄷ
④ ㄴ, ㄹ
⑤ ㄱ, ㄴ, ㄷ, ㄹ

39. 리더십이론 중 블레이크와 머튼의 관리격자모형에 관한 설명으로 옳지 않은 것은?
① 무기력형: 조직의 생산성 향상 및 조직구성원의 사기진작 모두에 최소한의 노력만 한다.
② 중도형: 조직의 생산성 향상 및 조직구성원의 사기진작 모두를 적절히 고려한다.
③ 컨트리클럽형: 조직의 전반적인 분위기를 편안하게 이끌어갈 수 있는 리더십이다.
④ 과업형: 조직의 생산성을 어떻게 끌어올릴 것인가에 집중하여 가장 높은 생산성을 보인다.
⑤ 팀형: 신뢰와 존경의 관계를 바탕으로 조직의 목표달성을 위해 직원의 참여와 헌신을 유도한다.

40. 사회복지조직의 인적자원관리에 관한 설명으로 옳은 것은?
    ① 일선 사회복지사는 열성 → 좌절 → 침체 → 무관심의 단계에 따라 소진을 경험할 수 있다.
    ② 일선 사회복지사의 직무만족도가 높을수록 소진을 경험하게 될 확률도 더 높다.
    ③ 슈퍼비전은 일선 사회복지사가 클라이언트와의 감정적 문제를 호소할 때에만 제공된다.
    ④ 슈퍼비전은 슈퍼바이저와 일선 사회복지사가 1:1의 방식으로만 진행되어야 한다.
    ⑤ 일선 사회복지사의 소진을 방지하기 위한 전략으로 슈퍼비전을 실시하기도 한다.

41. 맥클리랜드(McClelland)가 제시한 욕구 유형 중 성취욕구에 해당하지 않는 것은?
    ① 목표가 다소 높더라도 달성하고자 하는 욕구
    ② 어려움을 극복하고 끝까지 해내고자 하는 욕구
    ③ 다른 사람들의 행동에 대해 통제하려는 욕구
    ④ 다른 사람과의 경쟁에서 이기고자 하는 욕구
    ⑤ 자기가 가진 능력을 최대한 발휘해내려는 욕구

42. 예산 통제의 원칙으로 옳지 않은 것은?
    ① 예외의 원칙: 규칙에는 반드시 예외 사항을 고려해야 하고, 예외 사항에 적용되는 다른 규칙이 명시되어야 한다.
    ② 개정의 원칙: 규칙은 대개 일정기간 동안만 적용할 수 있도록 제한하며, 일정 기간이 지난 후에는 규칙을 새로 개정할 수 있어야 한다.
    ③ 강제성 배제의 원칙: 재정통제 체계는 강제성을 띠지 않고 상항에 맞는 개별성을 고려해야 한다.
    ④ 효율성의 원칙: 비용과 노력을 최소화하는 정도에서 이루어진다.
    ⑤ 보고의 원칙: 재정 관련 행위를 공식적으로 감시하고 통제한다.

43. 성과주의 예산에 관한 설명으로 옳지 않은 것은?
    ① 무엇을 얼마나 제공할 것인지가 작성되지 않아 프로그램의 목표와 운영에 대한 모니터링이 불가능하다.
    ② 단위원가를 계산하여 합리적 자금배분이 가능하다.
    ③ 직접비용과 간접비용을 계산해야 하므로 범위를 정하는 것이 쉽지 않다.
    ④ 성과물이 예산 할당의 기준이 되기 때문에 프로그램의 효율성을 기할 수 있다.
    ⑤ 단기적으로 성과가 드러나는 사업이나 성과를 명확하게 측정할 수 있는 사업에 대해서 예산 배분이 치중될 수 있다.

44. 프로그램 평가 시 효과성 기준으로 옳은 것은?
① 투입된 비용 대비 산출된 서비스의 양 또는 성과를 비교하여 평가한다.
② 목표 대비 성과를 평가한다.
③ 어떤 활동들이 얼마나 많은 클라이언트에게 제공되었는지를 평가한다.
④ 프로그램의 효과와 비용이 서비스 이용자 간에 공평하게 배분되었는지를 평가한다.
⑤ 프로그램과 관련된 지역사회 문제해결에 얼마나 기여했는지, 어느 정도 영향을 미쳤는지를 평가한다.

45. 사회복지 프로그램 목표에서 성과목표에 해당하는 것은?
① 어르신 대상 무료 심리검사가 총 50명에게 실시되도록 한다.
② 경력단절 여성을 위한 직무 관련 교육을 주 2회 진행한다.
③ 클라이언트가 호소하는 우울감의 빈도를 10% 이상 감소시킨다.
④ 주1회 집단 프로그램을 통해 대화기술 교육·훈련을 진행한다.
⑤ 매주 월요일, 목요일에 요가 및 명상 프로그램을 제공한다.

46. 형성평가에 관한 설명으로 옳은 것은?
① 평가에 대한 평가로서 평가가 적절했는지를 살펴본다.
② 외부평가를 통해 전문적이고 객관적으로 이루어진다.
③ 프로그램의 부족한 부분을 수정·보완하기 위해 진행된다.
④ 프로그램에 따른 성과 및 투입된 비용 등에 집중한다.
⑤ 프로그램이 종료된 후 평가계획을 세워 실행한다.

47. 사회복지 시설평가에 관한 설명으로 옳은 것을 모두 고른 것은?

ㄱ. 시설 및 환경 평가에 중점을 두기 때문에 인적자원관리, 이용자의 권리에 관한 사항은 평가영역에서 제외된다.
ㄴ. 1999년 제1기 사회복지 시설평가가 실시되었다.
ㄷ. 평가결과에 따른 사후 지원으로 우수시설에 대해 인센티브가 지급되기도 한다.
ㄹ. 사회복지사업법 및 동법 시행규칙에 따라 보건복지부장관 및 시·도지사는 3년마다 시설평가를 실시하여야 한다.

① ㄱ, ㄷ
② ㄴ, ㄹ
③ ㄱ, ㄴ, ㄹ
④ ㄴ, ㄷ, ㄹ
⑤ ㄱ, ㄴ, ㄷ, ㄹ

48. 사회복지조직에서 마케팅 믹스 4p와 관련하여 옳지 않은 것은?
    ① 상품(Product) 전략: 어떤 서비스를 제공할 것인가
    ② 가격(Price) 전략: 서비스 이용료를 어느 정도로 책정할 것인가
    ③ 유통(Place) 전략: 서비스 전달과정을 어떻게 개선할 것인가
    ④ 촉진(Promotion) 전략: 서비스를 어떤 방식으로 홍보할 것인가
    ⑤ 문제(problem): 서비스 제공 관련 문제에 어떻게 대처할 것인가

49. 사회복지행정과 관련된 환경변화의 흐름으로 옳지 않은 것은?
    ① 맞춤형 서비스 강조
    ② 서비스 기관의 다양화
    ③ 지역사회 통합돌봄 강화
    ④ 대규모 생활시설의 확대
    ⑤ 민·관 협력 추진

50. 민간 사회복지시설을 둘러싼 과업환경으로 볼 수 없는 것은?
    ① 지역사회복지협의회
    ② 경찰, 학교, 병원 등의 시설
    ③ 지역사회 인구구성의 변화
    ④ 사회복지 제도의 사각지대
    ⑤ 유사기관의 신규 설립

사회복지정책과 제도(사회복지법제론)

51. 우리나라의 법체계와 적용에 관한 설명으로 옳은 것은?
① 우리나라는 성문법주의를 채택하고 있다.
② 국무총리는 소관 사무에 관하여 직권으로 총리령을 발할 수 없다.
③ 판례법은 성문법으로서의 법원에 해당한다.
④ 헌법에서는 입법권이 대통령에 속한다고 규정되어 있다.
⑤ 시행규칙은 대통령이 발할 수 있는 명령이다.

52. 헌법 제34조 규정 중 빈칸에 들어갈 내용이 순서대로 옳은 것은?

> • (   ) 및 질병·노령 기타의 사유로 생활능력이 없는 국민은 법률이 정하는 바에 의하여 국가의 보호를 받는다.
> • 국가는 사회보장·(   )의 증진에 노력할 의무를 진다.
> • 국가는 (   )과 청소년의 복지향상을 위한 정책을 실시할 의무를 진다.

① 신체장애자, 사회복지, 여성
② 장애인, 사회보험, 여성
③ 신체장애자, 사회복지, 노인
④ 신체장애자, 사회보험, 노인
⑤ 장애인, 사회복지, 여성

53. 법률의 제정연도가 가장 빠른 것은?
① 산업재해보상보험법
② 국민기초생활보장법
③ 노인복지법
④ 사회복지사업법
⑤ 저출산·고령사회기본법

54. 사회보장기본법에 관한 내용으로 옳지 않은 것은?
   ① 국가는 관계 법령에서 정하는 바에 따라 최저보장수준과 최저임금을 매년 공표하여야 한다.
   ② 보건복지부장관은 사회보장제도의 안정적인 운영을 위하여 중장기 사회보장 재정추계를 적어도 3년마다 실시하고 이를 공표하여야 한다.
   ③ 국내에 거주하는 외국인에게 사회보장제도를 적용할 때에는 평등주의의 원칙에 따르되, 관계 법령에서 정하는 바에 따른다.
   ④ 보건복지부장관은 관계 중앙행정기관의 장과 협의하여 사회보장 증진을 위하여 사회보장에 관한 기본계획을 5년마다 수립하여야 한다.
   ⑤ 사회보장수급권은 관계 법령에서 정하는 바에 따라 다른 사람에게 양도하거나 담보로 제공할 수 없으며, 이를 압류할 수 없다.

55. 사회보장기본법상 사회보장위원회에 관한 내용으로 옳지 않은 것은?
   ① 사회보장에 관한 주요 시책을 심의·조정하기 위하여 국무총리 소속으로 사회보장위원회를 둔다.
   ② 위원장은 국무총리가 되고 부위원장은 기획재정부장관, 교육부장관 및 보건복지부장관이 된다.
   ③ 위원의 임기는 2년으로 하며, 공무원인 위원의 임기는 1년으로 한다.
   ④ 위원회는 위원장 1명, 부위원장 3명과 행정안전부장관, 고용노동부장관, 여성가족부장관, 국토교통부장관을 포함한 30명 이내의 위원으로 구성한다.
   ⑤ 위원회를 효율적으로 운영하고 위원회의 심의·조정 사항을 전문적으로 검토하기 위하여 위원회에 실무위원회를 둔다.

56. 사회보장기본법상 용어의 정의에 관한 내용으로 옳은 것을 모두 고른 것은?

   > ㄱ. "사회보장"이란 출산, 양육, 실업, 노령, 장애, 질병, 빈곤 및 사망 등의 사회적 위험으로부터 수급자를 보호하고 수급자의 삶의 질을 향상시키는 데 필요한 소득·서비스를 보장하는 사회보험, 공공부조, 사회서비스를 말한다.
   > ㄴ. "사회보험"이란 국민에게 발생하는 사회적 위험을 보험의 방식으로 대처함으로써 국민의 건강과 소득을 보장하는 제도를 말한다.
   > ㄷ. "공공부조"란 국가와 지방자치단체의 책임 하에 생활 유지 능력이 없거나 생활이 어려운 국민의 최저생활을 보장하고 자립을 지원하는 제도를 말한다.
   > ㄹ. "평생사회안전망"이란 생애주기에 걸쳐 보편적으로 충족되어야 하는 기본욕구와 특정한 사회위험에 의하여 발생하는 특수욕구를 동시에 고려하여 소득·서비스를 보장하는 맞춤형 사회보장제도를 말한다.

   ① ㄱ, ㄴ, ㄷ
   ② ㄴ, ㄷ, ㄹ
   ③ ㄱ, ㄷ, ㄹ
   ④ ㄴ, ㄹ
   ⑤ ㄱ, ㄴ, ㄹ

57. 사회보장급여의 이용·제공 및 수급권자 발굴에 관한 법률의 내용으로 옳지 않은 것은?
   ① 보장기관이란 관계 법령 등에 따라 사회보장급여를 제공하는 국가기관과 지방자치단체를 말한다.
   ② 보장기관은 지역의 사회보장 수준이 재정자립 수준에 따라 차등적으로 실현될 수 있도록 노력하여야 한다.
   ③ 보장기관과 관계 기관·법인·단체·시설은 지역사회 내 사회보장이 필요한 지원대상자를 발굴하고, 가정과 지역공동체의 자발적인 협조가 이루어질 수 있도록 노력하여야 한다.
   ④ 이 법에 따른 처분에 이의가 있는 수급권자등은 그 처분을 받은 날로부터 90일 이내에 처분을 결정한 보장기관의 장에게 이의신청을 할 수 있다.
   ⑤ 누구든지 출산, 양육, 실업, 노령, 장애, 질병, 빈곤 및 사망 등의 사회적 위험으로 인하여 사회보장급여를 필요로 하는 지원대상자를 발견하였을 때에는 보장기관에 알려야 한다.

58. 사회보장급여의 이용·제공 및 수급권자 발굴에 관한 법률상 사회보장급여의 이용에 관한 내용으로 옳지 않은 것은?
   ① 지원대상자와 그 친족에 한하여 지원대상자의 주소지 관할 보장기관에 사회보장급여를 신청할 수 있다.
   ② 보장기관의 업무담당자는 지원대상자가 누락되지 아니하도록 하기 위하여 관할 지역에 거주하는 지원대상자에 대한 사회보장급여의 제공을 직권으로 신청할 수 있다.
   ③ 보장기관의 장은 사회보장급여의 신청을 받으면 지원대상자의 건강상태, 가구 구성 등 생활실태에 관한 사항을 조사하여야 한다.
   ④ 사회보장급여는 지원대상자가 현재 제공받고 있는 사회보장급여와 보장내용이 중복되도록 하여서는 아니 된다.
   ⑤ 보장기관은 신청인 또는 지원대상자와 그 부양의무자가 수급자격의 조사를 방해 또는 기피하는 경우에는 해당 사회보장급여의 신청을 각하할 수 있다.

59. 사회복지사업법의 내용으로 옳은 것은?
   ① 사회복지를 필요로 하는 사람은 누구든지 자신의 의사에 따라 서비스를 신청할 수 있다.
   ② 사회복지서비스를 필요로 하는 사람에 대한 사회복지서비스 제공은 현금으로 제공하는 것을 원칙으로 한다.
   ③ 거짓이나 그 밖의 부정한 방법으로 사회복지사 자격을 취득한 경우에는 1년의 범위에서 자격을 정지시킬 수 있다.
   ④ 국가는 국민의 사회복지에 대한 이해를 증진하고 사회복지사업 종사자의 활동을 장려하기 위하여 매년 7월 9일을 사회복지의 날로 한다.
   ⑤ 전문의가 정신질환자로 진단한 자는 어떠한 경우에도 사회복지사가 될 수 없다.

60. 사회복지사업법상 사회복지법인에 관한 내용으로 옳지 않은 것은?
    ① 사회복지법인을 설립하려는 자는 대통령령으로 정하는 바에 따라 시·도지사의 허가를 받아야 한다.
    ② 이사 또는 감사 중에 결원이 생겼을 때에는 2개월 이내에 보충하여야 한다.
    ③ 법인은 대표이사를 포함한 이사 7명 이상과 감사 2명 이상을 두어야 한다.
    ④ 이사는 법인이 설치한 사회복지시설의 장을 제외한 그 시설의 직원을 겸할 수 없다.
    ⑤ 이사의 임기는 3년으로 하고 감사의 임기는 2년으로 하며, 연임은 불가능하다.

61. 사회복지사업법상 사회복지사에 관한 내용으로 옳지 않은 것은?
    ① 정신건강사회복지사·의료사회복지사·학교사회복지사의 자격은 1급 사회복지사의 자격이 있는 사람 중 수련기관에서 수련을 받은 사람에게 부여한다.
    ② 사회복지법인 또는 사회복지시설에 종사하는 사회복지사는 월간 4시간 이상의 보수교육을 받아야 한다.
    ③ 보수교육에는 사회복지윤리 및 인권보호, 사회복지정책 및 사회복지실천기술 등이 포함되어야 한다.
    ④ 자격증을 대여·양도 또는 위조·변조한 경우에는 반드시 사회복지사 자격을 취소하여야 한다.
    ⑤ 보건복지부장관은 자격이 취소된 사람에게는 그 취소된 날부터 2년 이내에 자격증을 재교부하지 못한다.

62. 국민기초생활보장법에 관한 내용으로 옳지 않은 것은?
    ① 수급자에 대한 급여는 정당한 사유 없이 이를 불리하게 변경할 수 없다.
    ② 보건복지부장관 또는 소관 중앙행정기관의 장은 급여의 종류별 수급자 선정기준 및 최저생계비를 결정하여야 한다.
    ③ 이 법에 따른 급여는 수급권자 또는 수급자의 거주지를 관할하는 시·도지사와 시장·군수·구청장이 실시한다.
    ④ 수급권자와 그 친족, 그 밖의 관계인은 관할 시장·군수·구청장에게 수급권자에 대한 급여를 신청할 수 있다.
    ⑤ "보장기관"이란 국민기초생활보장법에 따른 급여를 실시하는 국가 또는 지방자치단체를 말한다.

63. 의료급여법상 수급권자가 아닌 사람은?
① 「의사상자 등 예우 및 지원에 관한 법률」에 따라 의료급여를 받는 사람
② 「재해구호법」에 따른 이재민으로서 보건복지부장관이 의료급여가 필요하다고 인정한 사람
③ 「한부모가족지원법」에 따른 미혼모 가족의 8세 미만의 아동
④ 「국내입양에 관한 특별법」에 따라 입양된 18세 미만의 아동
⑤ 「5·18민주화운동 관련자 보상 등에 관한 법률」에 따라 보상금등을 받은 사람과 그 가족으로서 보건복지부장관이 의료급여가 필요하다고 인정한 사람

64. 긴급복지지원법상 '금전 또는 현물(現物) 등의 직접지원'에 해당하지 않는 것은?
① 식료품비·의복비 등 생계유지에 필요한 비용 또는 현물 지원
② 각종 검사 및 치료 등 의료서비스 지원
③ 임시거소 제공 또는 이에 해당하는 비용 지원
④ 사회복지시설 입소 또는 이용 서비스 제공이나 이에 필요한 비용 지원
⑤ 대한적십자사, 사회복지공동모금회 등의 사회복지기관·단체와의 연계 지원

65. 기초연금법에 관한 내용으로 옳은 것은?
① "기초연금 수급권자"란 이 법에 따라 기초연금을 지급받고 있는 사람을 말한다.
② 보건복지부장관은 선정기준액을 정하는 경우 65세 이상인 사람 중 기초연금 수급자가 100분의 80 수준이 되도록 한다.
③ 본인과 그 배우자가 모두 기초연금 수급권자인 경우에는 각각의 기초연금액에서 기초연금액의 100분의 20에 해당하는 금액을 증액한다.
④ 기초연금액의 적정성을 평가할 때에는 노인 빈곤에 대한 실태 조사와 기초연금의 장기적인 재정 소요에 대한 전망을 함께 실시하여야 한다.
⑤ 기초연금 수급권자가 국외로 이주한 때에는 다시 국내로 돌아올 때까지 기초연금 지급이 정지된다.

66. 국민연금법에 관한 내용으로 옳지 않은 것은?
   ① "사용자"란 근로자가 소속되어 있는 사업장의 사업주를 말한다.
   ② 연금액은 지급사유에 따라 기본연금액과 부양가족연금액을 기초로 산정한다.
   ③ 가입자는 직장가입자, 지역가입자로 구분한다.
   ④ 지역가입자가 사망한 경우 사망한 날의 다음 날에 자격을 상실한다.
   ⑤ 급여의 종류는 노령연금, 장애연금, 유족연금, 반환일시금, 사망일시금이 있다.

67. 국민건강보험법상 자격의 상실 시기로 옳은 것은?
   ① 사망한 날
   ② 국적을 잃은 날
   ③ 국내에 거주하지 아니하게 된 날
   ④ 직장가입자의 피부양자가 된 날
   ⑤ 수급권자가 된 날의 다음 날

68. 고용보험법에 관한 내용으로 옳지 않은 것은?
   ① 취업촉진 수당의 종류에는 조기재취업 수당, 구직급여, 광역 구직활동비, 이주비가 있다.
   ② "일용근로자"란 1개월 미만 동안 고용되는 사람을 말한다.
   ③ 고용보험은 고용노동부장관이 관장한다.
   ④ "피보험자"란 보험에 가입되거나 가입된 것으로 보는 근로자, 예술인 또는 노무제공자, 자영업자를 말한다.
   ⑤ 근로자인 피보험자는 이 법이 적용되는 사업에 고용된 날에 피보험자격을 취득한다.

69. 산업재해보상보험법상 '업무상 사고'에 해당하지 않는 것은?
① 근로자가 근로계약에 따른 업무나 그에 따르는 행위를 하던 중 발생한 사고
② 사업주가 제공한 시설물 등을 이용하던 중 그 시설물 등의 결함이나 관리소홀로 발생한 사고
③ 사업주가 주관하거나 사업주의 지시에 따라 참여한 행사나 행사준비 중에 발생한 사고
④ 사업주의 지시를 받아 출장 업무를 수행하던 중 근로자가 정상적인 출장 경로를 벗어났을 때 발생한 사고
⑤ 휴게시간 중 사업주의 지배관리하에 있다고 볼 수 있는 행위로 발생한 사고

70. 노인장기요양보험법상 다음은 어떤 장기요양급여에 관한 설명인가?

> 수급자를 하루 중 일정한 시간 동안 장기요양기관에 보호하여 신체활동 지원 및 심신기능의 유지·향상을 위한 교육·훈련 등을 제공하는 장기요양급여

① 방문요양
② 주·야간보호
③ 방문목욕
④ 방문간호
⑤ 단기보호

71. 노인복지법에 관한 내용으로 옳지 않은 것은?
① 보건복지부장관은 노인의 보건 및 복지에 관한 실태조사를 3년마다 실시하고 그 결과를 공표하여야 한다.
② 노인에 대한 사회적 관심과 공경의식을 높이기 위하여 매년 10월 2일을 노인의 날로, 매년 10월을 경로의 달로 한다.
③ 거짓이나 그 밖의 부정한 방법으로 요양보호사 자격증을 취득한 경우에는 자격을 취소하여야 한다.
④ 노인보호전문기관, 학대피해노인 전용쉼터, 독거노인종합복지센터는 노인복지법상 노인복지시설의 종류에 해당한다.
⑤ 노인복지시설의 설치·운영자는 노인 등의 신체활동 또는 가사활동 지원 등의 업무를 전문적으로 수행하는 요양보호사를 두어야 한다.

72. 아동복지법에 관한 내용으로 옳은 것은?
   ① "아동"이란 15세 미만인 사람을 말한다.
   ② 아동복지법에는 어린이날 및 어린이주간에 관한 사항이 명시되어 있다.
   ③ 보건복지부장관은 아동정책의 효율적인 추진을 위하여 3년마다 아동정책기본계획을 수립하여야 한다.
   ④ 보건복지부장관은 5년마다 아동의 양육 및 생활환경, 언어 및 인지 발달, 정서적·신체적 건강, 아동안전, 아동학대 등 아동의 종합실태를 조사하여 그 결과를 공표하여야 한다.
   ⑤ 시·군·구에 두는 아동위원은 명예직으로 하며, 수당을 지급하지 않는다.

73. 장애인복지법에 관한 내용으로 옳지 않은 것은?
   ① 장애인 관련 조사·연구 및 정책개발·복지진흥 등을 위하여 한국장애인개발원을 설립한다.
   ② 재외동포 및 외국인 중 「재외동포의 출입국과 법적 지위에 관한 법률」에 따라 국내거소신고를 한 사람은 장애인 등록을 할 수 있다.
   ③ 장애인 등록 및 장애 상태의 변화에 따른 장애 정도를 조정함에 있어 장애인의 장애 인정과 장애 정도 사정이 적정한지를 확인하기 위하여 해당 지역 장애인복지관에 장애 정도에 관한 정밀심사를 의뢰할 수 있다.
   ④ 장애인 종합정책을 수립하고 관계부처 간의 의견을 조정하며 그 정책의 이행을 감독·평가하기 위하여 국무총리 소속하에 장애인정책조정위원회를 둔다.
   ⑤ 보건복지부장관은 장애인 복지정책의 수립에 필요한 기초 자료로 활용하기 위하여 3년마다 장애실태조사를 실시하여야 한다.

74. 다문화가족지원법에 관한 내용으로 옳지 않은 것은?
   ① 다문화가족의 삶의 질 향상과 사회통합에 관한 중요 사항을 심의·조정하기 위하여 여성가족부 소속으로 다문화가족정책위원회를 둔다.
   ② 국가 또는 지방자치단체 아닌 자가 지원센터를 설치·운영하고자 할 때에는 미리 시·도지사 또는 시장·군수·구청장의 지정을 받아야 한다.
   ③ 특별시·광역시·특별자치시·도·특별자치도 및 시·군·구에는 다문화가족 지원을 담당할 기구와 공무원을 두어야 한다.
   ④ 여성가족부장관은 다문화가족 지원을 위하여 5년마다 다문화가족정책에 관한 기본계획을 수립하여야 한다.
   ⑤ 여성가족부장관은 다문화가족의 현황 및 실태를 파악하고 다문화가족 지원을 위한 정책수립에 활용하기 위하여 3년마다 다문화가족에 대한 실태조사를 실시하여야 한다.

75. 사회복지공동모금회법에 관한 내용으로 옳지 않은 것은?

① 기부금품의 기부자는 배분지역, 배분대상자 또는 사용 용도를 지정할 수 있다.

② 사회복지공동모금회는 정관을 작성하여 기획재정부장관의 인가를 받아 등기함으로써 설립된다.

③ 모금회에 지역단위의 사회복지공동모금사업을 관장하기 위하여 특별시·광역시·특별자치시·도·특별자치도 단위 사회복지공동모금지회를 둔다.

④ 모금회는 기부금품의 접수를 효율적이고 공정하게 하기 위하여 언론기관을 모금창구로 지정하고, 지정된 언론기관의 명의로 모금계좌를 개설할 수 있다.

⑤ 매 회계연도에 조성된 공동모금재원은 해당 회계연도에 지출하는 것을 원칙으로 한다.

2026년도 제24회 사회복지사1급 국가시험 대비
FINAL 모의고사 2회

난이도 : 중

가. 시험 구성

시험 과목수	문제수	배점	총점	문제형식
3과목 (8영역)	200문항	1점 / 1문제	200점	객관식 5지 택1형

나. 시험과목 및 시험시간

○ 일반수험자 기준

구분	시험과목	세부영역	시험시간	과락기준	총점기준
1교시	사회복지기초 (50문항)	◦ 인간행동과 사회환경 (25문항) ◦ 사회복지조사론 (25문항)	09:30~10:20 (50분)	1~19 문항	합계 120점 이상
2교시	사회복지실천 (75문항)	◦ 사회복지실천론 (25문항) ◦ 사회복지실천기술론 (25문항) ◦ 지역사회복지론 (25문항)	10:50~12:05 (75분)	1~29 문항	
3교시	사회복지정책과 제도 (75문항)	◦ 사회복지정책론 (25문항) ◦ 사회복지행정론 (25문항) ◦ 사회복지법제론 (25문항)	12:35~13:50 (75분)	1~29 문항	

※ 필기시험 합격은 과락기준과 총점기준을 모두 충족해야 함

※ 시험관련 법령 등을 적용하여 정답을 구하여야 하는 문제는 시험 시행일(26. 01. 10.) 현재 시행 중인 법령을 기준으로 출제함

해당 모의고사는 저작권법에 의하여 보호를 받는 저작물이므로 무단전재와 복제를 금합니다.

2026년도 제24회 사회복지사1급 국가시험 대비
FINAL 모의고사 2회

교시	문제형별	시간	시험과목 및 시험영역
1교시	A	50분	**사회복지기초** ① 인간행동과 사회환경 ② 사회복지조사론

수험번호		성 명	

【 수험자 유의사항 】

1. 시험문제지는 **단일 형별(A형)**이며, 답안카드 형별 기재란에 표시된 형별(A형)을 확인하시기 바랍니다. 시험문제지의 **총면수, 문제번호 일련순서, 인쇄상태** 등을 확인하시고, 문제지 표지에 수험번호와 성명을 기재하시기 바랍니다.

2. 답은 각 문제마다 요구하는 **가장 적합하거나 가까운 답** 1개만 선택하고, 답안카드 작성 시 시험문제지 **마킹착오**로 인한 불이익은 전적으로 **수험자에게 책임**이 있음을 알려 드립니다.

3. 답안카드는 국가전문자격 공통 표준형으로 문제번호가 1번부터 125번까지 인쇄되어 있습니다. 답안 마킹 시에는 반드시 **시험문제지의 문제번호와 동일한 번호**에 마킹하여야 합니다.

4. **감독위원의 지시에 불응하거나 시험기간 종료 후 답안카드를 제출하지 않을 경우** 불이익이 발생할 수 있음을 알려 드립니다.

5. 시험문제지는 시험 종료 후 가져가시기 바랍니다.

사회복지전문출판 **나눔의집**

해당 모의고사는 저작권법에 의하여 보호를 받는 저작물이므로 무단전재와 복제를 금합니다.

사회복지기초(인간행동과 사회환경)

1. 인간발달이론의 유용성으로 옳지 않은 것은?
   ① 개인의 발달에 영향을 주는 다양한 신체적·심리적·사회적 요인을 이해할 수 있다.
   ② 개인의 적응과 부적응을 판단하기 위한 기준을 제공한다.
   ③ 인간이 환경에 미치는 일방적인 영향만을 파악하여 문제의 원인을 파악할 수 있다.
   ④ 전 생애를 통해 일어나는 변화와 특정 단계에서 발생하는 특징적인 변화를 파악하는 데 도움을 준다.
   ⑤ 개인의 성장 과정에서 나타나는 문제의 원인을 이해하는 데 도움을 준다.

2. 인간발달이론이 사회복지실천에 미친 영향으로 옳지 않은 것은?
   ① 에릭슨(E. Erikson)의 이론은 인간의 발달과정에서 발생하는 정상적인 위기와 사건을 좀 더 정확하게 이해할 수 있는 준거틀을 제시하는 데 공헌하였다.
   ② 프로이트(S. Freud)의 이론은 클라이언트의 심리내적 갈등이 무의식의 동기에서 비롯된다는 것을 인식하는 데 공헌하였다.
   ③ 로저스(C. Rogers)의 이론은 인간을 하나의 통합된 유기체로 보며, 모방학습의 중요성을 인식하는 데 공헌하였다.
   ④ 스키너(B. Skinner)의 이론은 인간행동은 내적 충동보다 외적 자극에 의해 동기화됨을 이해하는 데 공헌하였다.
   ⑤ 매슬로우(A. Maslow)의 이론은 클라이언트의 욕구를 파악하고 평가하는 데 공헌하였다.

3. 프로이트(S. Freud)의 심리성적 발달단계에 관한 설명으로 옳은 것은?
   ① 구강기: 생존을 위해 타인에게 전적으로 의존하며, 만족을 얻는 수단은 의존이다.
   ② 남근기: 배변훈련을 통해 통제하려는 부모 내지는 사회와 갈등을 겪게 된다.
   ③ 생식기: 남아는 오이디푸스 콤플렉스를, 여아는 엘렉트라 콤플렉스를 경험한다.
   ④ 항문기: 리비도가 특정 부위에 집중되지 않고 잠재되어 있다.
   ⑤ 잠복기: 2차 성징이 나타나며 이전 시기에 확립했던 성적 주체성에 의해 성인으로 성장한다.

4. 에릭슨의 심리사회적 위기와 프로이트의 심리성적 발달단계의 연결이 옳은 것은?
   ① 신뢰감 대 불신감 - 잠재기
   ② 자율성 대 수치심 - 남근기
   ③ 주도성 대 죄의식 - 구강기
   ④ 근면성 대 열등감 - 항문기
   ⑤ 자아정체감 대 정체감 혼란 - 생식기

5. 아들러(A. Adler)의 개인심리이론에 관한 설명으로 옳지 않은 것은?
   ① 인간을 의식과 무의식 간의 본질적인 대립양상을 극복하고 하나로 통일해나가는 전체적 존재로 본다.
   ② 창조적 자기에 의해 인간은 자신에게 주어진 유전적인 조건과 환경, 경험 등에 대하여 자신의 관점으로 해석한다.
   ③ 아이들은 출생순위에 따라 부모의 기대치, 관심 정도, 양육태도 등 경험하는 환경이 다르며, 성격 형성에도 영향을 미친다.
   ④ 사회적 관심과 활동수준에 따라 생활양식 유형을 분류하였다.
   ⑤ 사회적 관심은 심리적 성숙의 주요 기준이 되며, 선천적이지만 의식적으로 개발하는 것도 필요하다.

6. 융(C. Jung)의 분석심리이론에 관한 설명으로 옳지 않은 것은?
   ① 페르소나(persona)에 갇힌 삶이 아니라 진정한 자기를 발견하고 실현해가는 삶을 강조했다.
   ② 개성화(individuation)는 중년기에 자아를 내적·정신적 차원으로부터 외적·물질적 차원으로 전환시키는 것을 의미한다.
   ③ 음영(shadow)은 동물적 본성을 포함하여 스스로 의식하기 싫은 자신의 부정적 측면을 말한다.
   ④ 리비도(libido)의 개념을 프로이트(S. Freud)가 말한 성적 에너지에 국한하지 않고 정신에너지로 확장시켰다.
   ⑤ 자아(ego)가 의식세계의 중심이라면 자기(self)는 의식과 무의식을 모두 포괄하는 전체 인격과 정신의 중심이다.

7. 피아제(J. Piaget)의 인지발달단계에 관한 설명으로 옳은 것은?
   ① 감각운동기는 '정신적 표상 - 1차순환반응 - 2차도식협응 - 2차순환반응 - 3차순환반응 - 반사활동기'의 발달 순서로 진행된다.
   ② 전조작기에는 관련된 모든 변인들의 관련성을 파악하여 적절한 문제해결 방법을 찾아낼 수 있다.
   ③ 감각운동기에는 더 이상 한 가지 변수에만 의존하지 않고 더 많은 변수를 고려하게 된다.
   ④ 형식적 조작기에는 아직 "만일 ~이면 ~이다"라는 사고가 불가능하다.
   ⑤ 구체적 조작기에 모든 정신적 활동은 대상이 실제로 눈에 보일 때만 가능하다.

8. 스키너(B. Skinner)의 조작적 조건형성을 위한 강화계획 중 다음 사례에 해당하는 것을 순서대로 나열한 것은?

> 아이가 저녁에 밥을 먹지 않고 과자만 먹으려고 해서 ㄱ. 떼를 쓰지 않고 저녁식사를 다 먹을 때마다 과자를 하나씩 주었다. 그런데 식후에 과자를 먹는 게 습관이 되는 것 같아 ㄴ. 일주일간 떼를 쓰지 않고 저녁식사를 한 날이 더 많으면 매주 토요일 아침에 과자를 주기로 했다.

① ㄱ: 고정간격 강화계획, ㄴ: 가변간격 강화계획
② ㄱ: 고정간격 강화계획, ㄴ: 고정비율 강화계획
③ ㄱ: 고정비율 강화계획, ㄴ: 가변비율 강화계획
④ ㄱ: 연속적 강화계획, ㄴ: 고정간격 강화계획
⑤ ㄱ: 연속적 강화계획, ㄴ: 가변비율 강화계획

9. 반두라(A. Bandura)의 사회학습이론에 관한 설명으로 옳지 않은 것은?
① 인간의 습관은 대부분 다른 사람을 관찰하고 모방함으로써 배우는 것이다.
② 스키너(B. Skinner)와 동일하게 외적 강화 없이는 어떠한 행동의 학습이나 수정도 이루어질 수 없다고 보았다.
③ 인간행동은 많은 부분 자기강화에 따라 결정되며, 자기효율성도 성격 발달에 중요한 영향을 미친다.
④ 인간행동의 근원은 같은 환경일지라도 개인 내적 특성에 따라서 자극에 반응하는 것이 달라질 수 있다.
⑤ 관찰학습의 과정은 '주의집중과정 → 보존과정 → 운동재생과정 → 동기화과정'으로 진행된다.

10. 다음 학자의 주요 이론과 주요 개념의 연결이 옳지 않은 것은?
① 프로이트(S. Freud) – 정신분석이론 – 원초아, 자아, 초자아
② 아들러(A. Adler) – 개인심리이론 – 열등감과 보상, 생활양식
③ 피아제(J. Piaget) – 인지발달이론 – 보존, 도식, 평형화
④ 반두라(A. Bandura) – 사회학습이론 – 자기강화, 관찰학습
⑤ 로저스(C. Rogers) – 욕구이론 – 자기실현 욕구를 충족한 사람, 욕구체계

11. 매슬로우(A. Maslow)의 욕구이론에 관한 설명으로 옳지 않은 것은?
① 인간의 본성은 선하며, 더불어 자기실현을 긍정적인 과정으로 갈망한다.
② 욕구의 발달에 있어서 연령에 따른 단계별 발달 접근을 제시하였다.
③ 인간의 기본적인 욕구가 충족되지 않으면 생리적 또는 심리적인 역기능이 일어난다.
④ 자기실현 욕구를 충족한 사람은 절정경험을 한다.
⑤ 제1형태의 욕구는 결핍동기와 관련된 욕구들이다.

12. 로저스(C. Rogers)의 현상학이론에 관한 설명으로 옳지 않은 것을 모두 고른 것은?

> ㄱ. 인간은 본래 유전적으로 특정한 성격 유형을 갖고 태어나지만 삶의 경험에 따라 각 개인의 성격이 달라질 수 있다.
> ㄴ. 인간은 자신을 유지하고 향상시키는 방향으로 자신이 지닌 모든 능력을 개발하려는 강한 성향을 가지고 있다.
> ㄷ. 개인의 주관적 경험이 중요하며 경험들에 대한 개방성과 민감성이 필요하다.
> ㄹ. 인간을 유기체라는 용어를 통해 통합적 존재로 인식하였다.

① ㄱ
② ㄱ, ㄷ
③ ㄴ, ㄹ
④ ㄴ, ㄷ, ㄹ
⑤ ㄱ, ㄴ, ㄷ, ㄹ

13. 체계이론의 주요 개념에 관한 설명으로 옳지 않은 것은?
① 개방체계(open system)는 반투과성의 경계를 갖고 있는 체계이다.
② 넥엔트로피(negentropy)는 체계 내에 질서, 형태, 분화가 있는 상태로 개방체계에서 나타나는 특성이다.
③ 시니지(synergy)는 개방체계의 속성이다.
④ 엔트로피(entropy)는 체계 내부의 에너지를 소모해 감으로써 점차 쇠약해지는 경향성이다.
⑤ 부적 환류(negative feedback)는 체계가 한쪽 방향으로 계속 이탈되어 가는 것을 말한다.

14. 생태체계이론에 관한 설명으로 옳지 않은 것을 모두 고른 것은?

> ㄱ. '적합성(goodness of fit)'이란 인간의 적응 욕구와 환경자원이 부합되는 정도를 의미한다.
> ㄴ. 인간의 문제행동은 인간의 내적 욕구와 환경자원 간의 불일치에서 비롯된다.
> ㄷ. '스트레스'는 개인이 지각한 요구와 이러한 요구를 충족시킬 수 있는 자원을 활용할 수 있는 능력 사이의 불균형에서 발생한다.
> ㄹ. 환경 안에서 살아가는 인간의 발달에 대한 인과관계를 규명하는 것에 주로 관심을 둔다.

① ㄱ
② ㄷ
③ ㄴ
④ ㄹ
⑤ ㄱ, ㄴ, ㄷ, ㄹ

15. 브론펜브레너(U. Bronfenbrenner)의 사회환경체계에 관한 설명으로 옳은 것을 모두 고른 것은?

> ㄱ. 개별 미시체계는 사회환경 속에서 상호작용하는 거시체계에서 지속적으로 많은 영향을 받는다.
> ㄴ. 미시체계는 개인의 출생과 동시에 주어지는 환경으로 고정적이다.
> ㄷ. 중간체계는 발달하는 개인이 새로운 환경으로 이동할 때마다 형성되거나 확대된다.
> ㄹ. 거시체계는 개인의 생활에 간접적으로 영향력을 발휘하며, 하위체계에 대한 지지기반과 가치 준거틀을 제공한다.

① ㄱ, ㄷ
② ㄴ, ㄹ
③ ㄷ, ㄹ
④ ㄱ, ㄷ, ㄹ
⑤ ㄴ, ㄷ, ㄹ

16. 문화에 관한 설명으로 옳지 않은 것은?
① 관념문화에는 신화, 철학, 문학, 종교, 예술, 윤리 등이 있다.
② 다른 사회의 구성원과 구별되는 공통적인 속성을 지닌다.
③ 규범문화는 인간에게 삶의 방향을 제시해주고 정신적인 삶을 풍요롭게 해주는 지식과 가치, 태도를 말한다.
④ 개별 미시체계가 살고 있는 사회 관습, 기술, 예술, 사상, 종교적·정치적 행동을 포괄한다.
⑤ 지식, 도덕, 제도 등 수많은 부분들이 긴밀한 관계를 유지하면서 전체적으로 체계를 이루고 있다.

17. 태아기의 발달 특성에 관한 설명으로 옳지 않은 것은?
① 터너증후군은 불필요한 염색체가 존재하는 경우에 발생한다.
② 초음파 검사는 태아의 성별과 자궁 내의 자세, 그리고 다양한 신체의 이상을 탐지해낼 수 있다.
③ 임신 4~6개월에 태어난다면 생존가능성이 희박하다.
④ 임산부의 정서적인 성숙 정도, 임신에 대한 양가감정 등 정서상태도 태아에게 영향을 줄 수 있다.
⑤ 혈우병은 혈액이 응고되지 않는 선천적 장애이다.

18. 영아기(0~2세) 애착형성과 관련하여 옳지 않은 것은?
   ① 영아기의 애착형성은 다음 단계의 발달에도 영향을 미친다.
   ② 양육자와의 애착형성 정도에 따라 분리불안이 심해질 수 있다.
   ③ 양육자의 공백에 불안해하지 않는 회피애착형은 안정애착의 하나이다.
   ④ 애착형성이 안정적인 아이도 양육자가 보이지 않으면 울면서 찾을 수 있다.
   ⑤ 양육자가 아이의 표현에 대해 일관성 없이 양육할 경우 저항애착이 생길 수 있다.

19. 유아기(3~6세)에 관한 설명으로 옳지 않은 것은?
   ① 초자아가 발달하는 시기이다.
   ② 타율적 도덕성의 시기이다.
   ③ 성 정체성이 발달하는 시기이다.
   ④ 직관에 의존하여 판단하는 시기이다.
   ⑤ 보존개념이 완전히 형성되는 시기이다.

20. 아동기(7~12세)의 발달 특성에 관한 설명으로 옳은 것을 모두 고른 것은?

   > ㄱ. 에릭슨(E. Erikson)의 심리사회 발달단계에서 근면성 대 열등감에 해당하는 시기이다.
   > ㄴ. 사물의 분류와 보존개념을 획득하며, 논리적 사고의 방해요인을 극복한다.
   > ㄷ. 단체놀이를 통하여 협동, 경쟁, 협상하는 능력이 향상된다.
   > ㄹ. 두 가지 이상 범주의 변수를 실제로 조작하지 않아도 정신적으로 다룰 수 있다.

   ① ㄱ, ㄴ, ㄷ   ② ㄴ, ㄷ, ㄹ
   ③ ㄱ, ㄷ, ㄹ   ④ ㄴ, ㄹ
   ⑤ ㄱ, ㄴ

21. 청소년기(13~19세)의 발달 특성에 관한 설명으로 옳지 않은 것은?
   ① 프로이트(S. Freud)의 발달단계에서 생식기에 해당하는 시기이다.
   ② 제1차 성징이 출현하는 시기로 성적으로 발달한다.
   ③ 상상 속의 관중, 개인적 우화와 같은 자기중심성이 나타난다.
   ④ 자아정체감 확립을 주요 발달과업으로 한다.
   ⑤ 자신의 행동에 대해 어떤 결과가 일어날지 예측할 수 있다.

22. 청년기(19~29세)의 발달 특성에 관한 설명으로 옳지 않은 것은?
    ① 에릭슨(E. Erikson)은 친밀함(intimacy) 형성이 주요 과제라고 보았다.
    ② 성역할 정체감이 확고해지는 과정을 통해 성적 사회화를 이룬다.
    ③ 레빈슨(D. Levinson)은 직업을 선택하고 나아가서 경력을 쌓고 발전시키는 것을 발달과업으로 제시하였다.
    ④ 주도성 대 죄의식의 심리사회적 위기에 직면하게 된다.
    ⑤ 하비거스트(R. Havighurst)의 발달과업에는 배우자 선택, 직장생활 시작, 사회적 집단 형성, 직업의 준비와 선택 등이 있다.

23. 장년기(30~64세)의 발달 특성에 관한 설명으로 옳지 않은 것은?
    ① 장년기의 주요 과업은 자신의 삶을 수용하며 자아통합을 이루는 것이다.
    ② 장년기에 개성화된 인간은 자긍심이 높고, 의식과 무의식 수준의 자기를 잘 알게 된다.
    ③ 갱년기는 여성뿐만 아니라 남성도 경험한다.
    ④ 여성은 에스트로겐의 분비가, 남성은 테스토스테론의 분비가 감소하면서 성적 능력이 감소한다.
    ⑤ 호르몬의 변화로 성적 능력이 저하되며 빈둥지증후군(empty nests syndrome)이 나타날 수 있다.

24. 노년기(65세 이상)의 발달 특성에 관한 설명으로 옳지 않은 것은?
    ① 자신에게 익숙한 습관적 태도와 방법을 고수하며, 이로 인해 학습 능력과 문제해결 능력이 저하된다.
    ② 활동이론은 노년기 동안의 인생만족은 계속적인 활동과 높은 상관성이 있다고 강조한다.
    ③ 경직된 사고방식으로 인해 자신의 판단을 통해 능동적으로 문제해결을 한다.
    ④ 내향성이 증가하여 외적인 측면보다는 내적인 측면에 관심과 주의를 기울인다.
    ⑤ 남성은 친밀성, 의존성, 관계지향성이 증가하는 반면, 여성은 공격성, 자기주장, 자기중심성, 권위주의 성향이 상대적으로 높아진다.

25. 생애 발달에 관한 내용으로 옳지 않은 것은?
    ① 영아기에는 어떤 행동을 목격하고 그 행동을 일정한 시간이 지난 후 재현한다.
    ② 걸음마기에는 정서적 분화가 두드러지고 물활론적 사고와 자기통제가 발달한다.
    ③ 학령전기에는 직관적 사고를 하고 유형화와 서열화가 가능하다.
    ④ 청년기에는 성적 사회화가 이루어지고 부모에 대한 양가감정을 보이기도 한다.
    ⑤ 장년기와 노년기에 세포는 노화되지만 인지능력 감소는 단언할 수 없다.

사회복지기초(사회복지조사론)

26. 사회복지조사에 관한 설명으로 옳지 않은 것은?
    ① 복잡한 인간체계를 연구하기 위해 개발된 지식과 기술을 사용하는 응용과학이다.
    ② 사회적 약자의 문제를 다루기 때문에 사회개량적 성격이 있다.
    ③ 인간을 대상으로 하기 때문에 주관적인 과학적 연구를 지향한다.
    ④ 개념적 정의를 경험적으로 측정이 가능하도록 구체화하는 조작적 정의의 과정이 필요할 수 있다.
    ⑤ 사회복지조사는 사회복지이론을 형성하고 이를 바탕으로 실천기술을 구축하는 데 유용하다.

27. 사회복지조사의 연구윤리에 관한 설명으로 옳지 않은 것은?
    ① 연구참여자에게 연구에 수반될 위험과 피해를 알리는 것은 연구결과에 영향을 미치므로 지양해야 한다.
    ② 자발적으로 참여하는 사람만 연구에 포함시킬 경우 연구결과를 일반화하는 데 문제가 있을 수 있다.
    ③ 비밀성이 보장된다고 해서 무조건 익명성이 보장되는 것은 아니다.
    ④ 아동을 대상으로 하는 연구에서는 부모 등 후견인에게 고지된 동의를 받아야 한다.
    ⑤ 연구 과정 중에 연구참여자 본인이 희망하면 언제든지 연구참여를 중단할 수 있음을 알려주어야 한다.

28. 다음 빈칸에 알맞은 조사유형이 올바르게 짝지어진 것은?

    - (ㄱ)는 인과관계를 밝히는 것이 목적인 조사이므로 'A가 B에 미치는 영향에 대한 연구' 또는 'A에 영향을 미치는 요인에 대한 연구' 등이 이에 해당한다.
    - (ㄴ)는 현상 자체를 이해하거나 변수들 사이의 상관관계 정도를 이해하는 데 목적을 두는 조사로서 대표적인 형태는 실태조사, 여론조사 등이다.

    ① ㄱ: 탐색적 조사, ㄴ: 설명적 조사
    ② ㄱ: 기술적 조사, ㄴ: 설명적 조사
    ③ ㄱ: 설명적 조사, ㄴ: 기술적 조사
    ④ ㄱ: 탐색적 조사, ㄴ: 기술적 조사
    ⑤ ㄱ: 설명적 조사, ㄴ: 탐색적 조사

29. 사회복지조사를 위한 수행과정으로 옳은 것은?
   ① 문제형성 → 조사설계 → 가설설정 → 자료수집 → 자료분석 → 보고서 작성
   ② 문제형성 → 가설설정 → 조사설계 → 자료수집 → 자료분석 → 보고서 작성
   ③ 문제형성 → 가설설정 → 자료수집 → 조사설계 → 자료분석 → 보고서 작성
   ④ 가설설정 → 문제형성 → 조사설계 → 자료수집 → 자료분석 → 보고서 작성
   ⑤ 가설설정 → 조사설계 → 문제형성 → 자료수집 → 자료분석 → 보고서 작성

30. 영가설(null hypothesis)의 특징에 관한 설명으로 옳지 않은 것은?
   ① 'A에 따라 B는 차이가 없을 것이다.'라는 형식으로 서술될 수 있다.
   ② 연구가설을 반증하기 위해 설정한다.
   ③ 영가설이 거짓일 때 채택하기 위해 설정되는 가설을 대립가설이라 한다.
   ④ 변수 간의 관계가 존재한다는 가설이다.
   ⑤ 영가설을 설정하는 근거는 포퍼의 반증주의에 있다.

31. 다음 빈칸에 들어갈 내용으로 옳은 것은?

   - 원래 관계가 없는 독립변수와 종속변수의 관계를 관계가 있는 것처럼 가식적 관계로 만드는 변수를 (ㄱ)라고 한다.
   - (ㄴ)는 독립변수에 앞서면서 독립변수에 영향을 미치는 변수이다.
   - 원래 관계가 있는 두 변수가 제3의 변수로 인해 관계가 없는 것처럼 보이는 가식적 영관계가 나타난 경우, 이때의 제3의 변수를 (ㄷ)라고 한다.
   - (ㄹ)는 두 변수의 실제 관계를 정반대의 관계로 나타나게 하는 변수이다.

   ① ㄱ: 왜곡변수, ㄴ: 선행변수, ㄷ: 억압변수, ㄹ: 조절변수
   ② ㄱ: 왜곡변수, ㄴ: 매개변수, ㄷ: 내생변수, ㄹ: 조절변수
   ③ ㄱ: 내생변수, ㄴ: 매개변수, ㄷ: 왜곡변수, ㄹ: 억압변수
   ④ ㄱ: 외생변수, ㄴ: 선행변수, ㄷ: 왜곡변수, ㄹ: 억압변수
   ⑤ ㄱ: 외생변수, ㄴ: 선행변수, ㄷ: 억압변수, ㄹ: 왜곡변수

32. 다음의 사례에서 '부모의 스마트폰 사용 관리 수준'은 어떤 변수인가?

> 고등학생 지훈이는 스마트폰을 하루에 평균 5시간 이상 사용하고 있다. 스마트폰을 오래 사용할수록 집중력이 떨어지고, 그로 인해 학업 성취도가 낮아지는 경향이 있었다. 그러나 부모가 스마트폰 사용을 엄격하게 관리하는 학생들의 경우, 스마트폰을 오래 사용해도 성적 하락 폭이 크지 않았다. 반면, 부모의 관리가 거의 없는 학생들은 스마트폰 사용 시간이 늘어날수록 학업 성취도가 급격히 낮아졌다.

① 외생변수　　　　　　　② 종속변수
③ 매개변수　　　　　　　④ 조절변수
⑤ 억압변수

33. 다음 사례의 내적 타당도에 영향을 미칠 수 있는 요인은?

> 은퇴노인 재취업 훈련과정이 은퇴노인들의 자격증 취득시험 점수를 향상시키는 데 도움이 되는지를 알아보기 위해 훈련과정 실시 전과 후에 동일한 시험을 실시하였다. 그 결과 훈련과정 후에 시험성적이 향상된 것으로 나타났다.

① 우연한 사건　　　　　　② 시간적 성숙효과
③ 선택과의 상호작용　　　④ 통계적 회귀효과
⑤ 검사효과

34. 검사효과(testing)를 통제할 수 있는 실험설계를 모두 고른 것은?

> ㄱ. 통제집단 사후검사 설계
> ㄴ. 통제집단 사전사후검사 설계
> ㄷ. 솔로몬 4집단 설계
> ㄹ. 단순시계열 설계

① ㄱ, ㄴ　　　　　　　　② ㄱ, ㄷ
③ ㄴ, ㄷ　　　　　　　　④ ㄴ, ㄹ
⑤ ㄱ, ㄴ, ㄷ, ㄹ

35. 실험설계에 관한 설명으로 옳지 않은 것은?
    ① 순수실험설계는 실험의 기본 요소인 종속변수의 비교, 독립변수의 조작, 외생변수의 통제, 실험대상의 무작위화를 모두 갖추고 있다.
    ② 비동일 통제집단 설계는 두 집단 간의 교류 등을 통제하지 못해 실험집단의 결과가 통제집단으로 모방되거나 확산되는 효과 등을 제거하지 못한다.
    ③ 정태적 집단비교 설계는 통제집단 사전사후검사 설계에서 무작위 할당만 제외된 형태이다.
    ④ 유사실험설계는 순수실험설계에 비해 내적 타당도는 떨어지지만 외적 타당도는 높은 경우가 많다.
    ⑤ 요인설계는 2개 이상의 독립변수가 상호작용하여 종속변수와 갖게 되는 인과관계를 검증한다.

36. 단일사례설계의 유형별 특징에 관한 설명으로 옳지 않은 것은?
    ① 복수기초선설계는 동일한 개입을 특정 연구대상자의 여러 표적행동에 적용하여 개입의 효과를 평가할 수 있다.
    ② ABA설계는 개입효과를 평가하기 위한 목적으로 개입을 중단하기 때문에 윤리적 문제를 일으킬 수 있다.
    ③ ABCD설계는 개입계획을 변경하거나 개입을 수정하는 것이 어렵다.
    ④ BAB설계는 클라이언트가 위기상황에 있으므로 즉각적 개입이 필요한 경우 사용한다.
    ⑤ ABAB설계는 개입이 도입되는 시점에 우연히 발생한 외부적 사건이 표적문제에 영향을 주었을 가능성에 대해 검증할 수 있다.

37. 한 연구에서 사용된 "서비스 횟수"라는 변수에 관한 설명으로 옳지 않은 것은?
    ① 속성이 전혀 존재하지 않는 상태의 절대 영점이 존재한다.
    ② 서열 간 간격이 동일하지만 절대량의 크기를 나타내지 않는다.
    ③ 모든 사칙연산(±, ×, ÷)이 가능하다.
    ④ 산술평균, 기하평균 등의 통계분석이 가능하다.
    ⑤ 2회, 4회 등 서비스 횟수의 숫자는 속성의 실제 양을 나타낸다.

38. 신뢰도를 측정하는 방법으로 옳지 않은 것을 모두 고른 것은?

> ㄱ. 검사-재검사법은 동일 대상에 대해 두 번 측정한 값 사이의 상관계수가 높을수록 신뢰도가 높다고 판단한다.
> ㄴ. 대안법은 측정도구의 전체 항목들을 둘로 나누어 두 가지 측정도구로 동일한 대상을 측정해서 상관관계를 검증한다.
> ㄷ. 반분법은 동일 대상의 속성을 한 번만 측정함으로써 반복 검사에서 나타나는 검사효과를 배제할 수 있다.
> ㄹ. 크론바하의 알파계수는 0에서 1까지의 값을 가지며, 1에 가까울수록 신뢰도가 높다.

① ㄱ
② ㄷ
③ ㄴ
④ ㄹ
⑤ ㄱ, ㄴ, ㄷ, ㄹ

39. 다음 사례에서 측정하고자 하는 타당도는?

> 사회복지학과의 졸업 시험으로 <사회복지조사론> 과목을 보는데, 대부분의 문제가 '측정', '표집'에 관한 내용에서만 출제되었고, '변수', '가설', '질적 연구방법론' 등에 관한 내용의 문제는 거의 출제되지 않았다고 한다면 이 졸업 시험은 학생들의 사회복지조사론 실력을 제대로 측정하고 있다고 볼 수 없다. 사회복지조사론의 전반적인 내용을 골고루 포함하고 있는 시험이어야 사회복지조사론 실력을 제대로 측정하는 측정도구라고 할 수 있다.

① 내용타당도(content validity)
② 예측타당도(predictive validity)
③ 동시타당도(concurrent validity)
④ 이해타당도(nomological validity)
⑤ 판별타당도(discriminant validity)

40. 무작위적 오류를 줄이는 방법으로 옳은 것을 모두 고른 것은?

> ㄱ. 측정도구의 내용을 명확하게 한다.
> ㄴ. 측정자에게 측정도구에 대한 교육과 훈련을 통해 사전준비를 철저히 한다.
> ㄷ. 측정항목 수를 가능한 범위 안에서 늘린다.
> ㄹ. 조사대상자가 잘 모르거나 관심이 없는 내용에 대해서는 측정하지 않는다.

① ㄱ, ㄴ, ㄷ
② ㄴ, ㄷ, ㄹ
③ ㄴ, ㄹ
④ ㄱ, ㄷ
⑤ ㄱ, ㄴ, ㄷ, ㄹ

41. 척도에 관한 설명으로 옳지 않은 것은?
   ① 보가더스의 사회적 거리 척도는 등간척도에 해당하며, 거트만 척도와 같이 누적적인 문항으로 구성된다.
   ② 써스톤 척도는 서열 문항들 간에 등간성까지 갖추었다.
   ③ 명목척도는 가능한 한 단일차원적으로 응답범주를 구성하는 것이 바람직하다.
   ④ 의미분화 척도는 가치와 태도와 같은 주관적인 개념 측정에 용이하다.
   ⑤ 리커트 척도는 서열척도에 해당하며, 척도의 구성과 활용이 비교적 용이하다.

42. 표본추출방법에 관한 설명으로 옳은 것은?
   ① 층화표집(stratified sampling)에서는 집단 간 이질성이 특징이지만, 집락표집(cluster sampling)에서는 집단 간 동질성이 특징이다.
   ② 눈덩이표집법(snowball sampling)은 성매매, 도박, 노숙인 등을 대상으로 한 연구에 부적합한 방법이다.
   ③ 층화표집(stratified sampling)에서 층화한 하위집단은 이질적인 특성을 갖는다.
   ④ 같은 크기의 표본일 때 확률표집방법 중에서는 단순무작위표집법(simple random sampling)의 대표성이 가장 떨어진다.
   ⑤ 체계적 표집법(systematic sampling)에서 모집단을 구성하는 요소들이 일정한 순서대로 배열되어 있다면 표본추출 과정에서 체계적 오류를 막을 수 있다.

43. 표집 관련 용어에 관한 설명으로 옳은 것은?
   ① 표집요소: 표본을 추출하기 위한 모집단의 목록이다.
   ② 관찰단위: 표본이 추출되는 각 단계에서 표본으로 추출되는 요소들의 단위이다.
   ③ 표집단위: 자료를 직접 수집하는 요소 또는 요소의 총합체를 말하며 자료수집 단위라고도 한다.
   ④ 표집틀: 모집단의 특성을 수치로 표현한 것으로써 모집단의 속성을 나타내는 값이다.
   ⑤ 통계치: 표본에서 변수의 특성을 요약하여 기술한 수치이다.

44. 표본의 크기와 표본오차에 관한 설명으로 옳지 않은 것은?
   ① 표본오차는 모집단 값과 표본의 값 간의 차이를 말한다.
   ② 신뢰수준을 95%에서 99%로 높이면 제1종 오류를 줄일 수 있다.
   ③ 표본크기가 커질수록 모수와 통계치의 유사성이 커진다.
   ④ 표본의 크기를 크게 하면 표본오차는 커지지만, 비표본오차의 발생가능성은 낮아진다.
   ⑤ 동일한 조건이라면 표준오차가 클수록 검증통계값이 통계적으로 유의할 가능성이 낮아진다.

45. 설문지 작성에 관한 내용으로 옳지 않은 것은?
   ① 질문 내에 어떤 가정이나 암시가 있어서는 안 된다.
   ② 두 가지 이상의 질문을 포함하는 이중질문은 가급적 피한다.
   ③ 용어의 난이도, 언어의 형식 등 언어의 구성에 있어서 응답자의 능력과 특성을 고려한다.
   ④ 개방형 질문의 응답범주는 상호배타적이어야 한다.
   ⑤ 응답 범주에 애매하거나 막연한 내용이 포함되지 않도록 한다.

46. 대인면접법에 관한 내용으로 옳은 것은?
   ① 우편 설문조사에 비해 조사과정에서 시간과 비용을 아낄 수 있다.
   ② 응답자가 불충분하게 대답하는 경우에는 추가적인 정보를 획득하기 위해 심층규명(probing) 기법을 활용한다.
   ③ 읽고 쓰는 능력이 부족한 사람들을 대상으로 조사를 실시하는 데는 부적합하다.
   ④ 질문 순서 등을 변경하기 어려워 융통성이 떨어진다는 단점이 있다.
   ⑤ 응답자의 비언어적 행위나 무의식적인 응답을 파악하기가 어렵다.

47. 내용분석(content analysis)에 관한 설명으로 옳지 않은 것은?
   ① 조사에 융통성이 있어서 자료의 수정이나 반복이 가능하다.
   ② 내용분석에서는 드러난 내용뿐만 아니라 저변에 깔려 있는 의미도 모두 코딩할 수 있다.
   ③ 내용분석에서 신뢰도는 주로 서로 다른 연구자가 동일한 내용을 얼마나 같은 범주로 분류하는가의 문제와 관련된다.
   ④ 다른 연구방법과 함께 사용하는 것이 가능하며, 다양한 심리적 변수를 효과적으로 측정할 수 있다.
   ⑤ 직접적으로 자료를 수집하기 때문에 상대적으로 시간과 비용이 많이 든다.

48. 욕구조사를 위한 자료수집방법에 관한 설명으로 옳지 않은 것은?
   ① 지역사회 공개토론회는 관심 있는 소수의 사람만 참여할 수 있으므로 표본의 편의현상이 나타날 수 있다.
   ② 초점집단기법은 전문가들에게 우편으로 의견이나 정보를 수집하여 분석한 결과를 다시 응답자들에게 의견을 묻는 방식으로 진행된다.
   ③ 델파이기법은 익명이므로 참가자의 영향력을 줄일 수 있다.
   ④ 주요 정보제공자 조사는 비교적 표본을 쉽게 선정할 수 있다는 장점이 있다.
   ⑤ 명목집단기법은 해결해야 하는 욕구나 문제에 대한 공유된 이해를 형성 또는 조장하기 위해 사용되는 기법이다.

49. 혼합연구방법(mixed methodology)에 관한 설명으로 옳지 않은 것은?
   ① 질적 연구방법으로 발견한 연구주제를 양적 연구방법을 이용하여 탐구할 때 사용할 수 있다.
   ② 각각의 연구방법을 통해 얻은 결과가 서로 확증되는지 알아보기 위해 사용한다.
   ③ 양적 연구와 질적 연구의 비중이 동일해야만 혼합연구방법이라 할 수 있다.
   ④ 해석주의 패러다임, 실증주의 패러다임 등 다양한 연구 패러다임을 수용한다.
   ⑤ 양적 연구의 결과에 기반하여 질적 연구를 시작할 수도 있고, 질적 연구의 결과에 기반하여 양적 연구를 시작할 수도 있다.

50. 참여관찰에 관한 내용으로 옳지 않은 것을 모두 고른 것은?

   ㄱ. 참여관찰자의 유형 중 완전 관찰자는 대상자와 자연스럽게 생활하고 상호작용한다.
   ㄴ. 어린이와 같이 언어구사력이 떨어지는 집단에 효과적이다.
   ㄷ. 참여관찰은 객관적 관찰에 의해 이뤄지기 때문에 외적 타당도가 높다.
   ㄹ. 행동의 미묘한 차이를 연구하고 일정 기간의 사회과정을 조사하는 데 효과적이다.

   ① ㄱ, ㄴ   ② ㄷ
   ③ ㄱ, ㄷ   ④ ㄹ
   ⑤ ㄴ, ㄹ

2026년도 제24회 사회복지사1급 국가시험 대비
FINAL 모의고사 2회

교시	문제형별	시간	시험과목 및 시험영역
2교시	A	75분	**사회복지실천** ① 사회복지실천론 ② 사회복지실천기술론 ③ 지역사회복지론

수험번호		성 명	

【 수험자 유의사항 】

1. 시험문제지는 **단일 형별(A형)**이며, 답안카드 형별 기재란에 표시된 형별(A형)을 확인하시기 바랍니다. 시험문제지의 **총면수, 문제번호 일련순서, 인쇄상태** 등을 확인하시고, 문제지 표지에 수험번호와 성명을 기재하시기 바랍니다.

2. 답은 각 문제마다 요구하는 **가장 적합하거나 가까운 답 1개**만 선택하고, 답안카드 작성 시 시험문제지 **마킹착오**로 인한 불이익은 전적으로 **수험자에게 책임**이 있음을 알려 드립니다.

3. 답안카드는 국가전문자격 공통 표준형으로 문제번호가 1번부터 125번까지 인쇄되어 있습니다. 답안 마킹 시에는 반드시 **시험문제지의 문제번호와 동일한 번호**에 마킹하여야 합니다.

4. **감독위원의 지시에 불응하거나 시험기간 종료 후 답안카드를 제출하지 않을 경우** 불이익이 발생할 수 있음을 알려 드립니다.

5. 시험문제지는 시험 종료 후 가져가시기 바랍니다.

해당 모의고사는 저작권법에 의하여 보호를 받는 저작물이므로 무단전재와 복제를 금합니다.

각 문제에서 요구하는 가장 적합한 답 1개만을 고르시오.

사회복지실천(사회복지실천론)

1. 사회복지 전문직의 정체성과 관련하여 그린우드(Greenwood)가 제시한 전문직 속성에 해당하는 것을 모두 고른 것은?

ㄱ. 윤리강령	ㄴ. 타 학문과의 연계
ㄷ. 전문직 문화	ㄹ. 전문적 권위

   ① ㄱ, ㄷ ② ㄴ, ㄹ
   ③ ㄱ, ㄴ, ㄷ ④ ㄱ, ㄷ, ㄹ
   ⑤ ㄴ, ㄷ, ㄹ

2. 사회복지실천에서의 가치와 윤리에 관한 설명으로 옳지 않은 것은?
   ① 사회복지실천의 가치는 실천윤리를 기반으로 형성되기 때문에 가치와 윤리가 조화를 이룰 수 있도록 해야 한다.
   ② 가치가 '무엇이 바람직한가'에 관한 도덕적 판단 기준이라면, 윤리는 '무엇이 옳고 그른가'라는 사회규범적 판단 기준이다.
   ③ 사회복지사가 전문직으로서 추구하는 가치와 사회복지사가 속해 있는 기관이 추구하는 가치가 상충할 수 있다.
   ④ NASW 윤리강령에서는 사회정의 증진을 위해 사회복지사는 사회적 불의와 대결해야 한다는 윤리원칙을 제시하였다.
   ⑤ 1970년대 실천윤리에 관한 논의가 활발해지면서 1976년 레비(Levy)의 『사회복지윤리학 Social work ethics』이 출간되었다.

3. 한국사회복지사 윤리강령의 목적으로 옳지 않은 것은?
   ① 사회복지 전문직의 사명과 사회복지실천의 기반이 되는 핵심 가치를 제시한다.
   ② 사회복지 전문직의 핵심 가치를 실현하기 위한 윤리적 원칙을 제시한다.
   ③ 시민에게 전문가로서 사회복지사의 역할과 태도를 알리는 수단으로 작용한다.
   ④ 사회복지사가 자기관리를 통해 클라이언트를 보호할 수 있도록 안내한다.
   ⑤ 사회복지실천 과정에서 클라이언트의 품위와 자질을 유지할 수 있도록 안내한다.

4. 우리나라 사회복지 윤리강령의 윤리기준으로 옳은 것을 모두 고른 것은?

> ㄱ. 사회복지사는 필요한 경우에 제공된 서비스에 대해 공정하고 합리적으로 이용료를 책정해야 한다.
> ㄴ. 사회복지사는 인권존중과 인간평등을 위해 헌신해야 하며, 사회적 약자를 옹호하고 대변하는 일을 주도해야 한다.
> ㄷ. 사회복지사는 아동학대 혹은 노인학대를 알게 된 때에는 즉시 관련 보호전문기관 또는 수사기관에 신고하여야 한다.
> ㄹ. 사회복지사는 기관의 부당한 정책이나 요구에 대하여 전문직의 가치와 지식을 근거로 대응하고 즉시 사회복지윤리위원회에 보고해야 한다.

① ㄱ, ㄴ
② ㄷ, ㄹ
③ ㄱ, ㄴ, ㄷ
④ ㄴ, ㄷ, ㄹ
⑤ ㄱ, ㄴ, ㄷ, ㄹ

5. 사회복지실천에 있어 인권에 관한 설명으로 옳지 않은 것은?
   ① 사회복지실천에서 인간의 존엄성은 가장 기본적이면서 핵심적인 가치이다.
   ② 인권의 3세대 유형화 중 사회복지와 가장 밀접하게 여겨져 온 것은 제2세대 인권이다.
   ③ 지역사회조직은 제3세대 인권인 집합적 권리를 실현하기 위한 수단이 될 수 있다.
   ④ 인권은 천부적 권리이면서 공동체 의식을 바탕으로 나누어 가질 수 있는 권리이다.
   ⑤ 사회복지실천에서는 인권으로서 기회의 평등을 넘어 결과의 평등 가치를 강조한다.

6. 우리나라 사회복지실천의 발달 흐름에 관한 설명으로 옳은 것은?
   ① 1970년 사회복지사업법 제정일을 기념하여 매년 9월 7일을 사회복지의 날로 정하고 있다.
   ② 2000년부터 우리나라도 공공 영역에 사회복지 전문인력이 배치되기 시작하였다.
   ③ 1970년대에는 한국외원단체협의회(KAVA)가 본격적인 사회복지사업을 전개하기 시작하였다.
   ④ 2018년 사회복지사업법 개정으로 학교사회복지사가 국가자격이 되면서 별도의 시험을 치르게 되었다.
   ⑤ 1982년 한국사회복지사협회가 윤리강령을 제정하였으나 1988년에서야 공포하게 되었다.

7. 기능주의 학파에 관한 설명으로 옳은 것은?
   ① 클라이언트는 스스로 성장할 수 있는 존재이다.
   ② 과거와 현재를 분석하여 클라이언트의 자아를 강화한다.
   ③ 클라이언트의 병리적 문제를 함께 해결해나간다.
   ④ 시간제한적, 과제중심적 단기개입의 한계를 지적했다.
   ⑤ 질병의 심리학이자, 성장의 심리학이다.

8. 사회복지사의 역할에 관한 설명으로 옳지 않은 것은?
   ① 중개자(broker)는 클라이언트에게 필요한 자원과 서비스를 연결하는 역할을 수행한다.
   ② 중재자(mediator)는 미시, 중범위, 거시체계 사이의 논쟁이나 갈등을 해결한다.
   ③ 협상가(negotiator)는 중립성을 유지하며 갈등 당사자 간의 상호 합의를 도출한다.
   ④ 조정자(coordinator)는 중복되는 서비스 제공을 방지하기 위해 여러 기관의 서비스를 조직적으로 조정한다.
   ⑤ 연구자(researcher)는 프로그램의 효과성을 평가하고 실천 개선을 위해 자료를 조사·분석한다.

9. 통합적 접근에 관한 설명으로 옳지 않은 것은?
   ① 통합적 접근을 기반으로 문제해결모델, 생활모델, 단일화모델 등이 제시되었다.
   ② 사회복지실천에 있어 인간에 대한 접근과 환경에 대한 접근으로 2분화하지 않는다.
   ③ 순환적 인과관계의 관점에서 클라이언트와 체계들 간 상호작용 양상을 파악한다.
   ④ 사회복지실천과정을 점진적인 문제해결 과정으로 보며 협동적 노력을 강조한다.
   ⑤ 환경 속 인간 관점을 따르기 때문에 개인의 심리 내적인 특성을 살펴보지 않는다.

10. 역량강화모델에 관한 설명으로 옳지 않은 것은?
    ① 개인의 능력을 향상하고 권리를 확보할 수 있도록 한다.
    ② 문제해결 방안의 수립은 사회복지사의 몫이다.
    ③ 개인적·대인적·정치적 측면에서 역량을 강화한다.
    ④ 클라이언트와 환경체계의 자원을 연결한다.
    ⑤ 대화단계 → 발견단계 → 발전단계의 과정으로 진행된다.

11. 핀커스와 미나한(Pincus & Minahan)이 제시한 4체계 모델에 관한 설명으로 옳지 않은 것을 모두 고른 것은?

> ㄱ. 변화매개체계는 사회복지사와 그를 고용한 기관·조직을 의미하며, 계획적 변화를 위해 개입하는 주체를 포함한다.
> ㄴ. 클라이언트체계는 서비스나 도움을 필요로 하는 사람, 집단, 기관, 지역사회를 포함하며 변화매개체계와 계약이 이루어질 때 성립한다.
> ㄷ. 표적체계는 변화매개인이 목표를 달성하기 위해 도움을 제공받는 대상을 의미하며, 항상 클라이언트체계와 동일하다.
> ㄹ. 행동체계는 변화매개인이 변화노력을 달성하기 위해 상호작용하며 협력하는 사람, 집단, 전문가, 기관 등을 포함한다.

① ㄱ, ㄷ
② ㄴ, ㄹ
③ ㄷ
④ ㄹ
⑤ ㄱ, ㄹ

12. 생태체계관점에 관한 설명으로 옳지 않은 것은?
① 인간의 심리적 과정을 생물학적, 사회적, 문화적 요인 등 다양한 환경 요인 간의 상호작용 결과로 본다.
② 인간과 환경 간 상호작용을 통해 문제를 이해하며, 문제를 병리적 상태보다는 체계 간 부적합성의 결과로 본다.
③ 인간과 환경을 별개의 독립적 체계로 구분하여 각각의 특성을 우선적으로 분석하는 것을 강조한다.
④ 개인과 환경 간 적합성과 상호교류를 중시하며, 환경의 지지 자원과 방해 요인을 모두 고려한다.
⑤ 클라이언트를 돕기 위해 사회복지사는 클라이언트의 생활공간 어디에든 개입할 준비가 되어 있어야 한다.

13. 사례관리의 특징으로 옳지 않은 것은?
① 반복적이고 중복적인 서비스 제공
② 욕구에 따른 다차원적 접근
③ 서비스의 통합성 확보
④ 지역사회 자원과의 연결
⑤ 욕구 맞춤형 장기 서비스

14. 사례관리자의 역할 및 활동 내용으로 옳지 않은 것은?
    ① 클라이언트의 문제와 약점, 역기능 등 부정적 요소를 중심으로 욕구를 사정하고 분석한다.
    ② 클라이언트의 욕구 충족을 위해 사례계획, 서비스 통합, 기관 간 협력 및 네트워크를 조직할 수 있다.
    ③ 클라이언트가 자원을 활용할 수 있도록 관련 기관과의 연결 및 의뢰를 수행하기도 한다.
    ④ 다양한 원조자들 간의 의사소통을 통해 사회적 지지망의 효과성을 향상시키는 조정자 역할을 수행한다.
    ⑤ 클라이언트가 자원에 접근하거나 권리를 보장받을 수 있도록 옹호활동을 할 수 있다.

15. 사례관리의 점검과정에 해당하는 것을 모두 고른 것은?

    > ㄱ. 문제에 대한 클라이언트의 시각과 대응방식을 파악한다.
    > ㄴ. 클라이언트와 아이디어를 공유하며 개입전략을 수립한다.
    > ㄷ. 서비스의 산출 상황을 목표한 바와 함께 비교해본다.
    > ㄹ. 서비스 제공이 장기적으로 이루어질 경우 재사정을 실시한다.

    ① ㄱ, ㄴ, ㄹ
    ② ㄴ, ㄷ, ㄹ
    ③ ㄱ, ㄴ
    ④ ㄴ, ㄹ
    ⑤ ㄷ, ㄹ

16. 다음에 해당하는 전문적 원조관계의 요소는?

    > 사회복지사는 클라이언트와 관계를 형성함에 있어 일관성과 정직함을 바탕으로 해야 한다. 이를 위해 스스로에 대해 끊임없이 성찰하며, 타인에 대한 관심, 수용, 헌신 등의 요소를 갖추고 이를 향상시키기 위해 노력해야 한다.

    ① 구체성
    ② 진실성
    ③ 원조의지
    ④ 권위
    ⑤ 민감성

17. 사회복지실천에서 전문적 관계의 특징으로 옳지 않은 것은?
    ① 사회복지사와 클라이언트의 관계는 클라이언트의 문제 해결과 욕구 충족을 위한 의도적인 목적성을 가진다.
    ② 사회복지실천에서 전문적 관계는 목표가 달성될 때까지 시간적 제한 없이 지속되는 것이 원칙이다.
    ③ 사회복지사는 자신의 이익이 아닌 클라이언트의 이익을 위해 자신을 헌신한다.
    ④ 사회복지사는 전문적 지식, 기술, 윤리강령에 기반한 권위를 가지고 있으며, 그에 따른 전문적 판단의 책임을 진다.
    ⑤ 사회복지사는 원조 과정에서 자신의 감정, 반응, 충동을 자각하고 객관성을 유지하기 위해 자신을 통제해야 한다.

18. 비에스텍(Biestek)이 제시한 관계형성의 원칙에 관한 설명으로 옳지 않은 것은?
    ① 사회복지사는 클라이언트를 차별하지 않고 동일한 서비스를 제공해야 한다.
    ② 사회복지사는 클라이언트가 자신의 감정을 자유롭게 드러낼 수 있도록 도와야 한다.
    ③ 사회복지사는 클라이언트의 행동과 가치관에 대해 비난하지 않아야 한다.
    ④ 사회복지사는 클라이언트가 노출한 정보에 대해 타인에게 발설해서는 안 된다.
    ⑤ 사회복지사는 클라이언트의 감정을 파악하고 이해하며 적절히 반응해야 한다.

19. 다음 상황에서 개방형 질문으로 적절하지 않은 것은?

    > 클라이언트 이지은 씨(28세, 여)는 5년째 공무원 시험에서 떨어지자 의기소침해지고 무기력해지면서 차라리 시험을 포기하기로 결정했다. 그런데 시험을 포기한 후 또 다른 우울감이 생겼다고 호소했다.

    ① 접수 때 뵙고 오늘 첫 상담까지 어떻게 지내셨어요?
    ② 오늘 방문하시면서 어떤 얘기를 하고 싶다고 생각하신 게 있나요?
    ③ 시험에 왜 5번이나 떨어졌는지는 좀 생각해보셨나요?
    ④ 시험을 포기한다니까 부모님은 어떤 말씀을 하셨나요?
    ⑤ '또 다른 우울감'이라고 하셨는데 구체적으로 어떤 느낌일까요?

20. 면접에 관한 설명으로 옳지 않은 것은?
    ① 클라이언트가 하고 싶은 말을 다 끝마치지 못했더라도 약속한 시간 내에 끝내는 것이 좋다.
    ② 클라이언트가 사적인 질문을 할 때에는 간단하게 답하고 초점을 다시 돌리는 것이 필요하다.
    ③ 정보수집 면접을 통해 목표를 설정하고 목표를 달성하기 위한 개입방법을 선택하도록 한다.
    ④ 피면접자에 대한 심층적인 이해를 위해서는 구조화된 면접보다 비구조화된 면접을 실시한다.
    ⑤ 클라이언트가 이동이 불편한 경우에는 가정방문을 통한 면접을 고려해볼 필요가 있다.

21. 접수단계에서의 의뢰 상황에 대한 설명으로 옳지 않은 것은?
    ① 사회복지사는 지역사회 내의 다양한 기관과 서비스를 파악하고 있는 것이 필요하다.
    ② 기관의 서비스가 클라이언트의 문제를 해결하기에 적절하지 않을 때 고려한다.
    ③ 연계보다 더 적극적인 활동이 되도록 담당자와 직접 연결해주는 것이 좋다.
    ④ 클라이언트의 문제가 심각한 수준이라 하더라도 동의 없이 의뢰를 진행해서는 안 된다.
    ⑤ 의뢰될 기관에서 받게 될 서비스에 대한 계획을 수립하여 설명해주도록 해야 한다.

22. 다음 사례의 사정과정에서 진행된 것은?

    > 클라이언트: 남자친구랑 만나면 재밌기는 해요. 근데, 남자친구가 자기 힘든 얘기나 진지한 얘기는 일부러 피하는 것 같아요. 저랑 놀기만 하려고 하는 느낌? 저한테 말을 해봤자 별 도움이 안 될 거라고 생각하는 걸까요? 이런 관계가 맞는 건가 싶어요.
    > 사회복지사: 남자친구와 좀 더 깊은 대화를 나누고 싶은 마음이신 거죠?

    ① 문제발견   ② 이중초점
    ③ 목표설정   ④ 문제형성
    ⑤ 강점사정

23. 표적문제를 선정함에 있어 고려해야 할 사항으로 옳지 않은 것은?
    ① 문제의 시급성을 고려하여 선정해야 한다.
    ② 최대한 많은 문제를 선정하여 통합적으로 접근해야 한다.
    ③ 사회복지사의 지식과 기술로 도움을 줄 수 있는 것이어야 한다.
    ④ 클라이언트의 노력으로 변화될 수 있는 것이어야 한다.
    ⑤ 사회복지사와 클라이언트 간에 합의되어야 한다.

24. 개입기술에 관한 설명으로 옳은 것을 모두 고른 것은?

    ㄱ. 격려: 클라이언트의 자존감을 높이고 문제해결 능력을 향상시킨다.
    ㄴ. 직면: 사정을 통해 형성된 문제를 클라이언트가 인식할 수 있게 한다.
    ㄷ. 모델링: 관찰학습과정을 통해 클라이언트의 인지적 오류를 수정한다.
    ㄹ. 재명명: 문제 상황에 대해 클라이언트가 갖는 부정적 의미를 수정한다.

    ① ㄱ, ㄹ
    ② ㄴ, ㄷ
    ③ ㄱ, ㄴ, ㄹ
    ④ ㄴ, ㄷ, ㄹ
    ⑤ ㄱ, ㄴ, ㄷ, ㄹ

25. 사후관리에 대한 설명으로 옳지 않은 것은?
    ① 사회복지사와 클라이언트 간 공식적 관계를 유지한다.
    ② 사정 → 계획 → 개입 → 점검의 순서로 진행된다.
    ③ 클라이언트의 행동변화가 유지되고 있는지를 확인한다.
    ④ 클라이언트의 불안감, 두려움 등을 감소시킬 수 있다.
    ⑤ 새로운 문제에 대해 신속히 대응할 수 있는 기회가 된다.

사회복지실천(사회복지실천기술론)

26. 사회복지실천지식의 구성수준과 관련한 설명으로 옳은 것을 모두 고른 것은?

   ㄱ. 경험적으로 도출된 실천지혜는 실천지식의 요소로 보지 않는다.
   ㄴ. 특정 현상을 설명하는 이론은 패러다임보다 구체적으로 제시된다.
   ㄷ. 심리사회모델과 같이 하나의 이론을 바탕으로 하나의 모델이 형성된다.
   ㄹ. 병리적 관점, 강점 관점 등은 사회복지실천이론의 발달에 영향을 주었다.

   ① ㄱ, ㄷ   ② ㄴ, ㄹ
   ③ ㄱ, ㄴ, ㄷ   ④ ㄱ, ㄷ, ㄹ
   ⑤ ㄴ, ㄷ, ㄹ

27. 다음에서 실시한 실천기술에 대한 설명으로 옳은 것은?

   가정폭력 피해상담소에 다섯 살 딸과 함께 입소한 P씨는 자녀를 훈육하다가 체벌을 가하는 문제로 상담을 받게 되었다. P씨는 남편의 폭력을 피해 쉼터까지 왔는데, 자신 역시 아이에게 폭력을 행사하고 있다며 자기비난과 함께 울음을 터뜨렸다. 이에 사회복지사 L씨는 P씨의 마음을 위로하면서 자신도 자녀를 키우다 보면 감정조절이 어려울 때가 있다고 말하고 P씨에게 체벌이 아닌 건강한 훈육방법과 소통방법을 설명하였다.

   ① 클라이언트를 통해 과거 일을 회상하며 느끼는 역전이 감정을 설명하고 있다.
   ② 클라이언트에게 공감하면서 사회복지사의 경험을 나누는 자기노출을 실시하고 있다.
   ③ 문제에 대한 클라이언트의 관점을 바꿀 수 있도록 재명명을 사용하고 있다.
   ④ 클라이언트가 보이는 비합리적 신념에 대한 논박을 진행하고 있다.
   ⑤ 사회복지사가 전문적 관점에서 클라이언트의 상황을 분석하여 해석하고 있다.

28. 정신역동모델에 따른 기법에 대한 설명으로 옳은 것은?
   ① 직면은 초기 면접에서 저항감 극복을 위해 사용한다.
   ② 자유연상은 특정 주제에 대한 초점화가 중요하다.
   ③ 꿈 해석은 새로운 통찰력을 갖게 하기 위한 것이다.
   ④ 훈습은 꼭 필요한 순간에 일회적으로 실시한다.
   ⑤ 클라이언트가 사회복지사와 동일시하지 않도록 한다.

29. 심리사회모델의 개입기법 중 발달적 고찰에 관한 설명으로 옳은 것은?
    ① 재보증, 격려, 경청 등을 통해 클라이언트를 지지하는 것을 의미한다.
    ② 역설적 개입으로 클라이언트가 개입에 대해 느낄 거부감을 감소시킨다.
    ③ 특정 행동이나 사고방식을 이끄는 클라이언트의 감정 유형을 살펴본다.
    ④ 현재 클라이언트의 성격에 영향을 미친 원가족과의 경험을 탐색한다.
    ⑤ 클라이언트의 행동 변화를 촉진하기 위해 제안, 충고 등을 실시한다.

30. 인지적 오류에 관한 사례로 옳지 않은 것은?
    ① 극소화: "이번 취업에 실패했으니, 나를 필요로 하는 회사는 없을 거야"
    ② 선택적 추상화: "부장님이 나를 싫어하는 것 같아. 그래서 이번에 승진하지 못한 거야"
    ③ 자의적 유추: "월드컵이나 올림픽할 때 보면 내가 응원할 때마다 지더라"
    ④ 이분법적 사고: "모든 일은 성공 아니면 실패로 나눌 수 있어"
    ⑤ 개인화: "내가 집에 있었으면 당신이 다치지 않았을텐데"

31. 인지행동모델의 특징으로 옳은 것은?
    ① 문제해결과 원인탐색을 위해 과거의 경험이나 무의식에 초점을 둔다.
    ② 클라이언트의 참여를 강조하며, 개입에 대한 궁극적인 책임은 클라이언트에게 있다.
    ③ 사회복지의 직접적 실천에 쉽게 적용할 수 있는 개입전략과 지침을 포함하고 있다.
    ④ 개입 목표와 일정을 미리 알려야 하지만, 인지행동치료에 대해 설명할 필요는 없다.
    ⑤ 치료의 초점이 클라이언트의 심리적 차원이 아닌 사회환경적 차원에 있다.

32. 인지행동모델에서 활용하는 개입기술에 관한 설명으로 옳지 않은 것은?
    ① 인지재구조화: 클라이언트의 역기능적 사고를 재구성하여 사고방식을 바꾸는 것이다.
    ② 자기지시: 클라이언트가 변화하려고 하는 행동을 구체화하여 실행에 옮기도록 하는 기술이다.
    ③ 이완훈련: 긴장 상황에서 심호흡을 하거나 좋은 이미지를 떠올릴 수 있도록 훈련한다.
    ④ 행동시연: 클라이언트에게 필요한 행동을 사회복지사가 모델이 되어 연기해 보인다.
    ⑤ 체계적 둔감화: 가장 덜 위협적인 자극부터 시작해서 순차적으로 강한 자극을 제시한다.

33. 사회복지실천모델에 관한 설명으로 옳은 것을 모두 고른 것은?

> ㄱ. 정신역동모델에서는 미래에 취할 행동을 위해 과거를 탐색한다.
> ㄴ. 역량강화모델에서는 문제에 대해 도전과 기회의 관점에서 접근한다.
> ㄷ. 인지행동모델에서는 클라이언트의 순기능적 인지 창출을 돕는다.
> ㄹ. 과제중심모델에서는 사정을 충분히 진행하여 적절한 과제를 도출한다.

① ㄱ, ㄷ ② ㄴ, ㄷ
③ ㄷ, ㄹ ④ ㄱ, ㄴ, ㄷ
⑤ ㄴ, ㄷ, ㄹ

34. 과제중심모델에 따른 개입과정 중 실행단계의 과업에 해당하는 것은?
① 클라이언트에 대한 사정을 신속하게 진행한다.
② 문제를 해결할 수 있는 대안들을 모색한다.
③ 표적문제, 목표, 과제 등을 포함하여 계약한다.
④ 기관에 의뢰되어 온 이유를 확인한다.
⑤ 개입을 연장할 것인지에 대해 합의한다.

35. 역량강화모델의 단계별 과업에 관한 설명으로 옳은 것을 모두 고른 것은?

> ㄱ. 대화단계 → 발전단계 → 발견단계로 진행된다.
> ㄴ. 발전단계에서는 구체적인 개입활동을 계획하고 실행한다.
> ㄷ. 대화단계에서는 파트너십을 형성하고 방향을 설정한다.
> ㄹ. 발견단계에서는 클라이언트의 자원의 역량을 사정한다.

① ㄱ, ㄴ, ㄷ ② ㄴ, ㄷ, ㄹ
③ ㄱ, ㄷ ④ ㄴ, ㄹ
⑤ ㄷ, ㄹ

36. 가족체계에서 순환적 인과성에 대한 설명으로 옳은 것은?
① 가족체계가 스스로 균형상태를 유지하려는 속성을 의미한다.
② 문제의 인과관계를 단선적으로 분석하여 효율적으로 개입한다.
③ 문제를 지속시키는 가족원 사이의 상호작용을 살펴본다.
④ 세대를 거쳐 전승되는 가족문제를 파악할 수 있다.
⑤ 문제가 '왜' 일어났는지에 초점을 두어 원인을 분석한다.

37. 가족조각에 관한 설명으로 옳지 않은 것은?
   ① 경험적 가족치료에서는 치료적 개입기법으로 사용한다.
   ② 말로 표현하는 것을 어려워하는 가족원에게 유용하다.
   ③ 주어진 공간에서 구체적으로 관계유형을 보고 경험할 수 있다.
   ④ 이성적 피드백보다 정서적 피드백이 더 중요하게 여겨진다.
   ⑤ 조각자는 제3자의 관점에서 가족의 모습을 살펴볼 수 있다.

38. 전략적 가족치료에서의 역설적 개입에 관한 설명으로 옳은 것을 모두 고른 것은?

   ㄱ. 문제해결을 위해 치료적 이중구속 상황을 만든다.
   ㄴ. 문제행동을 유지 또는 강화하는 행동의 수행을 지시한다.
   ㄷ. 변화가 빠르면 천천히 진행하라고 제지하기도 한다.
   ㄹ. 시련, 재명명, 증상처방 등의 기법을 활용한다.

   ① ㄱ, ㄷ   ② ㄴ, ㄹ
   ③ ㄷ, ㄹ   ④ ㄱ, ㄴ, ㄷ
   ⑤ ㄴ, ㄷ, ㄹ

39. 해결중심모델에서 활용하는 질문기법의 예시로 옳지 않은 것은?
   ① 극복 질문: "아빠는 항상 (클라이언트에게) 무관심하다고 했는데 혹시 아빠가 관심을 보인 적은 언제였나요?"
   ② 척도 질문: "지난 시간에 우울한 기분이 10점 중 7점 정도라고 하셨는데 오늘은 몇 점일까요?"
   ③ 대처 질문: "그동안 많은 일을 겪으셨는데, 아이들을 다 키워내신 원동력은 무엇이었을까요?"
   ④ 기적 질문: "만약 자고 일어났는데 문제가 해결되어 있다면 무엇을 보고 알 수 있을까요?"
   ⑤ 관계성 질문: "이 문제를 여자친구에게 말하면 여자친구는 (클라이언트에게) 어떤 얘기를 할까요?"

40. 전략적 가족치료모델의 특징에 관한 설명으로 옳지 않은 것은?
   ① 가족문제는 환류고리에 의해 만성화된다.
   ② 가족항상성이 변화의 걸림돌이 될 수 있다.
   ③ 행동 변화를 위해 지시적 기법을 활용한다.
   ④ 문제를 바라보는 시각의 전환을 시도한다.
   ⑤ 문제행동이 왜 일어났는지에 초점을 둔다.

41. 미누친(S. Minuchin)의 구조적 모델에서 사용되는 개입기법의 예시로 옳은 것을 모두 고른 것은?

   ㄱ. 순환적 질문: 질문을 통해 가족들이 문제가 반복적으로 이어지는 과정을 깨달을 수 있도록 하였다.
   ㄴ. 긴장 고조시키기: 가족들이 의견 차이를 말하지 않고 침묵할 때 서로의 생각을 이야기해 보도록 하였다.
   ㄷ. 경계 만들기: 가족의 재구조화를 위해 하위체계 중 밀착된 경계는 분리하고 경직된 경계는 완화하도록 하였다.
   ㄹ. 실연: 서로에게 상처받았다고 호소하는 부부에게 매일 칭찬, 고마움 등을 3가지 이상 말해주도록 제시하였다.

   ① ㄱ, ㄹ
   ② ㄴ, ㄷ
   ③ ㄱ, ㄴ, ㄹ
   ④ ㄴ, ㄷ, ㄹ
   ⑤ ㄱ, ㄴ, ㄷ, ㄹ

42. 다음 사례에 적용된 개입모델은?

   클라이언트: 저도 아이를 갖고 싶기는 한데, 남편이 좀 지나치게 긍정적이라고 해야 하나… 아이를 봐줄 사람이 없으니까 제가 일을 그만둬야 하거든요. 근데 남편은 자기가 혼자 벌어도 된다고 일단 낳고 보자는 식이에요. '남들도 다 그러고 산다', '언제 자라는 지도 모르게 큰다더라' 그러는데, 제 입장에선 '니가 알아서 잘 키우면 된다'라고 들리니까 짜증나서 피하게 되죠.
   사회복지사: 양육을 혼자 전담해야 한다는 부담감이 2세 계획을 망설이게 하는 것 같네요.

   ① 위기개입모델
   ② 역량강화모델
   ③ 성장모델
   ④ 이야기치료모델
   ⑤ 해결중심치료모델

43. 사티어가 제시한 가족치료모델에 관한 설명으로 옳지 않은 것은?
   ① 성장과정을 체험하는 것이 곧 치료라는 관점에서 성장모델이라고도 한다.
   ② 가족들이 서로의 성장을 돕는 가족을 건강한 가족으로 본다.
   ③ 개인의 낮은 자아존중감을 회복시켜 문제상황에 대처할 수 있게 한다.
   ④ 일치형, 혼란형, 비난형, 회유형, 초이성형 등 역기능적 의사소통 유형을 제시했다.
   ⑤ 가족조각, 역할극 등을 통해 가족원들이 이해와 공감을 경험할 수 있도록 한다.

44. 집단 대상 사회복지실천에서 하위집단에 대한 설명으로 옳지 않은 것은?

① 하위집단은 의도적으로 조직해야 한다.
② 하위집단을 통해 집단활동에 대한 적극성이 높아지기도 한다.
③ 집단 과정에서 하위집단은 확대되기도 하고 축소되기도 한다.
④ 하위집단의 형성 및 성격 등에 대한 사회복지사의 관찰이 필요하다.
⑤ 하위집단의 활동에 따라 사회복지사가 개입해야 할 때도 있다.

45. 집단의 유형별 특징에 관한 설명으로 옳지 않은 것을 모두 고른 것은?

> ㄱ. 치료집단에서는 집단의 공동목적이 있지만, 개별성원들이 갖는 문제와 목적도 고려해야 한다.
> ㄴ. 자조집단에서 사회복지사는 집단활동이 모임의 목적에서 벗어나지 않도록 초점화해주어야 한다.
> ㄷ. 교육집단에서는 성원들 간에 지지적 상호작용이 이루어질 수 있는 분위기를 조성해야 한다.
> ㄹ. 과업집단은 과업수행과 목적달성이 중심이 되기 때문에 자기개방이 거의 일어나지 않는다.

① ㄱ, ㄹ
② ㄴ, ㄷ
③ ㄱ, ㄴ, ㄹ
④ ㄴ, ㄷ, ㄹ
⑤ ㄱ, ㄴ, ㄷ, ㄹ

46. 집단실천의 준비단계에서 사회복지사가 고려해야 할 사항으로 옳은 것을 모두 고른 것은?

> ㄱ. 집단 성원 간의 상호작용을 살펴봄으로써 하위집단의 형성을 확인한다.
> ㄴ. 잠재적 성원들에 대한 정보를 수집한 후 모집을 위한 홍보활동을 진행한다.
> ㄷ. 집단 성원들을 모집하기 전에 집단 활동의 일정 및 종결일시가 확정되어야 한다.
> ㄹ. 집단 활동에 적합하지 않을 것으로 예상되는 신청자는 선발하지 않는다.

① ㄱ, ㄴ
② ㄴ, ㄹ
③ ㄷ, ㄹ
④ ㄱ, ㄴ, ㄷ
⑤ ㄴ, ㄷ, ㄹ

47. 집단을 구성함에 있어 고려해야 할 사항으로 옳지 않은 것은?
① 참여하게 될 성원들의 동질성과 이질성을 모두 고려하여야 한다.
② 집단의 활동시간을 결정할 때에는 성원들의 집중력 정도를 고려한다.
③ 집단 성원들에게 자기노출이 요구되는 경우 개방형 집단으로 구성한다.
④ 집단의 크기를 정할 때에는 구체적인 활동 내용을 고려해야 한다.
⑤ 신청자들의 정보를 분석하여 집단의 목적에 적합한 성원들을 선정한다.

48. 집단 사정과정에서 소시오그램을 통해 알 수 없는 것은?
① 하위집단 형성
② 상호친밀한 관계
③ 삼각관계 형성
④ 소원한 관계
⑤ 상호작용 빈도

49. 사회복지실천에서 면담기록에 관한 설명으로 옳은 것은?
① 면담을 시작하기 전에 기록에 대해 클라이언트의 동의를 얻어야 한다.
② 자세하게 기록하기 위해 면담 내내 기록에 집중한다.
③ 사회복지사의 전문성을 최대화하여 클라이언트의 관점을 배제하여 기록한다.
④ 클라이언트가 알아보지 못하도록 복잡하고 긴 문체를 사용한다.
⑤ 면담에 방해를 주지 않기 위해서 클라이언트 모르게 녹음을 한다.

50. 다음 사례에 해당하는 단일사례설계 유형은?

> 클라이언트 양관식(30세, 남)씨는 보직을 변경하여 근무를 하게 된 뒤로 잠들려고 누우면 누가 자기를 부르는 소리가 들리는 것 같은 불안감을 느껴 뒤척이다 겨우 잠든다고 호소했다. 이에 3주 동안 일주일에 1회씩 심리검사를 진행하였고, 기관 홈페이지 상담게시판을 통해 3회에 걸쳐 온라인 상담을 진행하였으나 클라이언트의 요청으로 온라인 상담을 종료한 후 5회에 걸쳐 대면상담을 진행하였다.

① ABAB설계　　　　　　② BAB설계
③ ABC설계　　　　　　　④ AB설계
⑤ ABA설계

사회복지실천(지역사회복지론)

51. 길버트와 스펙트(Gilbert & Specht)가 제시한 지역사회의 기능과 제도가 잘못 짝지어진 것은?
    ① 상부상조의 기능 → 사회복지제도
    ② 사회화의 기능 → 가족제도
    ③ 사회통합의 기능 → 종교제도
    ④ 사회정의의 기능 → 정치제도
    ⑤ 생산·분배·소비의 기능 → 경제제도

52. 지역사회에 관한 설명으로 옳은 것을 모두 고른 것은?

    ㄱ. 로스(Ross)는 지역사회의 개념을 지리적 의미와 기능적 의미로 구분하였다.
    ㄴ. 보존이론은 기능적 지역사회를 통해 전통적 지역사회의 기능이 보존된다고 본 것이다.
    ㄷ. 퇴니스(Tönies)는 사회변동에 따라 공동사회에서 이익사회로 이행했다고 보았다.
    ㄹ. 기능주의적 관점에서는 지역사회의 안정을 위해 갈등의 해소에 초점을 두었다.

    ① ㄱ, ㄴ   ② ㄱ, ㄷ
    ③ ㄴ, ㄷ   ④ ㄴ, ㄹ
    ⑤ ㄷ, ㄹ

53. 지역사회복지실천에 관한 설명으로 옳지 않은 것은?
    ① 실천가와 지역주민은 동등한 파트너십을 기반으로 상호학습을 추구해야 한다.
    ② 지역사회 임파워먼트를 위해 지역주민을 의사결정 과정에 참여할 수 있도록 해야 한다.
    ③ 지역주민들이 사회구조 등에 대한 비판의식을 키울 수 있도록 해야 한다.
    ④ 지역사회 내 불이익집단의 이익을 증대시킬 수 있는 방안을 고려해야 한다.
    ⑤ 개인, 가족 등 미시수준의 체계와 분리하여 지역사회 그 자체를 대상으로 봐야 한다.

54. 조선시대 인보 관행 및 제도에 관한 설명으로 옳지 않은 것은?

① 두레: 농사일을 공동으로 하기 위한 관주도의 마을조직이었다.
② 진휼청: 흉년에 물가조절과 기민구제를 담당하였다.
③ 품앗이: 상시적으로 부족한 노동력을 교환하는 관행이었다.
④ 향약: 어려운 일은 서로 돕자는 내용을 담은 자치규약이었다.
⑤ 오가통: 5가를 1통으로 묶은 국가적 인보조직이었다.

55. 인보관운동에 관한 설명으로 옳은 것을 모두 고른 것은?

> ㄱ. 빈곤을 개인의 문제가 아닌 사회문제의 산물로 보았다.
> ㄴ. 무분별한 자선활동을 효율화하기 위한 목적으로 조직되었다.
> ㄷ. 주택, 노동착취, 공공위생 등 사회개혁 활동을 펼쳤다.
> ㄹ. 민주적 참여를 강조하며 공동체로서 활동을 전개했다.

① ㄱ, ㄴ
② ㄷ, ㄹ
③ ㄱ, ㄷ, ㄹ
④ ㄴ, ㄷ, ㄹ
⑤ ㄱ, ㄴ, ㄷ, ㄹ

56. 영국의 지역사회복지 발달과정에서 제시된 지역사회보호 관련 보고서 중 다음 설명에 해당하는 것은?

> • 지역사회보호의 일차적 책임은 지방정부에 있다. 지방정부는 지역사회보호에 관한 계획을 수립한다.
> • 지방정부는 서비스의 공급자가 아닌 서비스의 구매자 및 조정자로서의 역할을 한다.
> • 서비스 조직화의 원리로서 사례관리 방식을 도입한다.

① 바클레이 보고서
② 그리피스 보고서
③ 시봄 보고서
④ 하버트 보고서
⑤ 베버리지 보고서

57. 지역사회복지 관련 이론에 관한 설명으로 옳지 않은 것은?

① 갈등이론: 갈등을 사회의 본질적인 불가피한 현상으로 본다.
② 다원주의: 사회는 집단 간의 경쟁, 갈등, 협력에 따라 민주적으로 운영된다.
③ 구조기능론: 사회의 각 구조는 합의된 가치와 규범에 따라 행동한다.
④ 사회연결망이론: 사회연결망은 사회적 교환체계 및 사회적 지지체계로서 기능한다.
⑤ 사회체계이론: 환경의 변천을 경쟁, 지배, 집중화 등의 개념으로 설명한다.

58. 다음과 관련된 지역사회복지 실천이론은?

> 지역사회의 주류 집단이 절대적으로 옳은 것은 아니며, 비주류 집단이 비정상적이거나 반사회적인 것은 아니다. 따라서 사회복지사는 주류 집단이 지역사회를 지배하게 된 배경과 사회문화적 구조에 대해 통찰할 수 있어야 한다.

① 갈등이론
② 엘리트이론
③ 사회구성론
④ 구조기능론
⑤ 사회자본이론

59. 테일러와 로버츠(Taylor & Roberts)가 제시한 지역사회복지 실천모델 중 다음 설명에 해당하는 것은?

> • 사회적으로 배제된 집단과 그 구성원들에 초점을 둔다.
> • 주민의 사회참여를 지원하고 지지하여 권리를 찾을 수 있도록 한다.
> • 사회복지사는 교육자, 자원개발자, 운동가의 역할을 한다.

① 사회운동모델
② 정치적 역량강화모델
③ 지역사회보호모델
④ 지역사회연계모델
⑤ 지역사회개발모델

60. 로스만(Rothman)의 사회행동모델에 관한 설명으로 옳은 것은?
① 지역사회 구성원의 조직화를 주요 실천과정으로 본다.
② 변화를 위한 전술로 갈등과 대결을 활용한다.
③ 사회적 문제의 효율적인 해결에 초점을 둔다.
④ 개입목표는 지역사회 능력의 향상과 통합에 있다.
⑤ 클라이언트 집단은 서비스의 혜택을 받는 사람이다.

61. 웨일과 갬블(Weil & Gamble)의 기능적 지역사회조직모델에 관한 설명으로 옳은 것을 모두 고른 것은?

   ㄱ. 동일한 정체성이나 관심사를 기반으로 조직된다.
   ㄴ. 주요 전략으로 지역주민의 관점에 기초한 개발계획을 강조한다.
   ㄷ. 특정 이슈에 대한 인식변화를 위한 행동을 추진한다.
   ㄹ. 사회복지사는 조직가, 계획가, 조정자 등의 역할을 수행한다.

   ① ㄱ, ㄷ
   ② ㄴ, ㄹ
   ③ ㄱ, ㄴ, ㄷ
   ④ ㄴ, ㄷ, ㄹ
   ⑤ ㄱ, ㄴ, ㄷ, ㄹ

62. 지역사회복지실천에서 문제확인 과정에 관한 설명으로 옳지 않은 것은?
   ① 초기에는 개방적인 태도로 접근해야 한다.
   ② 문제와 관련된 정치적 지형을 파악한다.
   ③ 문제해결을 어렵게 하는 요소를 살펴본다.
   ④ 지역사회 전체를 표적집단으로 확정한다.
   ⑤ 관련 통계 등 객관적 자료를 분석한다.

63. 다음에 해당하는 지역사회 욕구사정 방법은?

   • 지역사회의 문제 및 욕구에 대한 우선순위를 파악하기 위해 진행된다.
   • 참여자들은 자신이 생각하는 문제 혹은 욕구를 무기명으로 적어 제출한다. 사회자가 각각의 내용을 발표한 후 참여자들은 각 문제에 대한 우선순위를 매겨 제출한다. 이 과정은 반복적으로 진행될 수 있다.

   ① 서베이
   ② 비공식인터뷰
   ③ 델파이기법
   ④ 초점집단기법
   ⑤ 명목집단기법

64. 다음 사례에서 나타난 사회복지사의 역할이 아닌 것은?

> A지역은 폭우가 크게 쏟아져 긴급지원이 이루어졌으나 두 달이 지난 현재에도 복구가 미흡한 가구가 많은 것으로 보고되었다. 필요한 추가지원을 구체적으로 조사하고 관련 예산을 수립하여 어르신 가구, 장애인 가구 등에 대한 자원봉사원 연계 사업을 진행하고 있으며, 주거환경 개선을 위한 주민공동체모임을 결성하여 수해에 취약한 주택에 도움을 주는 방안을 모색해보기로 했다.

① 분석가
② 행동가
③ 중개자
④ 행정가
⑤ 조직가

65. 지역사회 내 다양한 조직 간에 이루어지는 연계와 관련하여 옳지 않은 것은?
① 참여조직 간에 협력의 목적이 공유되도록 해야 한다.
② 민간기관 간의 협력으로 정부나 공공기관은 제외된다.
③ 연계는 자원동원, 홍보 등 다양한 차원에서 활용될 수 있다.
④ 상호신뢰, 상호호혜를 바탕으로 상호의존적 관계를 갖는다.
⑤ 서비스의 효율적 관리 및 조정을 목적으로 한다.

66. 조직화 기술에 관한 설명으로 옳지 않은 것은?
① 사회복지사는 지역사회의 특성을 파악해야 한다.
② 사회복지사는 지역주민의 문제를 직접 해결해야 한다.
③ 사회복지사는 지역주민의 참여를 설득하고 유도한다.
④ 사회복지사는 주민조직의 역량강화를 지원한다.
⑤ 사회복지사는 주민조직 내에서의 갈등을 관리한다.

67. 지역사회복지실천에서 역량강화를 위한 방법으로 옳은 것을 모두 고른 것은?

> ㄱ. 지역주민들이 사회구조적 문제에 대한 비판의식을 갖도록 지원한다.
> ㄴ. 지역주민들이 공개적으로 자신들의 목소리를 낼 수 있도록 돕는다.
> ㄷ. 지역주민들에게 문제의 원인과 쟁점을 소개하며 공공의제로 만든다.
> ㄹ. 주민들의 협력과 연대를 통한 사회자본을 역량강화의 자원으로 삼는다.

① ㄱ, ㄴ
② ㄷ, ㄹ
③ ㄱ, ㄴ, ㄷ
④ ㄴ, ㄷ, ㄹ
⑤ ㄱ, ㄴ, ㄷ, ㄹ

68. 협상 기술에 관한 설명으로 옳지 않은 것은?
① 주된 목적은 어떤 문제가 있는지를 알리는 것이다.
② 계속 진행되도록 하되 시한을 정해두어야 한다.
③ 언제, 어떻게 양보할 것인지도 중요한 고려사항이다.
④ 얻고자 하는 요구사항을 명확히 해야 한다.
⑤ 중재자의 개입 여부를 고려해야 한다.

69. 시·군·구 지역사회보장협의체의 심의·자문 사항으로 옳은 것을 모두 고른 것은?

> ㄱ. 시·군·구의 사회보장급여 제공에 관한 사항
> ㄴ. 읍·면·동 지역사회보호체계 구축 및 운영에 관한 사항
> ㄷ. 읍·면·동 단위 지역사회보장협의체의 구성 및 운영에 관한 사항
> ㄹ. 시·군·구의 지역사회보장조사 및 지역사회보장지표에 관한 사항

① ㄱ, ㄴ, ㄹ
② ㄷ
③ ㄴ
④ ㄱ, ㄷ, ㄹ
⑤ ㄱ, ㄴ, ㄷ, ㄹ

70. 지역사회보장계획에 포함되어야 할 사항으로 옳지 않은 것은?
    ① 시·군·구 계획에는 지역사회보장 수요의 측정, 목표 및 추진전략이 포함된다.
    ② 시·군·구 계획에는 지역사회보장에 필요한 재원의 규모와 조달 방안이 포함된다.
    ③ 시·군·구 계획에는 사회보장급여의 사각지대 발굴 및 지원 방안이 포함된다.
    ④ 시·도 계획에는 시·군·구 지역사회보장의 분야별 추진전략이 포함된다.
    ⑤ 시·도 계획에는 시·군·구의 부정수급 방지대책을 지원하기 위한 방안이 포함된다.

71. 지역사회보장과 관련된 기관에 대한 설명으로 옳지 않은 것은?
    ① 시·군·구청장은 읍·면·동의 사회보장 관련 업무가 원활히 수행되도록 읍·면·동 단위에 협의체를 둔다.
    ② 시·군·구 지역사회보장협의체는 사회보장 관련 서비스를 제공하는 관계 기관·법인·단체·시설과의 연계·협력을 추진한다.
    ③ 시·도 사회보장위원회는 시·군·구 지역사회보장계획의 수립·시행 및 평가에 관한 사항을 심의·자문한다.
    ④ 사회보장사무 전담기구는 사회보장정보시스템을 활용하여 수급권자에게 필요한 정보를 종합 안내한다.
    ⑤ 지역사회보장균형발전지원센터는 시·도 및 시·군·구의 사회보장 추진 현황 분석 등의 업무를 진행한다.

72. 우리나라 지역사회복지에서 지방분권화의 의의로 보기 어려운 것은?
    ① 지역주민들의 책임의식 향상
    ② 정책 수립 및 운영에서의 민주성 제고
    ③ 지역의 실정에 맞춘 융통성 발휘
    ④ 중앙정부의 역할과 책임 강화
    ⑤ 민·관 협력을 통한 자원 확보

73. 지역사회복지 추진체계에 관한 설명으로 옳지 않은 것은?
   ① 사회적기업, 협동조합, 마을기업 등은 사회적 경제로 볼 수 있다.
   ② 시·군·구 자원봉사센터는 직접 서비스 기관으로서 자원봉사 프로그램을 개발·보급한다.
   ③ 사회복지관은 사례관리, 서비스 제공, 지역조직화 등의 기능을 수행한다.
   ④ 드림스타트는 취약계층 아동이 빈곤의 대물림에서 벗어날 수 있도록 지원하는 제도이다.
   ⑤ 자활기업은 국민기초생활보장법에 따른 자활지원 사업의 하나이다.

74. 사회복지관에 대한 설명으로 옳지 않은 것은?
   ① 사업 대상은 모든 지역주민이 된다.
   ② 국가나 지방자치단체가 직접 설치·운영할 수 있다.
   ③ 시설운영위원회는 5인 이상 15인 이하의 위원으로 구성된다.
   ④ 프로그램 이용 비용을 이용자로부터 수납해서는 안 된다.
   ⑤ 지정후원금은 지정한 용도 외에 사용하지 못한다.

75. 주민참여에 관한 설명으로 옳은 것을 모두 고른 것은?

   > ㄱ. 지역사회의 문제해결 및 지역주민의 욕구충족에 있어 주민의 주체성을 강조하는 것이다.
   > ㄴ. 주민참여로 인해 의사결정 과정에 소요되는 행정비용 및 시간의 효율화 문제가 제기되기도 한다.
   > ㄷ. 아른스테인(Arnstein)이 제시한 주민참여 단계 중 주민의 권력이 가장 높은 단계는 권한위임(delegated power)이다.
   > ㄹ. 읍·면·동 찾아가는 보건복지서비스는 주민참여형 공공서비스 사업이라는 의미를 갖는다.

   ① ㄱ, ㄹ　　　　　　　　　　② ㄴ, ㄷ
   ③ ㄱ, ㄴ, ㄷ　　　　　　　　④ ㄱ, ㄴ, ㄹ
   ⑤ ㄱ, ㄴ, ㄷ, ㄹ

2026년도 제24회 사회복지사1급 국가시험 대비
FINAL 모의고사 2회

교시	문제형별	시간	시험과목 및 시험영역
3교시	A	75분	**사회복지정책과 제도** ① 사회복지정책론 ② 사회복지행정론 ③ 사회복지법제론

수험번호		성 명	

【 수험자 유의사항 】

1. 시험문제지는 **단일 형별(A형)**이며, 답안카드 형별 기재란에 표시된 형별(A형)을 확인하시기 바랍니다. 시험문제지의 **총면수, 문제번호 일련순서, 인쇄상태** 등을 확인하시고, 문제지 표지에 수험번호와 성명을 기재하시기 바랍니다.

2. 답은 각 문제마다 요구하는 **가장 적합하거나 가까운 답** 1개만 선택하고, 답안카드 작성 시 시험문제지 **마킹착오**로 인한 불이익은 전적으로 **수험자에게 책임**이 있음을 알려 드립니다.

3. 답안카드는 국가전문자격 공통 표준형으로 문제번호가 1번부터 125번까지 인쇄되어 있습니다. 답안 마킹 시에는 반드시 **시험문제지의 문제번호와 동일한 번호**에 마킹하여야 합니다.

4. **감독위원의 지시에 불응하거나 시험기간 종료 후 답안카드를 제출하지 않을 경우** 불이익이 발생할 수 있음을 알려 드립니다.

5. 시험문제지는 시험 종료 후 가져가시기 바랍니다.

사회복지 전문출판 나눔의집

해당 모의고사는 저작권법에 의하여 보호를 받는 저작물이므로 무단전재와 복제를 금합니다.

각 문제에서 요구하는 가장 적합한 답 1개만을 고르시오.

사회복지정책과 제도(사회복지정책론)

1. 사회복지정책의 가치에 관한 설명으로 옳지 않은 것은?
   ① 공공부조의 급여 수준과 관련한 '열등처우의 원칙'은 비례적 평등의 가치를 반영하고 있다.
   ② 급여수준이라는 측면에서 비교하면 공공부조에 비해 사회보험이 사회적 적절성의 실현 정도가 상대적으로 높다고 볼 수 있다.
   ③ 복지국가의 발전은 적극적 자유의 개념을 확장시킬 수 있는 기회가 되었다.
   ④ 기회의 평등보다 결과의 평등 개념이 재분배에 적극적이다.
   ⑤ 소극적 자유는 '무엇을 할 수 있는 자유'를 의미한다.

2. 사회복지정책에 관한 설명으로 옳지 않은 것은?
   ① 급여수급자의 자기결정권과 다양한 소득보장을 통해 개인의 자립과 성장을 보장한다.
   ② 자본주의 사회의 경기 변동에 상관없이 국민들의 유효수요를 일정하게 유지할 수 있다.
   ③ 공적 연금이 미래자산으로 인식되어 자발적 저축을 감소시키는 현상이 발생할 수도 있다.
   ④ 사회복지정책의 행정비용 비중이 높을수록 운영효율성은 높아진다고 볼 수 있다.
   ⑤ 사회보험제도의 보험수리 원칙, 공공부조제도의 열등처우 원칙은 공평의 가치를 반영하고 있다.

3. 다음 설명에 해당하는 시장실패의 유형은?

   - 어떤 재화와 서비스가 소비에 있어서 비경합성과 비배제성이라는 특성을 갖는 경우를 말한다.
   - 비경합성과 비배제성이라는 특성을 갖기 때문에 무임승차자(free-rider)의 문제를 야기할 수 있다.

   ① 외부효과　　　　　　　　　② 도덕적 해이
   ③ 역 선택　　　　　　　　　　④ 공공재
   ⑤ 정보의 비대칭성

4. 베버리지 보고서(Beveridge Report of 1942)에 관한 설명으로 옳지 않은 것은?
   ① 사회보장의 대상을 빈곤계층으로 하는 선별적인 복지정책을 강조하였다.
   ② 사회보험의 성공을 위한 전제로서 완전고용, 포괄적 보건의료서비스, 가족(아동)수당의 필요성을 강조했다.
   ③ 영국의 사회문제를 5대악, 즉 궁핍(want), 질병(disease), 무지(ignorance), 불결(squalor), 나태(idleness)로 규정하였다.
   ④ 사회경제적 수준과 인구학적 차이에 관계없이 동일한 액수의 정액급여를 제공하였다.
   ⑤ 베버리지 보고서를 근거로 하여 1944년 사회보장청이 설치되었다.

5. 복지국가 위기론이 등장하게 된 사회경제적 배경으로 옳지 않은 것은?
   ① 복지국가 발달과 확대에 대한 국가-자본-노동의 합의 붕괴
   ② 복지프로그램의 지방분권화와 민영화
   ③ 포디즘적 생산방식의 비효율성
   ④ 석유파동과 환율체계의 붕괴로 인한 스태그플레이션 현상
   ⑤ 신자유주의 이념의 확산

6. 사회복지정책 발달이론에 관한 설명으로 옳은 것은?
   ① 시민권론은 정치권(political right) → 공민권(civil right) → 사회권(social right)으로 발전하였다.
   ② 음모이론은 인도주의에 기초하고 있다.
   ③ 수렴이론은 경제발전 수준과 사회복지지출 수준 간에 상관관계가 존재하지 않는다고 본다.
   ④ 종속이론은 선신 자본주의 국가의 발전과 제3세계 저개발 국가의 저빌전 사이의 관계를 분석하였다.
   ⑤ 엘리트이론은 소수의 엘리트 집단이 대중의 요구와 비판을 적극적으로 수용하여 정책을 결정한다고 본다.

7. 에스핑-앤더슨(G. Esping-Anderson)의 복지국가 유형에 관한 설명으로 옳지 않은 것은?
   ① 자유주의적 복지국가의 탈상품화 효과는 최소화되며, 복지정책은 다차원의 사회계층체제를 만들어낸다.
   ② 보수주의적 복지국가는 높은 사회보장세로 인한 높은 노동비용 때문에 민간부문의 일자리 창출이 어렵고, 실업률이 높은 수준이다.
   ③ 자유주의적 복지국가는 오스트리아, 프랑스, 독일 등이 해당된다.
   ④ 사회민주주의적 복지국가는 스웨덴, 덴마크, 핀란드, 노르웨이 등이 해당된다.
   ⑤ 사회민주주의적 복지국가는 여성의 경제활동을 촉진하며, 사회서비스의 비중이 높다.

8. 조지와 윌딩(V. George & P. Wilding)의 이데올로기 모형에 관한 설명으로 옳지 않은 것은?
   ① 반집합주의는 국가의 개입이 시장경제의 효율성을 저해하고 개인의 자유를 침해한다고 본다.
   ② 페이비언 사회주의는 국가의 적극적인 역할을 부정하며, 혁명적인 변화와 개혁을 통해 사회주의라는 목표에 도달할 수 있다고 보았다.
   ③ 신우파가 생각하는 이상적 복지사회는 국가의 역할이 축소되는 것이며, 대신 시장이 더 많은 역할을 수행하는 형태이다.
   ④ 사회민주주의는 사회통합과 평등 추구를 위한 사회복지 정책의 확대를 지지한다.
   ⑤ 마르크스주의에서 말하는 경제적 평등과 계급갈등에 대한 강조는 사회경제적 측면에서 정부의 강력하고 적극적인 역할로 이어진다.

9. 정책결정 이론모형에 관한 설명으로 옳지 않은 것은?
   ① 합리모형은 정책대안의 선택결과에 대해 보다 현실적 평가가 가능하다.
   ② 만족모형의 대안을 선택하는 기준은 최적화로서 최선의 대안이 나와야 만족할 수 있다고 본다.
   ③ 점증모형은 기존 정책에 대한 소폭의 변화를 통해 점진적으로 수정·보완한다.
   ④ 최적모형은 계량적·경제적 합리성의 측면과 질적이며 초합리적인 요소를 함께 고려한다.
   ⑤ 혼합모형은 기본적 결정이 중대한 영향을 미치고 후속적인 세부 결정의 범주와 방향을 제시한다.

10. 길버트(N. Gilbert)와 테렐(P. Terrell)이 제시한 사회복지정책 분석의 4가지 기본틀과 선택의 대안의 연결이 옳은 것을 모두 고른 것은?

    ㄱ. 할당 - 귀속적 욕구, 보상, 진단적 차등, 자산조사
    ㄴ. 급여 - 현금급여, 현물급여, 증서, 기회, 권력
    ㄷ. 전달 - 공공부문(중앙정부와 지방정부), 민간부문, 혼합형태
    ㄹ. 재정 - 공공재원(사회보험, 과세), 민간재원(사용자 부담, 민간모금 등), 공공과 민간재원의 혼합

    ① ㄱ
    ② ㄱ, ㄷ
    ③ ㄴ, ㄹ
    ④ ㄴ, ㄷ, ㄹ
    ⑤ ㄱ, ㄴ, ㄷ, ㄹ

11. 대상선정 기준에 관한 설명으로 옳지 않은 것은?
    ① 귀속적 욕구의 기준은 가장 선별적인 자격조건에 해당한다.
    ② 노인장기요양보험제도에서 등급별로 서비스가 제공되는 것은 진단적 차등에 의한 것이다.
    ③ 국가유공자나 독립유공자를 대상으로 한 제도는 보상의 기준을 적용한 제도이다.
    ④ 귀속적 욕구를 기준으로 하는 제도들은 대부분 급여수준이 높지 않다.
    ⑤ 자산조사는 각 개인이 재화와 서비스를 스스로 구매할 능력이 없다는 것을 조사를 통해 확인하고 급여를 제공한다.

12. 우리나라 사회보험제도의 급여와 급여 형태에 관한 설명으로 옳지 않은 것은?
    ① 고용보험법상 육아휴직급여는 현금급여이다.
    ② 산업재해보상보험법상 요양급여는 현물급여이다.
    ③ 국민연금법상 장애연금은 현금급여이다.
    ④ 노인장기요양보험법상 재가급여는 현물급여이다.
    ⑤ 국민건강보험법상 요양비는 현물급여이다.

13. 조세와 사회보험료에 관한 설명으로 옳지 않은 것을 모두 고른 것은?

    ㄱ. 사회보험료는 소득세에 비해 역진적이다.
    ㄴ. 개인소득세는 대표적인 누진세로서 소득재분배 효과를 높일 수 있다.
    ㄷ. 사회보험료에는 보험료 부과의 기준이 되는 소득의 상한액이 있어 고소득층이 유리하다.
    ㄹ. 사회보험료는 자산소득에 추가로 보험료가 부과되므로 고소득층이 저소득층에 비해 보험료를 더 많이 부담한다.

    ① ㄱ, ㄷ   ② ㄷ
    ③ ㄴ, ㄹ   ④ ㄹ
    ⑤ ㄱ, ㄴ, ㄷ, ㄹ

14. 사회복지 전달체계에 관한 설명으로 옳지 않은 것은?
    ① 길버트(N. Gilbert)와 테렐(P. Terrell)이 제시한 사회복지정책 분석틀에서 '누가 급여를 지불하는가?'에 해당한다.
    ② '경쟁'은 사회복지기관을 클라이언트의 욕구에 민감하게 만들 수 있다.
    ③ 클라이언트의 적극적 의견 개진을 장려하는 것은 사회복지기관의 비책임성을 줄일 수 있다.
    ④ 사례관리는 클라이언트에게 가장 적합한 재화와 서비스를 계획·전달하는 방법이다.
    ⑤ 사회복지기관 간의 협력 강화는 전달체계의 단편성을 줄일 수 있다.

15. 사회보장기본법에서 정의하는 사회보장의 영역으로 옳은 것은?
    ① 공공부조, 사회수당, 사회서비스
    ② 공공부조, 사회수당, 사회복지서비스
    ③ 사회보험, 공공부조, 사회서비스
    ④ 사회보험, 공공부조, 사회복지서비스
    ⑤ 사회보험, 공공부조, 사회수당

16. 사회보험과 민영보험에 관한 설명으로 옳은 것은?
    ① 민영보험은 강제가입을 원칙으로 하고, 사회보험은 선택적 가입을 원칙으로 한다.
    ② 사회보험은 사회적 적절성을 중시하고, 민영보험은 개인적 형평성을 중시한다.
    ③ 민영보험은 물가상승에 의한 실질가치의 변동을 보장하지만, 사회보험은 물가상승에 대한 보장이 어렵다.
    ④ 민영보험은 사회보험에 비해 계약에 수반되는 비용이 저렴하다.
    ⑤ 민영보험은 보험자와 피보험자의 관계에 있어 제도적·법적 관계를 맺고 있기 때문에 권리적 성격이 강하다.

17. 국민연금제도에 관한 설명으로 옳지 않은 것은?
    ① 출산크레딧제도와 군복무크레딧제도는 2008년부터 시행되었다.
    ② 수급권자에게 2 이상의 분할연금 수급권이 생기면 2 이상의 분할연금액을 합산하여 지급한다.
    ③ 소득상한선을 낮게 유지할 경우 고소득층의 부담은 경감될 수 있다.
    ④ 농어업에 종사하는 가입자에게 연금보험료의 일부를 국고보조 해주고 있다.
    ⑤ 유족연금은 사망자에 의하여 생계를 유지하고 있던 유족들 모두에게 지급된다.

18. 국민건강보험제도에 관한 설명으로 옳은 것은?
    ① 지역가입자의 보험료 부과점수는 지역가입자의 소득만을 기준으로 선정한다.
    ② 사립학교 교직원 중 교원의 보험료는 가입자 50%, 사용자 40%, 국가 10%를 각각 부담한다.
    ③ 부가급여로 임신 및 출산과 관련된 진료비를 전자바우처로 일부 지원하고 있다.
    ④ 요양급여, 장애인 보조기기는 현금급여이다.
    ⑤ 본인부담상한액 제도는 아직 실시되지 않고 있다.

19. 노인장기요양보험제도에 관한 설명으로 옳지 않은 것은?
    ① 현재 우리나라는 특별현금급여에서 가족요양비만 시행되고 있다.
    ② 시설급여는 수급자가 비용의 100분의 20을 본인이 부담한다.
    ③ 수급자는 재가급여, 시설급여 및 특별현금급여를 중복하여 받을 수 없다.
    ④ 장기요양기관을 운영하려는 자는 장기요양에 필요한 시설 및 인력을 갖추어 특별자치시장·특별자치도지사·시장·군수·구청장에게 신고해야 한다.
    ⑤ 국민기초생활보장법에 따른 의료급여 수급자는 본인부담금을 부담하지 않는다.

20. 산업재해보상보험제도에 관한 설명으로 옳지 않은 것은?
    ① 산업재해보상보험은 사업주만 보험가입자가 된다.
    ② 요양급여의 범위에 재활치료, 간호 및 간병에 관한 사항도 포함되어 있다.
    ③ 장해급여는 장해등급에 따라 장해보상연금 또는 장해보상 일시금으로 지급한다.
    ④ 현장실습생, 특수형태근로종사자 등에 대하여도 산재보험법의 적용이 가능하도록 규정하고 있다.
    ⑤ 근로자의 보험급여를 받을 권리는 퇴직하면 소멸된다.

21. 고용보험제도에 관한 설명으로 옳지 않은 것은?
    ① 구직급여의 소정급여일수는 보험가입기간과 연령에 따라 90일에서 240일까지이다.
    ② 육아휴직급여는 육아휴직을 시작한 날 이후 1개월부터 육아휴직이 끝난 날 이후 12개월 이내에 신청하여야 한다.
    ③ 실업급여 사업에 해당하는 보험료는 사업주와 근로자가 각각 50%씩 부담한다.
    ④ 구직급여 지급액은 퇴직 전 평균임금의 60%에 소정급여일수를 곱하여 산정한다.
    ⑤ 자영업자인 피보험자의 실업급여의 종류는 구직급여와 취업촉진 수당이 있으나, 연장급여와 조기재취업 수당은 제외한다.

22. 우리나라의 사회복지정책 중 대상을 빈곤층으로 한정하는 정책이 아닌 것은?
    ① 생계급여
    ② 장애인연금
    ③ 주거급여
    ④ 의료급여
    ⑤ 장애연금

23. 긴급복지지원제도에 관한 설명으로 옳지 않은 것은?
    ① 금전 또는 현물 등의 직접지원에는 생계지원, 의료지원, 주거지원, 교육지원 등이 있다.
    ② 개인단위로 지원하는 것을 원칙으로 한다.
    ③ 생계지원, 연료비, 해산비, 장제비 등의 경우에는 금전지원을 원칙으로 한다.
    ④ 주소득자 또는 부소득자의 실직으로 소득을 상실한 경우도 위기상황에 해당한다.
    ⑤ 의료지원은 1회 지원 후 1회 추가 지원이 가능하여 총 2회 지원받을 수 있다.

24. 빈곤 및 불평등에 관한 설명으로 옳지 않은 것은?
    ① 빈곤율은 빈곤층의 규모를 보여줄 수 있지만, 빈곤층의 소득이 빈곤선에 비해 부족한 정도를 보여주지는 않는다.
    ② 10분위 분배율은 소득이 가장 높은 상위 20% 가구의 소득 합을 소득이 낮은 하위 20% 가구의 소득 합으로 나눈 것이다.
    ③ 5분위 분배율은 수치가 클수록 소득 격차가 큰 것이며, 수치가 작을수록 소득 격차가 작은 것이다.
    ④ 지니계수가 0.5에서 0.4로 하락했다면 소득불평등이 완화된 것이다.
    ⑤ 로렌즈 곡선이 45°선과 일치하면 소득분포가 완전히 균등한 것이다.

25. 우리나라의 근로장려세제에 관한 설명으로 옳지 않은 것은?
    ① 재산기준은 가족구성원의 재산을 모두 합하여 2억원 미만이어야 한다.
    ② 2008년 1월부터 시행되었고, 최초 지급은 2009년 9월부터 시작되었다.
    ③ 주무부처는 보건복지부이며, 시행은 국세청에서 한다.
    ④ 가구단위로 소득기준과 재산기준을 모두 충족하는 경우에 받을 수 있다.
    ⑤ 단독가구, 홀벌이가구, 맞벌이가구 등 가구유형에 따라 최대지급액이 다르다.

사회복지정책과 제도(사회복지행정론)

26. 휴먼서비스 조직의 특징으로 옳지 않은 것은?
   ① 조직의 원료는 인간이다.
   ② 조직의 목표는 불확실하며 애매모호하다.
   ③ 직원의 전문성에 대한 의존도가 크다.
   ④ 효과의 명확성에 따라 운영된다.
   ⑤ 직원과 클라이언트의 관계가 핵심이다.

27. 우리나라 사회복지 공공 전달체계 개편 과정을 순서대로 나열한 것은?

   ┌─────────────────────────────┐
   │ ㄱ. 복지허브화 추진   │
   │ ㄴ. 사회복지전담공무원 전환   │
   │ ㄷ. 사회복지사무소 시범사업   │
   │ ㄹ. 희망복지지원단 운영   │
   └─────────────────────────────┘

   ① ㄴ - ㄱ - ㄹ - ㄷ
   ② ㄴ - ㄷ - ㄹ - ㄱ
   ③ ㄷ - ㄱ - ㄴ - ㄹ
   ④ ㄷ - ㄴ - ㄹ - ㄱ
   ⑤ ㄹ - ㄴ - ㄱ - ㄷ

28. 한국 사회복지행정의 발달에 관한 설명으로 옳지 않은 것은?
   ① 1970년 사회복지사업법 제정 및 시행으로 사회복지법인의 시설 설치·운영에 관한 법적 규정이 마련되었다.
   ② 1987년 사회복지사업법 개정으로 읍·면·동에 사회복지 사무를 전담하는 사회복지전문요원이 배치되기 시작하였다.
   ③ 1992년 사회복지사업법 개정으로 시·군·구에 복지사무전담기구의 설치에 관한 규정이 마련되었다.
   ④ 1997년 사회복지사업법 개정에서는 사회복지 법인과 시설 운영의 투명성을 위해 시설평가 규정을 신설하였다.
   ⑤ 2000년 사회복지사업법 개정에서는 사회복지사업 종사자의 활동 장려를 위해 매년 9월 7일을 사회복지의 날로 지정하였다.

29. 조직이론에 관한 설명으로 옳은 것을 모두 고른 것은?

> ㄱ. 제도이론: 성공적인 조직의 체계와 활동을 모방하는 제도적 동형화가 발생한다.
> ㄴ. 체계이론: 유지 하위체계를 통해 다른 하위체계를 조정하고 통합한다.
> ㄷ. 조직군 생태론: 변이 → 선택 → 보전의 과정을 거쳐 조직변동이 일어난다.
> ㄹ. Z이론: 조직은 전문가 집단에 상호호의적 관계를 조성해줌으로써 동기를 부여한다.

① ㄱ, ㄷ
② ㄴ, ㄹ
③ ㄱ, ㄴ, ㄷ
④ ㄴ, ㄷ, ㄹ
⑤ ㄱ, ㄴ, ㄷ, ㄹ

30. 과학적 관리론의 특징으로 옳은 것을 모두 고른 것은?

> ㄱ. 차별적 성과급 제도를 원칙으로 하였다.
> ㄴ. 기획과 실행의 분리를 전제로 삼았다.
> ㄷ. Y이론에 기반한 인간관을 바탕으로 했다.
> ㄹ. 구성원의 개인적 동기를 인식하지 못했다.

① ㄱ, ㄴ
② ㄷ, ㄹ
③ ㄱ, ㄴ, ㄹ
④ ㄴ, ㄷ, ㄹ
⑤ ㄱ, ㄴ, ㄷ, ㄹ

31. 서비스 질을 측정하는 도구인 서브퀄(SERVQUAL)의 각 요소에 대한 설명으로 옳지 않은 것은?
① 신뢰성(reliability): 서비스는 약속된 방식, 일관된 방식으로 제공되어야 한다.
② 지속성(durability): 서비스는 장시간 지속적으로 제공되어야 한다.
③ 확신성(assurance): 서비스에 관한 풍부한 지식과 친절을 바탕으로 클라이언트에게 신뢰와 자신감을 심어줄 능력을 갖춰야 한다.
④ 공감성(empathy): 클라이언트에 대한 개별화된 이해와 관심을 가져야 한다.
⑤ 가시성(tangible): 시설 및 장비의 위생, 직원의 용모단정 등을 의미한다.

32. 사회복지조직의 구조설계 및 운영 등에 관한 설명으로 옳지 않은 것은?
    ① 클라이언트의 복합적인 문제에 대응하기 위해 사례관리팀을 확대한다.
    ② 서비스의 효과성 제고를 위해 사회복지사에 대한 교육·훈련을 실시한다.
    ③ 일선 사회복지사의 실천지혜가 공유될 수 있도록 슈퍼비전을 활성화한다.
    ④ 특별사업이나 일시적 프로젝트가 많은 조직은 공식화, 표준화가 강조된다.
    ⑤ 지역사회의 자원을 효율적으로 연계하기 위해 네트워크를 구성한다.

33. 조직구조에 관한 설명으로 옳지 않은 것은?
    ① 사업의 종류가 많아질수록 조직의 복잡성이 증가하게 된다.
    ② 수평적으로 분화할수록 조직의 수직적 계층도 증가하게 된다.
    ③ 분권화 정도가 높을수록 의사결정 과정의 조정 장치가 요구된다.
    ④ 집권화 정도가 높을수록 조직의 일관성을 유지할 수 있다.
    ⑤ 공식화 정도가 높을수록 업무처리의 통일성을 기하기에 유리하다.

34. 다음 사례에서 강조되는 것은?

    > 사회복지조직에서 서비스는 무한정으로 제공될 수 있는 것이 아니라 한정된 자원에 따라 제한적으로 제공된다. 이로 인해 서비스가 불필요한 사람에게 제공되는 낭비를 막는 것도 필요하다.

    ① 형평성   ② 통합성
    ③ 접근성   ④ 활용성
    ⑤ 노력성

35. 기획의 특징으로 옳지 않은 것은?
    ① 미래활동에 대한 통제적 성격을 갖는다.
    ② 융통성 있게 수정될 수 있는 동태적 과정이다.
    ③ 목표달성에 초점을 둔 결과지향적 활동이다.
    ④ 그 자체가 목적이 아닌 수단적 과정이다.
    ⑤ 조직 내 계층마다 해야 할 기획 유형이 다르다.

36. 간트 차트(Gantt Chart)에 관한 설명으로 옳지 않은 것은?
   ① 복잡한 사업을 기획할 때 적합하다.
   ② 비교적 작성이 용이한 편이다.
   ③ 세부활동 간의 관계를 알 수 없다.
   ④ 세부활동의 시작과 종료 시점을 알 수 있다.
   ⑤ 막대그래프를 이용하여 도표화한다.

37. 다음 설명에 해당하는 의사결정 방법은?

   > 청소년복지센터의 김석진 사회복지사는 온라인으로 접수된 내용을 읽어본 후 사안이 긴급하다고 판단해 우선 청소년 쉼터 이용에 대한 안내 및 동의를 받고 학교와 경찰에 연락을 취해 쉼터 입소가 원활히 이루어질 수 있도록 하였다.

   ① 비정형적 의사결정
   ② 문제해결적 의사결정
   ③ 집단적 의사결정
   ④ 직관적 의사결정
   ⑤ 판단적 의사결정

38. 참여적 리더십에 관한 설명으로 옳은 것은?
   ① 구성원들의 다양한 의견을 취합하여 의사결정을 진행한다.
   ② 민주적 리더십으로 대부분의 권한과 책임을 위임한다.
   ③ 조직에 위기가 발생했을 때 신속한 의사결정이 가능하다.
   ④ 구성원 간 내부갈등이 일어났을 때 개입하기가 어렵다.
   ⑤ 구성원의 활동을 보상과 처벌을 수단으로 통제한다.

39. 리더십 이론에 관한 설명으로 옳지 않은 것은?
   ① 미시간 연구는 직무보다 구성원에 관심을 두는 리더가 성과가 크다고 보았다.
   ② 행동이론은 성공적인 리더와 그렇지 않은 리더의 행동적 차이에 주목하였다.
   ③ 자질이론은 성공적인 리더의 자질은 상황에 따라 다르다고 보았다.
   ④ 하우스(House)의 경로-목표이론은 구성원에 대한 동기부여를 고려하여 전개되었다.
   ⑤ 피들러(Fiedler)는 상황적 요소와 리더 유형의 상관성에 초점을 두었다.

40. 변혁적 리더십에 관한 설명으로 옳지 않은 것은?
    ① 단기적 성과보다 장기적 목표달성에 초점을 두는 경향이 있다.
    ② 조직의 노선과 문화를 변화시키려는 개혁적인 리더십이다.
    ③ 조직을 변화시키는 과정에서 구성원들의 지지와 신뢰를 확보해야 한다.
    ④ 구성원들이 조직의 목표를 내면화함으로써 동기를 갖도록 이끈다.
    ⑤ 리더와 구성원의 관계는 개인적·사회적 가치의 교환으로 이루어진다.

41. 동기부여이론에 관한 설명으로 옳은 것은?
    ① 브룸(Vroom)의 목표설정이론은 목표달성을 위해 동기가 발생한다고 보았다.
    ② 맥그리거(McGregor)의 X·Y이론은 인간관에 따라 관리전략을 달리 제시하였다.
    ③ 알더퍼(Alderfer)의 ERG이론에서는 성장욕구, 관계욕구, 존재욕구의 순서를 강조하였다.
    ④ 허즈버그(Herzberg)의 동기위생이론은 동기요인의 충족이 불만족을 해소한다고 보았다.
    ⑤ 맥클리랜드(McClelland)의 성취동기이론에서는 친화욕구가 가장 중요하다고 보았다.

42. 인적자원개발에 관한 설명으로 옳지 않은 것은?
    ① 오리엔테이션: 신규 직원에 조직을 알림과 동시에 기초훈련의 의미가 있다.
    ② 계속교육: 기관에 종사 중인 사회복지사는 의무적으로 보수교육을 받아야 한다.
    ③ 사례발표: 슈퍼비전의 활성화를 위해 슈퍼바이저 간 사례발표를 진행할 수 있다.
    ④ 현장훈련(OJT): 지도·관리자 없이 업무수행을 직접 해보면서 스스로 익혀나간다.
    ⑤ 임시대역(understudy): 상사의 부재를 대비해 대리수행 해보도록 하는 것이다.

43. 회계연도 개시 전까지 예산이 성립되지 아니한 때에 예산을 집행할 수 있는 사항을 모두 고른 것은?

    | ㄱ. 임·직원의 보수 |
    | ㄴ. 4대보험의 사용자부담금 |
    | ㄷ. 시설의 임대료 |
    | ㄹ. 국가 보조금의 사용잔액 |

    ① ㄱ, ㄷ   ② ㄴ, ㄹ
    ③ ㄱ, ㄴ, ㄷ   ④ ㄴ, ㄷ, ㄹ
    ⑤ ㄱ, ㄴ, ㄷ, ㄹ

44. 사회복지조직의 예산에 관한 설명으로 옳지 않은 것은?
① 법인회계 및 시설회계의 예산은 세출예산이 정한 목적으로만 사용하는 것을 원칙으로 한다.
② 예산의 전용에 있어 심의 과정에서 삭감한 관·항·목으로의 전용은 불가능하다.
③ 당해연도의 예산이 성립되지 않아도 임·직원의 보수는 전년도 예산에 준하여 집행할 수 있다.
④ 예측할 수 없는 예산 외의 지출에 충당하기 위한 예비비를 세출예산에 계상할 수 있다.
⑤ 불가피한 사유로 회계연도 내에 지출하지 못한 경비는 다음 회계연도로 이월할 수 없다.

45. 프로그램 평가기준별 주요 평가요소가 적절히 제시되지 않은 것은?
① 효율성: 소요된 비용과 발생한 산출의 비율이 적정한가
② 노력성: 제공자는 전문적 역량과 기술을 갖추었는가
③ 효과성: 프로그램이 클라이언트의 변화를 이끌었는가
④ 영향성: 사회문제 해결에 어느 정도 영향을 끼쳤는가
⑤ 공평성: 대상자 선정을 공정한 기준으로 이루어졌는가

46. 다음에서 진행된 욕구조사방법은 무엇인가?

> A사회복지관에서는 지역사회 내 학교폭력이 증가함에 따라 이와 관련된 프로그램을 개발하기 위해 지역사회 내 학교 교사, 학교 사회복지사, 청소년상담사, 청소년 심리학자 등 관련 전문가 12명을 초청하여 학교폭력의 심리적 원인은 무엇인지, 그 예방을 위해 어떤 프로그램이 개발되어야 하는지 등에 관한 의견을 함께 나누기로 했다.

① 주요정보제공자 기법　　② 명목집단 기법
③ 델파이 기법　　　　　　④ 비공식 인터뷰
⑤ 사회조사 방법

47. 사회복지조직의 책임성 확보를 위한 노력으로 볼 수 없는 것은?
① 성과가 미미한 클라이언트에 대한 서비스 과활용
② 사회복지사업법에 따라 실시되는 시설평가
③ 프로그램 계획 과정에서 지역주민들의 의견수렴
④ 후원금의 수입 및 지출 내역 공개
⑤ 클라이언트의 개인정보에 대한 비밀유지

48. 사회복지 마케팅에 대한 설명으로 옳지 않은 것은?
    ① 비영리조직은 조직의 목적 달성을 위해 영리조직의 마케팅 기법을 활용할 수 있다.
    ② 사회복지조직의 서비스는 무형성이 강해 미리 체험하거나 저장할 수 없으며, 홍보 및 특허화가 어렵다.
    ③ 사회복지 마케팅에서는 서비스의 표준화가 가능하므로 대량생산을 통한 비용 절감이 용이하다.
    ④ 사회복지 마케팅은 클라이언트뿐 아니라 기부자, 후원자, 직원 등 다양한 이해관계자와의 관계 형성을 중시한다.
    ⑤ 사회복지조직은 정부 보조금, 기부금 등 외부 자원에 의존하기 때문에 책임성과 효과성을 높이기 위해 전략적 마케팅이 필요하다.

49. 사회복지조직에서 마케팅 및 홍보의 중요성이 강조되는 현상과 관련하여 옳은 것을 모두 고른 것은?

    > ㄱ. 지역사회 내 인적·물적 자원의 동원을 위한 전략이 된다.
    > ㄴ. 유사한 서비스를 제공하는 기관들이 점점 더 증가하고 있다.
    > ㄷ. 시설평가 제도가 강화됨에 따라 선택이 아닌 필수가 되었다.
    > ㄹ. 잠재적 클라이언트의 접근성을 높이기 위한 수단이기도 하다.

    ① ㄱ, ㄴ ② ㄷ, ㄹ
    ③ ㄱ, ㄴ, ㄹ ④ ㄴ, ㄷ, ㄹ
    ⑤ ㄱ, ㄴ, ㄷ, ㄹ

50. 사회복지조직의 과업환경에 관한 내용으로 옳지 않은 것을 모두 고른 것은?

    > ㄱ. 조직이 자원과 서비스를 교환하고 조직과 특별한 상호작용의 형태를 취하는 집단들을 의미한다.
    > ㄴ. 사회복지조직은 과업환경의 영향을 받지만, 사회복지조직이 과업환경에 영향을 미치지는 못한다.
    > ㄷ. 재정자원의 제공자로서 정부, 보건복지부 등이 해당된다.
    > ㄹ. 클라이언트는 서비스 대상자이기 때문에 환경 요소는 아니다.

    ① ㄱ, ㄷ ② ㄴ, ㄹ
    ③ ㄱ, ㄴ, ㄹ ④ ㄴ, ㄷ, ㄹ
    ⑤ ㄱ, ㄴ, ㄷ, ㄹ

사회복지정책과 제도(사회복지법제론)

51. 우리나라의 사회복지법에 관한 설명으로 옳은 것은?
   ① 공공부조, 사회보험, 사회서비스를 모두 포괄하는 단일한 사회복지법이 존재한다.
   ② 국제조약은 헌법에 의해 체결되고 공포되었다 하더라도 사회복지법의 법원으로 볼 수 없다.
   ③ 헌법에서의 사회권 규정과 행복추구권 규정은 사회복지법의 법원이 된다.
   ④ 지방자치단체는 조례에 따라 사회복지사업을 할 수 있지만 조례를 제정하지는 못한다.
   ⑤ 사회보장기본법은 사회복지사업법보다 우선적으로 적용된다.

52. 우리나라 사회복지법의 역사적 변천에 관한 설명으로 옳지 않은 것은?
   ① 1981년 기존의 아동복리법이 아동복지법으로 전부 개정되면서 보호대상 범위가 전체 아동으로 확대되었다.
   ② 2008년 다문화가족지원법이 제정되면서 다문화가족에 대한 지원정책의 제도적인 틀을 마련하였다.
   ③ 1999년에는 기존 국민의료보험법이 국민건강보험법으로 전부개정되었다.
   ④ 1997년 제정된 사회복지공동모금법은 1999년 사회복지공동모금회법으로 개정되었다.
   ⑤ 2014년 기초연금법을 제정하여 노인세대를 위한 안정적인 공적연금제도를 마련하였다.

53. 법률과 그 제정연대의 연결이 옳은 것은?
   ① 1960년대: 영유아보육법, 긴급복지지원법
   ② 1970년대: 장애인연금법, 사회보장급여의 이용·제공 및 수급권자 발굴에 관한 법률
   ③ 1980년대: 노인장기요양보험법, 자원봉사활동기본법
   ④ 1990년대: 사회보장기본법, 가정폭력방지 및 피해자보호 등에 관한 법률
   ⑤ 2000년대: 아동수당법, 고용보험법

54. 사회보장기본법의 내용으로 옳지 않은 것은?
   ① 사회보장에 관한 다른 법률을 제정하거나 개정하는 경우에는 이 법에 부합되도록 하여야 한다.
   ② 국가와 지방자치단체는 최저생계비와 최저임금 등을 고려하여 사회보장급여의 수준을 결정하여야 한다.
   ③ 사회보장기본계획은 다른 법령에 따라 수립되는 사회보장에 관한 계획에 우선하며 그 계획의 기본이 된다.
   ④ 국가는 사회보장수급권자 선정 및 급여 관리 등에 관한 정보를 통합·연계하여 처리·기록 및 관리하는 사회보장정보시스템을 구축·운영할 수 있다.
   ⑤ 모든 국민은 자신의 능력을 최대한 발휘하여 자립·자활할 수 있도록 노력하여야 한다.

55. 사회보장기본법상 사회보장제도의 운영원칙으로 옳지 않은 것은?
   ① 국가와 지방자치단체가 사회보장제도를 운영할 때에는 이 제도를 필요로 하는 모든 국민에게 적용하여야 한다.
   ② 국가와 지방자치단체는 사회보장제도의 급여 수준과 비용 부담 등에서 형평성을 유지하여야 한다.
   ③ 국가와 지방자치단체는 사회보장제도의 정책 결정 및 시행 과정에 공익의 대표자 및 이해관계인 등을 참여시켜 이를 민주적으로 결정하고 시행하여야 한다.
   ④ 국가와 지방자치단체가 사회보장제도를 운영할 때에는 국민의 다양한 복지 욕구를 효율적으로 충족시키기 위하여 연계성과 전문성을 높여야 한다.
   ⑤ 사회보험과 공공부조는 국가의 책임으로 시행하고, 사회서비스는 국가와 지방자치단체의 책임으로 시행하는 것을 원칙으로 한다.

56. 사회보장기본법상 사회보장수급권에 관한 내용으로 옳은 것은?
   ① 사회보장급여를 받으려는 사람은 관계 법령에서 정하는 바에 따라 보건복지부장관에게 신청하여야 한다.
   ② 사회보장수급권은 어떠한 경우에도 제한되거나 정지될 수 없다.
   ③ 사회보장급여를 신청하는 사람이 다른 기관에 신청한 경우에는 그 기관은 지체 없이 이를 정당한 권한이 있는 기관에 이송하여야 한다.
   ④ 사회보장수급권은 정당한 권한이 있는 기관에 구두로 통지하여 포기할 수 있다.
   ⑤ 사회보장수급권의 포기는 취소할 수 없다.

57. 사회보장급여의 이용·제공 및 수급권자 발굴에 관한 법률상 사회보장정보에 관한 내용으로 옳지 않은 것은?
   ① 보장기관의 장은 업무를 효율적으로 수행하기 위하여 사회보장정보시스템을 이용하거나 관할 업무시스템과 사회보장정보시스템을 연계하여 이용할 수 있다.
   ② 사회보장정보시스템의 운영·지원을 위하여 한국보건복지인재원을 설립하며, 한국보건복지인재원은 법인으로 한다.
   ③ 보건복지부장관은 사회보장정보시스템의 사회보장정보를 안전하게 보호하기 위하여 물리적·기술적 대책을 포함한 보호대책을 수립·시행하여야 한다.
   ④ 보장기관의 장 및 한국사회보장정보원의 장은 사회보장정보를 5년이 지나면 파기하여야 한다.
   ⑤ 한국사회보장정보원의 임직원이나 임직원으로 재직하였던 사람은 그 직무상 알게 된 비밀을 누설하거나 다른 용도로 사용하여서는 아니 된다.

58. 사회보장급여의 이용·제공 및 수급권자 발굴에 관한 법률의 내용으로 옳지 않은 것은?
   ① 특별시장·광역시장·특별자치시장·도지사·특별자치도지사 및 시장·군수·구청장은 지역사회보장에 관한 계획을 4년마다 수립하여야 한다.
   ② 사회복지전담공무원은 사회보장급여에 관한 업무 중 취약계층에 대한 상담과 지도, 생활실태의 조사 등 보건복지부령으로 정하는 사회복지에 관한 전문적 업무를 담당한다.
   ③ 시장·군수·구청장은 지역의 사회보장을 증진하고, 사회보장과 관련된 서비스를 제공하는 관계 기관·법인·단체·시설과 연계·협력을 강화하기 위하여 해당 시·군·구에 지역사회보장협의체를 둔다.
   ④ 사회보장사무 전담기구는 사회보장정보시스템을 활용하여 수급권자에게 필요한 정보를 종합 안내하고, 사회보장급여에 대한 신청 등이 편리하게 이루어질 수 있도록 운영되어야 한다.
   ⑤ 통합사례관리를 실시하기 위하여 필요한 경우에는 특별자치시 및 시·군·구에 사회복지전담공무원을 둘 수 있다.

59. 사회복지사업법상 사회복지법인에 관한 내용으로 옳은 것은?
   ① 법인은 목적사업의 경비에 충당하기 위하여 필요할 때에는 법인의 설립 목적 수행에 지장이 없는 범위에서 수익사업을 할 수 있다.
   ② 이사회의 구성에 있어서 대통령령으로 정하는 특별한 관계에 있는 사람이 이사 현원의 2분의 1을 초과할 수 없다.
   ③ 외국인인 이사는 이사 현원의 5분의 1 미만이어야 한다.
   ④ 해산한 법인의 남은 재산은 정관으로 정하는 바에 따라 한국사회복지협의회에 귀속된다.
   ⑤ 법인은 시·도지사의 인가를 받아 이 법에 따른 다른 법인과 합병할 수 있다.

60. 사회복지사업법상 사회복지시설 운영위원회의 심의 사항으로 옳은 것을 모두 고른 것은?

> ㄱ. 시설 종사자의 근무환경 개선에 관한 사항
> ㄴ. 시설 거주자의 생활환경 개선 및 고충 처리 등에 관한 사항
> ㄷ. 시설운영계획의 수립·평가에 관한 사항
> ㄹ. 시설 종사자와 거주자의 인권보호 및 권익증진에 관한 사항

① ㄱ, ㄴ, ㄷ
② ㄴ, ㄷ, ㄹ
③ ㄷ, ㄹ
④ ㄱ, ㄴ
⑤ ㄱ, ㄴ, ㄷ, ㄹ

61. 사회복지사업법에 관한 내용으로 옳지 않은 것은?
① 사회복지법인 또는 사회복지시설에 종사하는 사회복지사는 정기적으로 인권에 관한 내용이 포함된 보수교육을 받아야 한다.
② 법인의 정관에는 목적, 주된 사무소의 소재지, 사업의 종류 등이 포함되어야 한다.
③ 이 법에 따른 사회복지사가 아니면 사회복지사 또는 이와 유사한 명칭을 사용하지 못한다.
④ 주된 사무소가 서로 다른 특별시·광역시·특별자치시·도·특별자치도에 소재한 법인 간의 합병의 경우에는 시·도지사의 허가를 받아야 한다.
⑤ 국가나 지방자치단체가 설치한 시설은 필요한 경우 사회복지법인이나 비영리법인에 위탁하여 운영하게 할 수 있다.

62. 국민기초생활보장법에 관한 내용으로 옳지 않은 것은?
① 기준 중위소득은 가구 경상소득의 중간값에 최근 가구소득 평균 증가율, 가구규모에 따른 소득수준의 차이 등을 반영하여 가구규모별로 산정한다.
② 수급자 및 차상위자는 상호 협력하여 자활기업을 설립·운영할 수 있다.
③ 급여의 종류에는 생계급여, 주거급여, 의료급여, 교육급여, 해산급여, 장해급여, 자활급여가 있다.
④ 보장기관은 수급자 및 차상위자가 자활에 필요한 자산을 형성할 수 있도록 재정적인 지원을 할 수 있다.
⑤ 소관 중앙행정기관의 장은 수급자의 최저생활을 보장하기 위하여 3년마다 소관별로 기초생활보장 기본계획을 수립하여 보건복지부장관에게 제출하여야 한다.

63. 의료급여법에 관한 내용으로 옳지 않은 것은?
    ① 의료급여기관은 의료급여가 끝난 날부터 5년간 보건복지부령으로 정하는 바에 따라 급여비용의 청구에 관한 서류를 보존하여야 한다.
    ② 시장·군수·구청장은 수급권자가 의료급여를 거부한 경우 의료급여를 중지하여야 한다.
    ③ 모든 수급권자의 급여비용은 그 전부를 의료급여기금에서 부담하도록 한다.
    ④ 의료급여에 관한 업무는 수급권자의 거주지를 관할하는 특별시장·광역시장·도지사와 시장·군수·구청장이 한다.
    ⑤ 수급권자의 질병·부상·출산 등에 대한 의료급여의 내용에 '예방·재활'도 포함된다.

64. 긴급복지지원법상 본인 또는 본인과 생계 및 주거를 같이 하고 있는 가구구성원이 처한 '위기상황'에 해당하지 않는 것은?
    ① 주소득자가 사망, 가출, 행방불명, 구금시설에 수용되는 등의 사유로 소득을 상실하여 생계유지 등이 어렵게 된 경우
    ② 지역사회 구성원에게 성폭력을 당하여 생활 부적응으로 생계유지 등이 어렵게 된 경우
    ③ 가구구성원으로부터 방임 또는 유기되거나 학대 등을 당하여 생계유지가 어렵게 된 경우
    ④ 화재 또는 자연재해 등으로 인하여 거주하는 주택 또는 건물에서 생활하기 곤란하게 되어 생계유지가 어렵게 된 경우
    ⑤ 주소득자 또는 부소득자의 실직으로 소득을 상실하여 생계유지가 어렵게 된 경우

65. 기초연금법에 관한 내용으로 옳지 않은 것은?
    ① 기초연금 수급자가 사망한 경우로서 그 기초연금 수급자에게 지급되지 아니한 기초연금액이 있다면 그 기초연금액은 사망한 날을 기점으로 소멸된다.
    ② 기초연금 수급희망자 또는 대리인은 특별자치시장·특별자치도지사·시장·군수·구청장에게 기초연금의 지급을 신청할 수 있다.
    ③ 보건복지부장관은 5년마다 기초연금액의 적정성을 평가하고 그 결과를 반영하여 기준연금액을 조정하여야 한다.
    ④ 이의신청은 특별자치시장·특별자치도지사·시장·군수·구청장에게 할 수 있으며, 그 처분이 있음을 안 날부터 90일 이내에 서면으로 하여야 한다.
    ⑤ "소득인정액"이란 본인 및 배우자의 소득평가액과 재산의 소득환산액을 합산한 금액을 말한다.

66. 국민연금법상 급여에 관한 내용으로 옳지 않은 것은?
    ① 분할연금은 분할연금 수급 요건을 모두 갖추게 된 때부터 5년 이내에 청구하여야 한다.
    ② 가입기간이 10년 이상인 가입자 또는 가입자였던 자에 대하여는 65세가 된 때부터 그가 생존하는 동안 노령연금을 지급한다.
    ③ 장애연금 수급권자에게 다시 장애연금을 지급하여야 할 장애가 발생한 때에는 전후의 장애를 병합한 장애 정도에 따라 장애연금을 지급한다.
    ④ 수급권자에게 이 법에 따른 2 이상의 급여 수급권이 생기면 수급권자의 선택에 따라 그 중 하나만 지급하고 다른 급여의 지급은 정지된다.
    ⑤ 자녀나 손자녀인 유족연금 수급권자가 파양된 때에는 그 수급권이 소멸한다.

67. 국민건강보험법상 요양기관에 해당하지 않는 것은?
    ① 「의료법」에 따라 개설된 의료기관
    ② 「약사법」에 따라 등록된 약국
    ③ 「약사법」에 따라 설립된 한국희귀·필수의약품센터
    ④ 「지역보건법」에 따른 보건소·보건의료원 및 보건지소
    ⑤ 「사회복지사업법」에 따른 사회복지시설에 수용된 사람의 진료를 주된 목적으로 개설된 의료기관

68. 고용보험법에 관한 내용으로 옳은 것은?
    ① "실업"이란 근로의 의사와 능력이 없어 취업하지 못한 상태에 있는 것을 말한다.
    ② 구직급여를 지급받으려는 사람은 고용노동부장관에게 구직급여의 수급 요건을 갖추었다는 사실을 인정하여 줄 것을 신청하여야 한다.
    ③ 별정우체국법에 의한 별정우체국 직원은 이 법을 적용하지 아니한다.
    ④ 고용노동부장관은 3년마다 기금운용 계획을 세워 고용보험위원회 및 국무회의의 심의를 거쳐 대통령의 승인을 받아야 한다.
    ⑤ 국가는 매년 보험사업에 드는 비용의 전부를 일반회계에서 부담하여야 한다.

69. 산업재해보상보험법상 보험급여의 종류로 옳은 것은?
① 생계급여
② 구직급여
③ 장례비
④ 특별현금급여
⑤ 재가급여

70. 노인장기요양보험법에 관한 내용으로 옳지 않은 것은?
① 장기요양보험사업은 보건복지부장관이 관장하며, 보험자는 국민건강보험공단으로 한다.
② 장기요양보험료율은 장기요양위원회의 심의를 거쳐 대통령령으로 정한다.
③ 장기요양인정을 신청할 수 있는 자는 노인등으로서 장기요양보험가입자 또는 그 피부양자, 의료급여 수급권자에 해당하는 자격을 갖추어야 한다.
④ 노인등이 전문적인 요양서비스를 받는 시설급여를 우선적으로 제공해야 한다.
⑤ 보건복지부장관은 장기요양사업의 실태를 파악하기 위하여 3년마다 조사를 정기적으로 실시하고 그 결과를 공표하여야 한다.

71. 노인복지법상 노인학대에 관한 내용으로 옳지 않은 것은?
① 국가 및 지방자치단체는 노인학대를 예방하고 수시로 신고를 받을 수 있도록 긴급전화를 설치하여야 한다.
② 국민건강보험공단 소속 요양직 직원은 직무상 노인학대 신고의무자에 해당한다.
③ 학대받는 노인의 발견·보호·치료 등을 신속히 처리하고 노인학대를 예방하기 위하여 지역노인보호전문기관을 특별시·광역시·도·특별자치도에 둔다.
④ 학대노인의 보호와 관련된 업무에 종사하였거나 종사하는 자는 그 직무상 알게 된 비밀을 2차 노인학대 방지를 위해 사법경찰관리에게 보고해야 한다.
⑤ 노인에게 구걸을 하게 하거나 노인을 이용하여 구걸하는 행위도 노인복지법상 금지행위에 해당한다.

72. 아동복지법에 관한 내용으로 옳지 않은 것은?
    ① 아동복지에 관한 업무를 담당하기 위하여 특별시·광역시·도·특별자치도 및 시·군·구에 각각 아동복지전담공무원을 둘 수 있다.
    ② 국가기관과 지방자치단체의 장, 공공기관과 대통령령으로 정하는 공공단체의 장은 아동학대의 예방과 방지를 위하여 필요한 교육을 연 1회 이상 실시하여야 한다.
    ③ 아동의 건강한 성장을 도모하고, 범국민적으로 아동학대의 예방과 방지에 관한 관심을 높이기 위하여 매년 11월 19일을 아동학대예방의 날로 지정한다.
    ④ 보호조치 중인 보호대상아동의 연령이 20세에 달하면 해당 시·도지사, 시장·군수·구청장은 보호 중인 아동의 보호조치를 종료하거나 해당 시설에서 퇴소시켜야 한다.
    ⑤ 지방자치단체는 학대받은 아동의 치료, 아동학대의 재발 방지 등 사례관리 및 아동학대예방을 담당하는 아동보호전문기관을 시·도 및 시·군·구에 1개소 이상 두어야 한다.

73. 장애인복지법에 관한 내용으로 옳지 않은 것은?
    ① 보건복지부장관은 장애인의 권익과 복지증진을 위하여 관계 중앙행정기관의 장과 협의하여 5년마다 장애인정책종합계획을 수립·시행하여야 한다.
    ② 국가와 지방자치단체는 장애인의 장애 정도와 경제적 수준을 고려하여 장애로 인한 추가적 비용을 보전하게 하기 위하여 장애연금을 지급할 수 있다.
    ③ 국가와 지방자치단체, 그 밖의 공공단체는 장애인의 자립을 지원하는 데에 필요하다고 인정되면 그 공공시설의 일부를 장애인이 우선 이용하게 할 수 있다.
    ④ 장애인정책종합계획에는 장애인의 교육문화에 관한 사항, 장애인의 안전관리에 관한 사항 등이 포함되어야 한다.
    ⑤ 특별시장·광역시장·특별자치시장·도지사·특별자치도지사는 장애인학대로 인하여 피해를 입은 장애아동의 임시 보호를 위하여 피해장애아동 쉼터를 설치·운영할 수 있다.

74. 가정폭력방지 및 피해자보호 등에 관한 법률에 관한 내용으로 옳지 않은 것은?

① 가정폭력피해자 보호시설의 종류에는 단기보호시설, 장기보호시설, 노인보호시설, 장애인보호시설이 있다.
② 국가나 지방자치단체 외의 자가 가정폭력 관련 상담소를 설치·운영하려면 특별자치시장·특별자치도지사·시장·군수·구청장에게 신고하여야 한다.
③ 여성가족부장관은 3년마다 가정폭력에 대한 실태조사를 실시하여 그 결과를 발표하고, 이를 가정폭력을 예방하기 위한 정책수립의 기초자료로 활용하여야 한다.
④ 단기보호시설의 장은 그 단기보호시설에 입소한 피해자등에 대한 보호기간을 여성가족부령으로 정하는 바에 따라 각 3개월의 범위에서 두 차례 연장할 수 있다.
⑤ "아동"이란 18세 미만인 자를 말한다.

75. 자원봉사활동기본법에 관한 내용으로 옳지 않은 것은?

① 자원봉사활동은 무보수성, 자발성, 공익성, 비영리성, 비정파성, 비종파성의 원칙 아래 수행될 수 있도록 하여야 한다.
② 지원을 받는 자원봉사단체 및 자원봉사센터는 그 명의 또는 그 대표의 명의로 특정 정당이나 특정인의 선거운동을 하여서는 아니 된다.
③ 보건복지부장관은 관계 중앙행정기관의 장과 협의하여 자원봉사활동의 진흥을 위한 국가기본계획을 5년마다 수립하여야 한다.
④ 자원봉사활동에 관한 주요 정책을 심의하기 위하여 국무총리 소속으로 관계 중앙행정기관 및 민간 전문가로 구성된 자원봉사진흥위원회를 둔다.
⑤ 인권 옹호 및 평화 구현에 관한 활동, 공명선거에 관한 활동도 이 법에 따른 자원봉사활동의 범위에 해당한다.

2026년도 제24회 사회복지사1급 국가시험 대비
FINAL 모의고사 3회

난이도 : 중상

가. 시험 구성

시험 과목수	문제수	배점	총점	문제형식
3과목 (8영역)	200문항	1점 / 1문제	200점	객관식 5지 택1형

나. 시험과목 및 시험시간

○ 일반수험자 기준

구 분	시험과목	세부영역	시험시간	과락기준	총점기준
1교시	사회복지기초 (50문항)	◦ 인간행동과 사회환경 (25문항) ◦ 사회복지조사론 (25문항)	09:30~10:20 (50분)	1~19 문항	합계 120점 이상
2교시	사회복지실천 (75문항)	◦ 사회복지실천론 (25문항) ◦ 사회복지실천기술론 (25문항) ◦ 지역사회복지론 (25문항)	10:50~12:05 (75분)	1~29 문항	
3교시	사회복지정책과 제도 (75문항)	◦ 사회복지정책론 (25문항) ◦ 사회복지행정론 (25문항) ◦ 사회복지법제론 (25문항)	12:35~13:50 (75분)	1~29 문항	

※ 필기시험 합격은 과락기준과 총점기준을 모두 충족해야 함

※ 시험관련 법령 등을 적용하여 정답을 구하여야 하는 문제는 시험 시행일(26. 01. 10.) 현재 시행 중인 법령을 기준으로 출제함

해당 모의고사는 저작권법에 의하여 보호를 받는 저작물이므로 무단전재와 복제를 금합니다.

2026년도 제24회 사회복지사1급 국가시험 대비
FINAL 모의고사 3회

교시	문제형별	시간	시험과목 및 시험영역
1교시	A	50분	**사회복지기초** ① 인간행동과 사회환경 ② 사회복지조사론

수험번호		성 명	

【 수험자 유의사항 】

1. 시험문제지는 **단일 형별(A형)**이며, 답안카드 형별 기재란에 표시된 형별(A형)을 확인하시기 바랍니다. 시험문제지의 **총면수, 문제번호 일련순서, 인쇄상태** 등을 확인하시고, 문제지 표지에 수험번호와 성명을 기재하시기 바랍니다.

2. 답은 각 문제마다 요구하는 **가장 적합하거나 가까운 답 1개만** 선택하고, 답안카드 작성 시 시험문제지 **마킹착오**로 인한 불이익은 전적으로 **수험자에게 책임**이 있음을 알려 드립니다.

3. 답안카드는 국가전문자격 공통 표준형으로 문제번호가 1번부터 125번까지 인쇄되어 있습니다. 답안 마킹 시에는 반드시 **시험문제지의 문제번호와 동일한 번호**에 마킹하여야 합니다.

4. **감독위원의 지시에 불응하거나 시험기간 종료 후 답안카드를 제출하지 않을 경우** 불이익이 발생할 수 있음을 알려 드립니다.

5. 시험문제지는 시험 종료 후 가져가시기 바랍니다.

사회복지 전문출판 나눔의집

해당 모의고사는 저작권법에 의하여 보호를 받는 저작물이므로 무단전재와 복제를 금합니다.

각 문제에서 요구하는 가장 적합한 답 1개만을 고르시오.

사회복지기초(인간행동과 사회환경)

1. **인간발달의 원리에 관한 설명으로 옳지 않은 것은?**
   ① 신체, 인지, 성격 등 발달의 각 측면은 밀접한 상호작용을 통해 발달하며 통합된다.
   ② 인간발달은 상부에서 하부로, 중심 부위에서 말초 부위로, 전체운동에서 특수운동으로 진행된다.
   ③ 발달은 점진적으로 분화해가고 전체로 통합되어 가는 과정이다.
   ④ 특정 시기의 발달이 잘못되었을 때 그 이후에 충분히 보상적 자극이나 경험을 제공받으면 원래의 발달상태로 쉽게 회복된다.
   ⑤ 유전적 요인과 환경의 영향은 비중이 다르지만 양쪽의 상호작용으로 진행된다.

2. **발달의 유사개념에 관한 설명으로 옳지 않은 것을 모두 고른 것은?**

   > ㄱ. 성장은 신체적·생리적 발달의 양적 증가와 질적 증가를 말한다.
   > ㄴ. 성숙은 유전적 기제의 작용에 의해 나타나는 체계적·규칙적으로 진행되는 변화를 말한다.
   > ㄷ. 사회화는 개인이 자기가 속한 사회구성원으로서 자연스럽게 동화되어 가는 과정을 말한다.
   > ㄹ. 학습은 특수한 경험, 훈련, 연습과 같은 외부 자극이나 조건, 즉 환경에 의해 개인이 변하는 것을 말한다.

   ① ㄱ
   ② ㄴ, ㄷ
   ③ ㄹ
   ④ ㄱ, ㄴ
   ⑤ ㄷ, ㄹ

3. **프로이트(S. Freud)의 정신분석이론의 방어기제에 관한 설명으로 옳은 것은?**
   ① 투사(projection): 무의식 속의 받아들여질 수 없는 생각, 욕구, 충동 등을 정반대의 것으로 표현하는 경우로 원래의 생각, 소원, 충동 등을 의식화하지 못하게 하는 것
   ② 동일시(identification): 자신이 용납할 수 없는 충동, 생각, 행동 등을 무의식적으로 다른 사람이 이러한 충동, 생각, 행동을 느끼거나 행한다고 믿는 것
   ③ 전치(displacement): 실제 어떤 대상에 대한 감정을 다른 대상을 상대로 표출하는 것
   ④ 보상(compensation): 자신의 언행 속에 숨어 있는 용납하기 힘든 충동이나 욕구에 대해 사회적으로 그럴듯한 설명이나 이유를 대는 것
   ⑤ 저항(resistance): 의식세계에서 받아들이기 힘든 성격의 일부가 자아의 지배를 벗어나 하나의 독립된 기능을 수행하는 것

4. 에릭슨(E. Erikson)의 심리사회적 발달단계에서 획득된 심리사회적 능력과 주요 관계의 연결이 옳지 않은 것은?
   ① 초기 아동기(18개월~3세, 자율성 대 수치심과 의심): 의지(력) – 부모
   ② 학령전기(3~6세, 주도성 대 죄의식): 목적 – 가족
   ③ 학령기(6~12세, 근면성 대 열등감): 능력, 유능성 – 이웃, 학교
   ④ 청소년기(12~20세, 자아정체감 대 역할혼란): 충성심, 성실성 – 또래집단
   ⑤ 성인기(24~65세, 생산성 대 침체): 사랑 – 우정, 애정의 대상

5. 아들러(A. Adler)의 개인심리이론에 관한 설명으로 옳지 않은 것은?
   ① 우월성을 추구하는 경향은 개인적 수준뿐 아니라 사회적 수준에서도 일어난다.
   ② 생활양식 유형 중 지배형은 독단적이고 공격적이며 활동적이지만, 사회적인 인식이나 관심은 거의 없다.
   ③ 한 개인의 가상적 목표를 이해하게 되면 그 개인의 다른 행동이 지니는 의미도 알 수 있고 생활양식도 이해할 수 있다.
   ④ 생활양식의 형성은 가족 내에서의 경험이 중요하다.
   ⑤ 개인이 잘 적응하지 못하거나 해결할 수 없는 문제에 직면했을 때 생기는 열등감으로 인해 인간의 문제행동이 발생한다고 보았다.

6. 융(C. Jung)의 분석심리이론에 관한 설명으로 옳은 것을 모두 고른 것은?

   > ㄱ. 개성화 기간 중 페르소나(persona), 그림자(shadow), 아니마(anima), 아니무스(animus)의 변화가 생긴다.
   > ㄴ. 자아의 정신기능에서 이성적 판단을 필요로 하지 않는 지각의 두 형태인 '사고'와 '감정'은 비합리적 기능이다.
   > ㄷ. 정신을 의식과 무의식으로 구분하고, 무의식은 개인무의식과 집단무의식이라는 두 개의 층으로 구성되어 있다고 보았다.
   > ㄹ. 콤플렉스(complex)는 특수한 종류의 감정으로 이루어진 무의식 속의 관념덩어리이다.

   ① ㄴ
   ② ㄱ, ㄴ
   ③ ㄷ, ㄹ
   ④ ㄱ, ㄷ, ㄹ
   ⑤ ㄱ, ㄴ, ㄷ, ㄹ

7. 다음 학자들의 인간관에 대한 설명으로 옳지 않은 것은?
   ① 융(C. Jung)의 인간관은 가변적 존재이며 전체적이고 자기실현적 인간관이다.
   ② 아들러(A. Adler)의 인간관은 합리적이고 사회적이며 원인론적 인간관이다.
   ③ 프로이트(S. Freud)의 인간관은 수동적이면서 동시에 투쟁적인 인간관이다.
   ④ 스키너(B. Skinner)는 환경결정론자이며, 반두라는 상호결정론자이다.
   ⑤ 매슬로우(A. Maslow)는 인간을 근본적으로 선하고 잠재력을 지닌 존재로 보았다.

8. 피아제(J. Piaget)의 인지발달이론에서 '전조작기'의 발달 특성으로 옳지 않은 것은?
   ① 조망수용 능력을 습득하게 된다.
   ② 사물에 대해 상징적 표상을 사용한다.
   ③ 자아중심성 때문에 다른 사람의 입장에서 사물을 볼 수 없다.
   ④ 관계의 또 다른 면을 상상하지 않고 한 방향에서만 생각하는 성향인 비가역성을 보인다.
   ⑤ 보존개념을 어렴풋이 이해하기 시작하지만 아직 획득하지 못한 단계이다.

9. 스키너의 강화계획에서 반응 빈도의 지속성이 가장 낮은 경우에서 가장 높은 경우를 순서대로 나열한 것은?

ㄱ. 고정간격 강화계획	ㄴ. 변동비율 강화계획
ㄷ. 변동간격 강화계획	ㄹ. 고정비율 강화계획

   ① ㄱ - ㄴ - ㄷ - ㄹ ② ㄱ - ㄴ - ㄹ - ㄷ
   ③ ㄱ - ㄷ - ㄴ - ㄹ ④ ㄱ - ㄷ - ㄹ - ㄴ
   ⑤ ㄷ - ㄱ - ㄴ - ㄹ

10. 반두라(A. Bandura)의 사회학습이론에 관한 설명으로 옳지 않은 것은?
    ① 인간의 주관성 및 능동성을 인정하는 상호작용론적 관점이다.
    ② 개인이 인지한 자기효능감에 따라 그 사람의 활동과 환경에 대한 선택 결과가 달라진다.
    ③ 모방한 행동을 상징적인 형태로 기억 속에 담는 것은 관찰학습 과정 중 '운동재생과정'에 해당한다.
    ④ 자기강화란 자신이 통제할 수 있는 보상을 자기 자신에게 줌으로써 자기 행동을 개선 또는 유지하는 과정이다.
    ⑤ 자기조정·규제는 수행과정, 판단과정, 자기반응과정으로 구성된다.

11. 매슬로우(A. Maslow)의 욕구이론의 욕구체계에 관한 설명으로 옳지 않은 것은?
    ① 매슬로우가 제시한 다섯 가지 욕구는 동시에 일어날 수 있다.
    ② 인간의 욕구는 강한 것에서부터 약한 것으로 위계를 가지며, 그 강도는 순서에 따라 위계적·계층적 단계로 배열된다.
    ③ 욕구체계 단계 중 자아실현의 욕구만 제2형태의 욕구에 해당된다.
    ④ 욕구체계 단계에서 상위 욕구일수록 충족비율이 상대적으로 낮다.
    ⑤ 생리적 욕구 - 안전의 욕구 - 소속과 애정의 욕구 - 자기존중의 욕구 - 자기실현의 욕구 순이다.

12. 다음의 내용이 설명하는 주요 개념은?

> 미미, 은지, 영지가 길을 가는데 큰 개가 접근한다. 미미는 그 개를 두려운 대상으로 지각했고, 은지는 대수롭지 않게 생각했고, 영지는 큰 개를 멋지다고 생각했다. 미미는 벌벌 떨며 은지 뒤로 숨었고, 은지는 그런 미미에게 "왜 그래?"하고 밀치며 그냥 앞으로 갔고, 영지는 큰 개에게 다가가 쓰다듬으려고 손을 내밀었다.

① 점성원리
② 우월성 추구
③ 콤플렉스
④ 현상학적 장
⑤ 관찰학습

13. 인본주의이론과 사회복지실천에 관한 설명으로 옳은 것을 모두 고른 것은?

> ㄱ. 클라이언트를 평가하거나 판단하지 않는 상태에서 있는 그대로 받아들인다.
> ㄴ. 체계적 둔감법, 타임아웃, 토큰경제 등의 기법을 주로 활용한다.
> ㄷ. 공감적 이해와 무조건적 긍정적 관심과 배려를 중요하게 생각한다.
> ㄹ. 치료자는 능동적이고 지시적인 역할을 수행한다.

① ㄴ, ㄷ
② ㄱ, ㄷ
③ ㄱ, ㄹ
④ ㄴ, ㄹ
⑤ ㄱ, ㄴ, ㄷ, ㄹ

14. 체계이론의 주요 개념에 관한 설명으로 옳지 않은 것은?
① 홀론(holon)은 하나의 체계는 상위체계에 속한 하위체계이면서 동시에 다른 것의 상위체계가 된다는 개념이다.
② 균형(equilibrium)은 개방체계 내에서 주위환경과 수직적인 상호작용을 하면서 활발하게 교류하는 상태이다.
③ 항상성(homeostasis)은 비교적 안정적이며 지속적인 균형상태를 유지하기 위한 체계의 속성이다.
④ 동등결과성과 다중종결성은 호혜성(reciprocity)의 원리와 관련된 개념이다.
⑤ 공유영역(interface)은 서로 다른 두 체계가 공통의 이익이나 관심을 추구하기 위해 필요하다.

15. 브론펜브레너(U. Bronfenbrenner)의 생태체계이론에 관한 설명이다. 빈칸의 내용으로 옳은 것은?

> • 개인의 특성과 성장시기에 따라 (ㄱ)는 달라진다. 예를 들어, 어릴 때는 가족이 (ㄱ)이지만 청소년기에는 더 큰 영향을 미치는 또래집단이 (ㄱ)가 될 수 있다.
> • 개인은 (ㄴ)에 직접 참여하지는 않지만 이러한 환경들은 인간행동에 여러 가지 영향을 미친다. 예를 들어, 어머니의 취업 여부에 따라 아동의 생활패턴이 달라지는 것도 (ㄴ)의 영향이라고 할 수 있다.

① ㄱ: 외(부)체계, ㄴ: 중간체계
② ㄱ: 미시체계, ㄴ: 외(부)체계
③ ㄱ: 중간체계, ㄴ: 외(부)체계
④ ㄱ: 미시체계, ㄴ: 중간체계
⑤ ㄱ: 중간체계, ㄴ: 미시체계

16. 집단의 유형과 그 예가 올바르게 연결된 것을 모두 고른 것은?

> ㄱ. 지지집단: 이혼한 부부의 자녀집단, 아동양육의 어려움을 함께 나누는 한부모집단
> ㄴ. 교육집단: 위탁가정의 부모가 되려는 집단, 특정 약물이나 질환에 대해 정보를 획득하는 집단
> ㄷ. 과업집단: 사회보장정책을 추진하기 위한 위원회, 지역사회복지를 위한 협의회
> ㄹ. 자조집단: 여성을 위한 의식고양 집단, 부부를 위한 참만남 집단

① ㄱ, ㄴ
② ㄷ, ㄹ
③ ㄱ, ㄷ
④ ㄴ, ㄹ
⑤ ㄱ, ㄴ, ㄷ

17. 베리(J. Berry)의 문화적응이론에 관한 설명으로 옳지 않은 것을 모두 고른 것은?

> ㄱ. 통합: 주류사회와 관계는 유지하지만 기존의 모국의 고유문화의 문화적 정체성과 특성을 포기
> ㄴ. 동화: 주류사회와의 관계를 유지하면서 동시에 고유문화의 문화적 정체성과 특성을 유지
> ㄷ. 분리: 주류사회와의 관계는 유지하지 않고 모국의 고유문화의 문화적 정체성과 특성을 유지
> ㄹ. 주변화: 주류사회와의 관계도 유지하지 않으며 동시에 모국의 고유문화의 문화적 정체성과도 접촉을 거부

① ㄱ, ㄴ
② ㄷ, ㄹ
③ ㄱ, ㄷ
④ ㄴ, ㄹ
⑤ ㄱ, ㄴ, ㄷ, ㄹ

18. 태아기에 관한 설명으로 옳지 않은 것은?
    ① 양수검사는 임산부의 복강을 통해 자궁에 바늘을 삽입하여 양수를 채취한다.
    ② 수정 후 2주인 배란기에는 태반과 연결된 탯줄을 통해 모체로부터 영양분과 산소를 공급받는다.
    ③ 임신초기인 1~3개월에는 원시적인 형태의 심장과 소화기관이 발달한다.
    ④ 임신중기인 4~6개월에는 손가락, 발가락, 피부, 지문, 머리털 등이 형성된다.
    ⑤ 융모생체표본검사는 임신 9~11주 사이에 가능하며, 염색체 이상이 의심되거나 35세 이상 임산부에게만 제한적으로 권고하는 검사이다.

19. 영아기(0~2세)의 발달에 관한 설명으로 옳지 않은 것은?
    ① 4~5개월경에 나타나는 옹알이는 영아에게 놀이의 기능을 하며, 이후 모국어 습득의 중요한 기제로 작용한다.
    ② 빨기반사, 젖찾기반사, 연하반사 등은 생존반사(survival reflexes)로 구분한다.
    ③ 혼란애착형은 불안정애착의 가장 심한 형태로 회피애착과 저항애착이 결합된 것이다.
    ④ 부분보다는 전체를, 움직이는 것보다는 정지된 물체를, 컬러보다는 흑백을, 곡선보다는 직선을 선호한다.
    ⑤ 모로반사는 생후 1주경에 시작되어 3~4개월 정도가 되면 사라진다.

20. 유아기(3~6세)의 발달 특성에 관한 설명으로 옳지 않은 것은?
    ① 수와 종류는 알지만 상위개념과 하위개념을 완전히 구별하지 못한다.
    ② 유아기의 아동은 외부의 권위를 포함하며 타인의 사회적 기대와 규칙을 내면화한다.
    ③ 정신적 표상에 의한 사고는 가능하나 아직 개념적 조작 능력은 발달하지 않은 상태이다.
    ④ 상징적 사고가 가능해짐으로써 가상놀이를 즐기게 된다.
    ⑤ 유아기에는 귀납적 추론이나 연역적 추론이 가능하다.

21. 아동기(7~12세)의 발달 특성에 관한 설명으로 옳지 않은 것은?
    ① 7세부터 10세까지는 타율적 도덕성과 자율적 도덕성이 함께 나타날 수 있다.
    ② 조합기술을 획득함으로써 덧셈이나 뺄셈과 같은 셈이 가능해진다.
    ③ 자기개념(self-concept), 자기존중감(self-esteem) 등 자기 자신에 대한 이해의 발달이 이뤄진다.
    ④ 동일성, 보상성, 역조작 사고가 가능하다.
    ⑤ 논리적으로 사고할 수 있으며, 이러한 논리를 언어나 가설적 문제에 적용할 수 있다.

22. 마르시아(J. Marcia)의 자아정체감이론에서 다음의 정체감 상태를 설명하는 개념은?

> 부모나 사회의 가치관을 자신의 것으로 그대로 선택하므로 정체감 위기도 경험하지 않고 쉽게 의사결정을 내린다. 다시 말해 정체감의 변화와 성장의 가능성을 차단하였다는 의미이다. 예를 들어 부모가 원하는 대로 살아가는 경우를 떠올릴 수 있다.

① 정체감 유실(identity foreclosure)
② 정체감 혼란(identity diffusion)
③ 정체감 성취(identity achievement)
④ 정체감 유예(identity moratorium)
⑤ 정체감 전념(identity commitment)

23. 장년기(30~64세)의 발달 특성에 관한 설명으로 옳지 않은 것은?
① 통합적 사고 능력이 가장 저하되는 시기이다.
② 생산성 대 침체기의 심리사회적 위기에 직면하게 된다.
③ 융(C. Jung)은 장년기에 남아 있는 무의식적인 성장 잠재력을 개발해야 한다고 했다.
④ 직업적 성취도가 최고조에 이를 가능성과 직업 전환을 해야 할 가능성이 공존하는 시기다.
⑤ 남녀는 각각 아니마(anima)와 아니무스(animus)와 같은 반대의 성적 측면을 나타낸다.

24. 노년기(65세 이상)의 발달 특성에 관한 설명으로 옳지 않은 것은?
① 감각능력의 감퇴나 결정에 대한 자신감의 결여로 확실한 것을 추구하려는 경향이 강해진다.
② 펙(R. Peck)은 노년기에 신체나 외모를 초월하여 만족스러운 사회적 관계나 창조적인 활동을 행함으로써 삶의 의미와 행복을 추구하는 것이 필요하다고 보았다.
③ 하비거스트(Havighurst)는 60세 이후 후기 성인기의 발달과업으로 행동지침을 통한 도덕체계 획득을 제시하였다.
④ 에릭슨(E. Erikson)은 노년기의 발달과업인 자아통합을 이루지 못하면 절망감을 느낀다고 보았다.
⑤ 분리이론에 의하면 노년기는 사회적·심리적으로 철회하는 선천적 경향을 지니고 있다.

25. 생애주기에 따른 주요 발달과업 및 개념의 연결이 옳지 않은 것은?
① 영아기(0~2세): 대상영속성, 정신적 표상
② 아동기(7~12세): 보존개념, 서열화
③ 청소년기(13~19세): 자아정체감, 심리적 이유기
④ 청년기(19~29세): 친밀감, 심리사회적 유예
⑤ 중장년기(30~64세): 생산성, 개성화

사회복지기초(사회복지조사론)

26. 과학철학에 관한 설명으로 옳지 않은 것은?
   ① 연역주의는 일반적인 전제로부터 특별한 사례들에 대한 결론을 도출하는 사고에 바탕을 두고 있다.
   ② 쿤(T. Kuhn)은 패러다임의 우열을 가릴 수 있는 객관적 기준이 존재한다고 보았다.
   ③ 반증주의는 추측과 반박을 통해 오류를 제거함으로써 가장 효과적으로 과학의 목적을 이룰 수 있다고 본다.
   ④ 논리실증주의는 경험적으로 검증될 수 있는 명제만이 유의미하다고 주장하며, 형이상학적인 명제를 배제한다.
   ⑤ 쿤(T. Kuhn)에 의하면 과학의 변화와 발전은 지식이 축적되는 누적적인 과정이 아니라 혁명적인 과정을 통해 성취된다.

27. 귀납법과 연역법에 관한 설명으로 옳은 것은?
   ① 귀납법과 연역법은 상호배타적인 관계이다.
   ② 연역법은 '이론 → 가설 → 조작화 → 관찰 → 검증'의 논리적 전개를 가진다.
   ③ 연역법은 경험의 세계에서 관찰된 사실들이 공통적인 유형으로 전개되는 것을 객관적인 수준에서 증명하는 것이다.
   ④ 귀납법은 연구주제를 '가설'의 형태로 만들어 실증적으로 증명할 수 있다는 가정에서 출발한다.
   ⑤ 귀납법에서 범할 수 있는 오류는 구성의 오류(fallacy of composition)이다.

28. 사회조사의 유형에 관한 설명으로 옳지 않은 것은?
   ① 탐색적 조사에는 문헌조사, 전문가 의견조사, 특례조사 등이 있다.
   ② 실험조사에서는 외생변수들을 의도적으로 통제하고 독립변수에 대한 조작이 이뤄진다.
   ③ 양적 조사는 대상의 속성을 계량적으로 표현하고 그들의 관계를 통계분석을 통해 밝혀낸다.
   ④ 표본조사란 조사대상이라고 생각되는 모든 부분, 즉 모집단 전체를 대상으로 조사하는 연구이다.
   ⑤ 패널조사의 특성상 조사하는 과정에서 초기 조사가 후기 조사의 반응에 영향을 미칠 수 있다.

29. 다음에서 설명하는 오류는?

> A사회복지관 사회복지사들의 경제수준이 B사회복지관 사회복지사들의 경제수준보다 높다는 조사결과가 나왔다. 이를 통해 A사회복지관이 B사회복지관보다 급여가 높다는 결론에 도달하였다.

① 체계적 오류
② 비체계적 오류
③ 개체주의적 오류
④ 생태학적 오류
⑤ 환원주의 오류

30. 통계적 가설검증에 관한 설명으로 옳지 않은 것은?
① 유의수준은 조사가설이 참이 아닌데 우연히 조사가설과 같은 연구결과가 나올 확률을 말한다.
② 제2종 오류가 증가하면 통계적 검정력은 감소한다.
③ 유의확률이 유의수준보다 낮으면 영가설이 기각된다.
④ p<.05의 유의수준은 제1종 오류가 있을 확률을 5% 미만이라고 할 수 있다.
⑤ 영가설이 거짓인데도, 이를 채택하는 오류를 제1종 오류라고 한다.

31. 매개변수를 활용한 가설에 해당하는 것은?
① 청소년의 인터넷 중독은 폭력성향에 영향을 미친다.
② 청소년의 인터넷 중독과 폭력성향은 밀접한 관계가 있다.
③ 청소년의 인터넷 중독은 고립감을 통하여 폭력성향에 영향을 미친다.
④ 청소년의 인터넷 중독이 폭력성향에 미치는 영향은 성별에 따라 다르다.
⑤ 청소년의 인터넷 중독의 정도가 비슷할 때 연령에 따라 폭력성향은 차이가 난다.

32. 다음과 같은 유형의 변수가 갖는 특징이 아닌 것은?

> 남한이 북한에 경제적인 지원을 하는 것에 대해 어떻게 생각하십니까?
> ① 적극 찬성   ② 대체로 찬성   ③ 보통   ④ 대체로 반대   ⑤ 적극 반대

① 비연속적 변수의 속성을 갖는다.
② 이산변수에 해당한다.
③ 순위비교가 가능하다.
④ 각 범주 간 차이가 측정 가능하다.
⑤ 각 범주는 상호 배타적이다.

33. 외적 타당도를 저해하는 요인으로 옳은 것은?
    ① 실험조사에 대한 반응성
    ② 편향된 선별
    ③ 실험대상자 상실
    ④ 개입의 확산
    ⑤ 인과관계의 모호성

34. 요인 설계에 관한 설명으로 옳은 것을 모두 고른 것은?

    ┌───┐
    │ ㄱ. 독립변수가 두 개 이상일 때 적용되는 설계이다.   │
    │ ㄴ. "A는 B와 C에 의해 영향 받을 것이다"와 같은 가설에 적용된다. │
    │ ㄷ. 조사결과의 일반화 가능성이 높다.   │
    │ ㄹ. 고려해야 할 독립변수의 수가 많은 경우에는 시간과 비용 면에서 비효율적이다. │
    └───┘

    ① ㄱ, ㄴ, ㄷ   ② ㄱ, ㄷ
    ③ ㄴ, ㄹ   ④ ㄹ
    ⑤ ㄱ, ㄴ, ㄷ, ㄹ

35. 솔로몬 4집단 설계에 관한 설명으로 옳지 않은 것은?
    ① 검사효과를 통제할 수 있다.
    ② 주시험효과, 상호작용시험효과를 배제하여 개입의 순수한 주효과를 밝힐 수 있다.
    ③ 순수실험설계에 속한다.
    ④ 무작위 할당이 이루어지지 않으므로 실험집단과 통제집단이 이질적일 가능성이 크다.
    ⑤ 4개의 집단을 무작위로 선정하는 어려움과 복잡성으로 현실적으로 이용하는 데 어려움이 있다.

36. 단일사례설계의 개입효과에 관한 설명으로 옳지 않은 것은?
    ① 단일사례설계의 개입 평가 기준에는 변화의 파동, 변화의 경향, 변화의 수준이 있다.
    ② 경향선 접근법은 기초선이 비교적 안정적이고 수치화하는 것이 가능할 경우 사용한다.
    ③ 시각적 유의성은 개입이 도입되거나 중단된 후에 표적행동의 수준과 경향의 변화가 그래프에서 시각적으로 나타나 있는가를 분석한다.
    ④ 평균비교법은 기초선단계의 평균값과 개입단계의 평균값을 비교하는 방법이다.
    ⑤ 개입을 통해 나타난 변화의 크기가 실천적 의미에서 볼 때 과연 개입의 정당성을 보장할 수 있는지에 대한 질문이 실용적 분석에서 주어진다.

37. 다음 변수의 측정 수준이 바르게 짝지어진 것은?

> ㄱ. 기초연금 대상 노인들의 소득(월 ○○만원)
> ㄴ. 외국인 노동자 거주지역의 생활 수준(상, 중, 하)
> ㄷ. 비정규직 노동자의 4대 보험 가입률(○○%)
> ㄹ. 장애인의 장애유형(지체장애인, 시각장애인 등)

① ㄱ: 서열변수, ㄴ: 명목변수, ㄷ: 서열변수, ㄹ: 등간변수
② ㄱ: 서열변수, ㄴ: 명목변수, ㄷ: 등간변수, ㄹ: 등간변수
③ ㄱ: 비율변수, ㄴ: 서열변수, ㄷ: 비율변수, ㄹ: 명목변수
④ ㄱ: 등간변수, ㄴ: 서열변수, ㄷ: 등간변수, ㄹ: 서열변수
⑤ ㄱ: 비율변수, ㄴ: 명목변수, ㄷ: 비율변수, ㄹ: 명목변수

38. 측정의 신뢰도와 타당도에 관한 설명으로 옳지 않은 것은?
① 측정할 때마다 항상 3kg이 더 가볍게 측정된다면 이 체중계는 타당도는 높지만 신뢰도가 낮다.
② 크론바하의 알파계수는 단일한 신뢰도계수를 산출할 수 있다.
③ 구성타당도는 통계분석방법 중에서 요인분석을 통해 검토할 수 있다.
④ 신뢰도는 타당도의 필요조건이지만 충분조건은 아니다.
⑤ 반분법은 측정문항의 수가 적은 경우에 사용할 수 없다는 단점이 있다.

39. 다음 빈칸에 들어갈 알맞은 타당도는?

> 이타심을 측정한 척도 A의 측정치가 (이타심과 개념적으로 유사한) 자선행위를 측정한 척도 B의 측정치와 일치한다면 척도 A는 (ㄱ)타당도가 있다고 볼 수 있으며, (이타심과 구별되는) 이기심을 측정한 척도 C의 측정치와는 구별된다면 척도 A는 (ㄴ)타당도가 있다고 볼 수 있다.

① ㄱ: 내용, ㄴ: 예측
② ㄱ: 내용, ㄴ: 동시
③ ㄱ: 수렴, ㄴ: 예측
④ ㄱ: 수렴, ㄴ: 판별
⑤ ㄱ: 판별, ㄴ: 예측

40. 측정 시 나타날 수 있는 체계적 오류에 관한 설명으로 옳지 않은 것은?
   ① 인구통계학적 또는 사회경제적인 특성으로 인해 일정 방향으로 오류가 나타날 수 있다.
   ② 체계적 오류가 있을 경우에 척도는 반복해서 측정하여도 그 측정의 값이 달라지는 건 아니지만, 참값을 측정할 수는 없다.
   ③ 고정반응(acquiescent response set)은 체계적 오류를 발생시킨다.
   ④ 어떤 요인이 변수에 일정하게 영향을 주어, 측정 결과가 모두 높아지거나 모두 낮아지게 되는 규칙을 보인다.
   ⑤ 측정도구에 대한 사전 교육이 충분하지 않을 때 체계적 오류가 발생한다.

41. 다음에 해당하는 척도에 관한 설명으로 옳은 것은?

척도문항	응답				
	전혀 아니다 1	아니다 2	보통이다 3	그렇다 4	매우 그렇다 5
1. 숟가락을 사용하여 음식을 흘리지 않고 혼자 먹는다.					
2. 도와주지 않아도 컵으로 물을 흘리지 않고 마신다.					
3. 낮이나 밤이나 대소변을 혼자서 모두 잘 가린다.					
4. 얼굴을 비누와 수건으로 혼자서 잘 닦고 씻는다.					
5. 혼자서 잘 걷는다.					

   ① 사회적 거리감을 측정하기 위한 척도로 주로 쓰인다.
   ② 서열척도에 해당한다.
   ③ 주관적인 개념 측정에 용이하다는 장점이 있으며, 비교적 적은 수의 문항으로 신뢰도를 확보할 수 있다.
   ④ 어떤 사실에 대하여 가장 긍정적인 태도와 가장 부정적인 태도를 나타내는 양 극단을 등간적으로 구분하여, 여기에 수치를 부여한다.
   ⑤ 하나의 개념을 측정하기 위해 여러 문항들을 이용하는 척도로서, 각 문항에 가중치를 부여한다.

42. '65세 이상 고령 여성의 노동 경험 인식과 그 맥락에 관한 연구'를 진행할 때, 일반적으로 사용되는 표집방법으로 묶인 것은?
   ① 예외사례표집법, 체계적 표집법, 할당표집법
   ② 집락표집법, 기준표집법, 최대변화량 표집법
   ③ 동질적 표집법, 결정적 사례 표집법, 예외사례표집법
   ④ 이론적 표집법, 단순무작위표집법, 준예외사례 표집법
   ⑤ 1사례(one case)표집법, 눈덩이표집법, 층화표집법

43. 표본추출과정을 순서대로 올바르게 나열한 것은?

ㄱ. 표집크기 결정	ㄴ. 표본추출
ㄷ. 표집방법 결정	ㄹ. 모집단 확정
ㅁ. 표집틀 선정	

   ① ㄹ → ㅁ → ㄷ → ㄱ → ㄴ
   ② ㄹ → ㄷ → ㅁ → ㄱ → ㄴ
   ③ ㄹ → ㄱ → ㅁ → ㄴ → ㄷ
   ④ ㅁ → ㄹ → ㄷ → ㄴ → ㄱ
   ⑤ ㅁ → ㄷ → ㄹ → ㄱ → ㄴ

44. 확률이론에 근거한 표본평균들의 표집분포에 관한 설명으로 옳은 것을 모두 고른 것은?

   ㄱ. 표집분포의 평균과 모집단의 평균은 동일하다.
   ㄴ. 표본크기가 증가할수록 표집분포는 정규분포에 가깝게 된다.
   ㄷ. 표준오차는 표본의 크기가 커짐에 따라 표본크기의 제곱근에 반비례하여 증가한다.
   ㄹ. 정규분포곡선은 평균과 중앙값, 최빈치가 분포의 중앙에 일치한다.

   ① ㄱ, ㄴ
   ② ㄷ, ㄹ
   ③ ㄴ, ㄷ
   ④ ㄱ, ㄹ
   ⑤ ㄱ, ㄴ, ㄹ

45. 설문지 질문의 형태와 응답범주에 관한 설명으로 옳지 않은 것은?
    ① 개방형 질문은 자료의 분석 및 해석에 많은 시간이 소요된다.
    ② 서열형 질문은 일련의 응답범주들에 대한 중요성, 선호나 우선순위 등에 따른 순서에 따라 선택하는 질문이다.
    ③ 폐쇄형 질문은 주어진 응답범주가 응답자의 생각과 달라서 응답하기 곤란한 경우도 있다.
    ④ 행렬식 질문은 응답하는 데 오랜 시간이 걸리지만 고정반응이 발생하지 않는다는 장점이 있다.
    ⑤ 다항선택형 질문에는 "기타"라는 범주도 포함시키는 것이 좋다.

46. 서베이(survey) 유형별 장단점의 비교 설명으로 옳은 것은?
    ① 대인면접법은 우편설문법에 비해 응답자가 시간적 여유를 갖고 응답할 수 있다.
    ② 자기기입식 설문조사는 대인면접법에 비해 응답자의 익명성이 보장되지 않으며, 응답자의 부담이 크다.
    ③ 대인면접법과 인터넷조사는 응답자가 지리적으로 광범위하게 분포되어 있어도 응답이 가능한 장점이 있다.
    ④ 우편설문법과 대인면접법은 모두 대리응답 여부를 확인할 수 있다.
    ⑤ 우편설문법에 비해 대인면접법은 응답환경에 대한 통제와 구조화가 용이하다.

47. 2차 자료분석에 관한 설명으로 옳은 것을 모두 고른 것은?

    > ㄱ. 기존 자료의 신뢰성에 문제가 있을 수 있다.
    > ㄴ. 연구자가 관련 변수를 통제하기 어렵다.
    > ㄷ. 자료수집과정에서 조사대상자의 반응성으로 인해 발생하는 오류를 피할 수 있다.
    > ㄹ. 설문조사에 비해 상대적으로 비용이 적게 들며, 자료수집에 소요되는 시간과 노력을 줄일 수 있다.

    ① ㄱ, ㄴ ② ㄷ, ㄹ
    ③ ㄴ, ㄹ ④ ㄱ, ㄷ
    ⑤ ㄱ, ㄴ, ㄷ, ㄹ

48. 평가조사에 관한 설명으로 옳은 것은?
   ① 총괄평가는 프로그램 운영 도중에 프로그램의 개선과 발전을 위해 이뤄지는 평가이다.
   ② 효과성 평가란 비용최소화와 산출극대화를 평가하는 것이다.
   ③ 프로그램 평가의 기준 중 합법성(legitimacy)은 현실적으로 적합한 범위 내에서 프로그램이 계획되고 운영되는가를 기준으로 평가한다.
   ④ 비용-효과분석은 모든 비용과 편익을 화폐로 환산함으로써 서로 다른 목표를 갖는 프로그램까지도 비교할 수 있다.
   ⑤ 평가조사는 수혜자 욕구에 적극 부응하여 수혜자 중심적인 운영을 꾀할 수 있다.

49. 질적 연구의 유형에 관한 내용으로 옳지 않은 것은?
   ① 근거이론은 조사자가 미리 어떤 이론을 설정하고 조사를 시작하므로 기존에 이론적 기반이 갖추어진 분야를 연구하는 데 적합하다.
   ② 문화기술지는 연구자가 오랜 기간 대상자와 함께 생활하면서 관찰대상자의 관점에서 특정 집단의 문화를 이해하는 방법이다.
   ③ 현상학은 실제 그 사회현상을 경험한 사람들의 경험이 드러내는 본질을 이해함으로써 사회현상의 원리를 이해하고자 한다.
   ④ 참여행동연구는 연구대상자들에게 연구의 목적과 절차에 대한 통제권이 주어진 사회조사의 한 접근방법이다.
   ⑤ 내러티브 탐구는 개인의 인생을 탐색하는 데 초점을 두는 질적 탐구전략이다.

50. 다음의 내용과 근거이론의 분석방법이 올바르게 짝지어진 것은?

   - (ㄱ)은 자료를 통해 현상에 이름을 붙이고 개념을 도출하고 범주화하는 단계이다. 즉, 확보된 자료를 전사한 후, 각 의미 단위마다 속성과 차원에 따라 '명명'하는 과정이다.
   - (ㄴ) 과정은 코딩 패러다임 혹은 논리적 다이어그램을 사용해서 제시되는데, 연구자는 중심현상, 인과적 조건, 상호작용 전략을 확인·구체화하고, 맥락적 조건, 중재적 조건을 확인하며 이 현상의 결과를 묘사한다.
   - (ㄷ)은 코딩의 마지막 단계로서 모든 범주의 유형을 통합시키고 정교화하여 이후 새로운 이론을 생성하고, 이를 도식화하기 위한 과정이다.

   ① ㄱ: 선택코딩, ㄴ: 축코딩, ㄷ: 개방코딩
   ② ㄱ: 축코딩, ㄴ: 선택코딩, ㄷ: 개방코딩
   ③ ㄱ: 축코딩, ㄴ: 개방코딩, ㄷ: 선택코딩
   ④ ㄱ: 개방코딩, ㄴ: 축코딩, ㄷ: 선택코딩
   ⑤ ㄱ: 개방코딩, ㄴ: 선택코딩, ㄷ: 축코딩

2026년도 제24회 사회복지사1급 국가시험 대비
FINAL 모의고사 3회

교시	문제형별	시간	시험과목 및 시험영역
2교시	A	75분	**사회복지실천** ① 사회복지실천론 ② 사회복지실천기술론 ③ 지역사회복지론

수험번호		성 명	

【 수험자 유의사항 】

1. 시험문제지는 **단일 형별(A형)**이며, 답안카드 형별 기재란에 표시된 형별(A형)을 확인하시기 바랍니다. 시험문제지의 **총면수, 문제번호 일련순서, 인쇄상태** 등을 확인하시고, 문제지 표지에 수험번호와 성명을 기재하시기 바랍니다.

2. 답은 각 문제마다 요구하는 **가장 적합하거나 가까운 답 1개**만 선택하고, 답안카드 작성 시 시험문제지 **마킹착오**로 인한 불이익은 전적으로 **수험자에게 책임**이 있음을 알려 드립니다.

3. 답안카드는 국가전문자격 공통 표준형으로 문제번호가 1번부터 125번까지 인쇄되어 있습니다. 답안 마킹 시에는 반드시 **시험문제지의 문제번호와 동일한 번호**에 마킹하여야 합니다.

4. **감독위원의 지시에 불응하거나 시험기간 종료 후 답안카드를 제출하지 않을 경우** 불이익이 발생할 수 있음을 알려 드립니다.

5. 시험문제지는 시험 종료 후 가져가시기 바랍니다.

사회복지 전문출판 **나눔의집**

해당 모의고사는 저작권법에 의하여 보호를 받는 저작물이므로 무단전재와 복제를 금합니다.

각 문제에서 요구하는 가장 적합한 답 1개만을 고르시오.

사회복지실천(사회복지실천론)

1. 사회복지실천에 관한 설명으로 옳지 않은 것은?
   ① 궁극적인 목적은 인간의 삶의 질 향상에 있지만 이는 사회변화에 따라 달라질 수 있다.
   ② 클라이언트의 역기능을 치료하는 것뿐만 아니라 역기능 발생의 예방에도 초점을 둔다.
   ③ 과학적이고 체계적인 지식과 기술을 바탕으로 한다는 점에서 자선이나 박애와는 다르다.
   ④ 클라이언트에게 직접 서비스를 제공하기도 하지만 사회행동 등의 간접 개입도 이루어진다.
   ⑤ 실천기술에 대한 이해뿐만 아니라 실천기술을 적절히 적용할 수 있는 예술성도 요구된다.

2. 사회복지사가 사회복지실천 과정에서 경험하게 되는 갈등 상황과 관련하여 옳은 것을 모두 고른 것은?

   > ㄱ. 슈퍼비전, 사례회의 등에 따른 클라이언트의 정보공개는 비밀보장의 원칙에 어긋나기 때문에 클라이언트가 알지 못하도록 해야 한다.
   > ㄴ. 가족의 문제가 복합적으로 나타날 때 무엇을 우선시 할 것인가와 관련해 로웬버그와 돌고프가 제시한 윤리원칙을 준거틀로 삼을 수 있다.
   > ㄷ. 클라이언트의 자기결정권과 인간의 생명보호라는 가치 사이에서 결정을 내려야 하는 경우 결과의 모호성 때문에 갈등하게 된다.
   > ㄹ. 기관에서 예산 부족으로 서비스 제공 횟수를 제한할 때 클라이언트에게 서비스가 지속되지 못함에 대한 의무 상충을 느낄 수 있다.

   ① ㄱ, ㄷ
   ② ㄴ, ㄹ
   ③ ㄱ, ㄴ, ㄷ
   ④ ㄴ, ㄷ, ㄹ
   ⑤ ㄱ, ㄴ, ㄷ, ㄹ

3. 로웬버그와 돌고프가 제시한 다음의 윤리원칙을 우선순위가 높은 순서부터 낮은 순서대로 나열한 것은?

   > ㄱ. 삶의 질 향상의 원칙   ㄴ. 비밀보장의 원칙
   > ㄷ. 최소 손실의 원칙   ㄹ. 자기결정의 원칙

   ① ㄱ - ㄷ - ㄹ - ㄴ
   ② ㄱ - ㄹ - ㄴ - ㄷ
   ③ ㄴ - ㄱ - ㄷ - ㄹ
   ④ ㄷ - ㄹ - ㄴ - ㄱ
   ⑤ ㄹ - ㄷ - ㄱ - ㄴ

4. 한국 사회복지사 윤리강령의 내용 중 사회복지사의 동료에 대한 윤리기준으로 옳은 것은?
   ① 사회복지사는 사회복지 전문직의 이익과 권익을 증진시키기 위해 동료 사회복지사와 정당한 경쟁을 펼쳐야 한다.
   ② 사회복지사는 긴급한 사정으로 인해 동료의 클라이언트를 맡게 된 경우, 자신의 의뢰인처럼 관심을 갖고 서비스를 제공한다.
   ③ 사회복지사는 기관의 정책과 사업 목표의 달성, 효율성과 효과성의 증진을 위해 노력함으로써 클라이언트에게 이익이 되도록 해야 한다.
   ④ 사회복지사는 다른 구성원의 비윤리적 행위를 알게 된 때에는 해당 지역 시·군·구청장에 알려야 한다.
   ⑤ 사회복지사는 슈퍼바이저의 전문적 지도와 조언을 존중해야 하며, 슈퍼바이저는 사회복지사의 전문적 업무수행을 도와야 한다.

5. 사회복지실천의 발달과 관련한 설명으로 옳은 것을 모두 고른 것은?

   > ㄱ. 19세기 후반에 나타난 인보관운동은 집단사회복지실천의 발달에 영향을 미쳤다.
   > ㄴ. 1929년 밀포드(Milford) 회의를 통해 역량강화를 기반으로 한 실천이 강조되었다.
   > ㄷ. 전통적인 3대 방법론은 통합적 방법론이 발달하면서 1970년대 사례관리로 통합되었다.
   > ㄹ. 1950년대 펄만(Perlman)의 문제해결모델은 진단주의와 기능주의의 대립을 종식시켰다.

   ① ㄱ, ㄹ
   ② ㄴ, ㄷ
   ③ ㄱ, ㄴ, ㄹ
   ④ ㄴ, ㄷ, ㄹ
   ⑤ ㄱ, ㄴ, ㄷ, ㄹ

6. 인보관운동에 관한 설명으로 옳지 않은 것은?
   ① 산업화, 도시화로 인해 빈곤 문제가 발생되었다고 인식했다.
   ② 우애방문원의 활동을 통해 집단사회사업으로 발전하게 되었다.
   ③ 빈민 지역에 함께 거주하면서 생활환경 개선에 힘썼다.
   ④ 다양한 교육을 통해 빈민들의 역량을 강화하고자 했다.
   ⑤ 자선 활동만으로는 빈곤 해결이 불가능하다는 전제를 가졌다.

7. 실천현장의 분류에 있어 다음에 제시된 기관이 해당하는 것을 모두 고른 것은?

지역사회를 기반으로 일정한 시설과 전문인력을 갖추고 지역주민의 참여와 협력을 통하여 지역사회의 복지문제를 예방하고 해결하기 위하여 종합적인 복지서비스를 제공하는 시설이다.

   ㄱ. 직접 서비스 기관　　　　　　ㄴ. 생활시설
   ㄷ. 1차 현장　　　　　　　　　　ㄹ. 공공기관

   ① ㄱ, ㄷ
   ② ㄴ, ㄹ
   ③ ㄱ, ㄴ, ㄹ
   ④ ㄴ, ㄷ, ㄹ
   ⑤ ㄱ, ㄴ, ㄷ, ㄹ

8. PIE(Person In Environment) 분류체계에 대한 설명으로 옳은 것을 모두 고른 것은?

   ㄱ. 정신건강 문제: 현재 클라이언트의 정신적, 성격적, 발달상의 장애 등을 표시한다.
   ㄴ. 사회적 기능 수행상 문제: 현재 클라이언트의 신체적 상태 및 장애를 표시한다.
   ㄷ. 환경상의 문제: 현재 클라이언트를 둘러싼 환경적 조건 등을 표시한다.
   ㄹ. 가족관계상의 문제: 현재 클라이언트에게 영향을 미친 가족문제를 표시한다.

   ① ㄱ, ㄷ
   ② ㄴ, ㄹ
   ③ ㄱ, ㄴ, ㄷ
   ④ ㄱ, ㄷ, ㄹ
   ⑤ ㄴ, ㄷ, ㄹ

9. 문제해결모델에 관한 설명으로 옳지 않은 것은?
   ① 사회복지실천은 문제를 정확하게 진단하여 해결해주는 과정이다.
   ② 인간의 삶 자체를 문제를 해결해나가는 지속적인 과정으로 보았다.
   ③ 문제의 원인은 문제를 해결해가는 태도가 잘못되었기 때문이라고 보았다.
   ④ 문제해결과정을 문제, 사람, 장소, 과정 등 4가지 요소로 설명하였다.
   ⑤ 자아심리학, 실용주의 철학, 역할이론 등에 영향을 받았다.

10. 다음 사례에서 사회복지실천의 구성체계가 잘못 제시된 것은?

> 우울증으로 힘들어하는 장여진 씨(27세)는 동네 반장님의 소개로 A복지관의 사회성 증진집단상담 프로그램에 참여하게 되었다. 장여진 씨는 집단상담 과정에서 엄마가 매일 "약이 나 챙겨 먹어!"라며 자신을 환자 취급할 때마다 더 우울해진다고 하였다. 이에 A복지관의 성영재 사회복지사는 인근 정신건강복지센터에서 실시하는 우울증 환자 가족교육 프로그램을 어머니에게 소개하고 연계하여 우울증에 대한 바른 이해를 촉진함으로써 장여진 씨의 치유효과가 증진될 수 있도록 하였다.

① 표적체계: 장여진 씨
② 전문체계: 정신건강복지센터
③ 의뢰체계: 동네 반장님
④ 변화매개체계: A복지관의 성영재 사회복지사
⑤ 행동체계: 장여진 씨의 어머니

11. 강점관점에 기반한 사회복지사의 실천으로 옳지 않은 것은?
① 클라이언트가 현재 상황을 극복하는 데에 필요한 힘을 사정한다.
② 클라이언트가 호소하는 문제가 성장의 기회일 수 있음을 전제한다.
③ 클라이언트가 제공한 자료를 바탕으로 전문적인 진단을 제공한다.
④ 클라이언트가 가진 잠재력과 가능성에 대해 긍정적으로 표현한다.
⑤ 클라이언트가 사회복지사와 협력적 관계를 맺을 수 있도록 한다.

12. 사례관리에 관한 설명으로 옳은 것은?
① 제공 기관의 축소로 중복 제공을 조정할 필요성이 제기되었다.
② 클라이언트의 욕구에 대한 세분화된 전략이 요구되며 등장했다.
③ 지역사회보호가 적절히 이루어지지 못함에 따라 강조되었다.
④ 클라이언트의 권리를 옹호하기 위한 역할을 포함한다.
⑤ 클라이언트의 자율성이 저해될 수 있다는 비판을 받는다.

13. 다음에서 나타난 사례관리자의 역할이 아닌 것은?

> 사례관리자는 기관 이용자의 요청으로 황미경 씨를 만났다. 황미경 씨는 지난 여름 폭우로 수해를 입어 개업한 지 8개월쯤 된 가게 문을 닫게 되었다. 폐업한 후 언제부터인지 팔을 제대로 쓰기 어려웠고 밖에 나간 기억이 거의 없는 것 같다고 했다. 집안은 배달 음식물 쓰레기와 술병들이 뒤엉켜 있었다.
> 사례관리자는 사례팀을 꾸려 회의를 진행하였다. 우선 자원봉사 단체를 통해 청소 서비스를, 기관과 연계된 반찬가게의 도움으로 주 2회 반찬을 제공하기로 했고, 기관 내 보건의료 지원사업에 따라 팔을 긴급히 치료받을 수 있도록 했다. 심리상담사와 심리검사 및 상담일정에 대해 이야기 나누는 한편 지역자활센터 및 행정복지센터를 통해 황미경 씨가 받을 수 있는 서비스를 찾아보기로 했다.

① 계획자
② 중개자
③ 사정자
④ 조정자
⑤ 평가자

14. 클라이언트가 보이는 양가감정에 관한 설명으로 옳지 않은 것은?
① 사회복지사에게 드러내는 저항의 한 형태이다.
② 변화를 원하는 마음과 원치 않는 마음이 공존하는 것이다.
③ 참여에 소극적인 경우 그 원인이 양가감정일 수 있다.
④ 비자발적 클라이언트에게서만 나타나는 것은 아니다.
⑤ 양가감정을 있는 그대로 수용해주는 것이 필요하다.

15. 원조과정에서 사회복지사의 자세로 옳은 것을 모두 고른 것은?

> ㄱ. 사회복지사는 기관의 가치보다 자신이 추구하는 가치를 우선시함으로써 개별화의 원칙을 준수한다.
> ㄴ. 사회복지사는 클라이언트가 보이는 비관적이고 무기력한 태도가 저항에 따른 것인지를 살펴봐야 한다.
> ㄷ. 사회복지사는 클라이언트가 침묵할 때에 이야기를 재촉하기보다는 그 침묵을 기다릴 줄 알아야 한다.
> ㄹ. 사회복지사는 클라이언트가 심한 역전이를 보일 때 다른 사회복지사나 기관에 의뢰를 고려해야 한다.

① ㄱ, ㄹ
② ㄴ, ㄷ
③ ㄱ, ㄴ, ㄹ
④ ㄴ, ㄷ, ㄹ
⑤ ㄱ, ㄴ, ㄷ, ㄹ

16. 비에스텍(Biestek)이 제시한 관계의 기본원칙에 관한 설명으로 옳은 것은?
    ① 비밀보장: 윤리강령 및 사회복지사업법에 규정된 비밀보장에 관한 의무 및 예외 상황에 관한 조항을 따라야 한다.
    ② 개별화: 클라이언트의 MBTI를 분석하여 어떤 성향의 사람인지를 유형화하여 예상되는 대인관계상의 문제점을 살펴본다.
    ③ 자기결정: 인간은 누구나 자신의 삶을 선택할 권리가 있으므로 클라이언트가 가진 자기결정 능력의 유무를 판단해서는 안 된다.
    ④ 의도적 감정표현: 클라이언트가 자신의 부정적인 감정을 표출하는 것에 대해 지지해주면서 과도한 해석은 자제하도록 한다.
    ⑤ 수용: 클라이언트가 진정으로 변화를 위해 노력할 준비가 되어 있을 때에 클라이언트를 받아들이고 계약을 진행해야 한다.

17. 사회복지실천 면접에 관한 설명으로 옳은 것은?
    ① 사회복지사는 사적인 질문에 대해 답변하지 않음을 분명히 해야 한다.
    ② 비자발적 클라이언트에 대해서는 도전, 해석 등을 통해 관계를 형성한다.
    ③ 관찰은 초기단계에서 클라이언트의 행동적 특징을 파악하기 위한 것이다.
    ④ 질문이 너무 적으면 클라이언트는 자신에게 관심 없다고 느낄 수 있다.
    ⑤ 클라이언트가 받아들이기 힘들어하는 해석은 꾸준히 반복해야 한다.

18. 남편의 외도 문제를 호소하는 클라이언트와의 면접 과정에서 다음에 해당하는 면접기술은?

    > 사회복지사: ㄱ. 지난 시간에 남편의 외도를 알게 된 걸 남편은 아직 모르고 있다고 하셨고, 이 얘기를 꺼낼지 말지 고민 중이라고 하셨는데요.
    > 클라이언트: 하... 주말에 얘기를 했어요. 했는데. 되려 저한테 이혼하면 되는 거 아니냐고... 내가 그동안 혼자 끙끙 거리면서 얘기를 할지 말지 고민했던 게 우스워서 화도 안 나더라구요.
    > 사회복지사: ㄴ. 그럼 이혼 얘기가 진행되고 있는 건가요?
    > 클라이언트: 아니요. 아예 대화 자체를 안 하고 있어요...
    > (ㄷ. 클라이언트가 주먹을 불끈 쥐고 말을 잇지 못해 잠시 시간을 주었다.)

    ① ㄱ: 환언하기　　ㄴ: 개방형 질문　　ㄷ: 해석
    ② ㄱ: 요약하기　　ㄴ: 유도형 질문　　ㄷ: 관찰
    ③ ㄱ: 요약하기　　ㄴ: 폐쇄형 질문　　ㄷ: 관찰
    ④ ㄱ: 명료화하기　ㄴ: 개방형 질문　　ㄷ: 경청
    ⑤ ㄱ: 명료화하기　ㄴ: 폐쇄형 질문　　ㄷ: 경청

19. 다음 사례에서 클라이언트에 대해 수집해야 할 자료로 옳지 않은 것은?

> 강영준(47세, 남, 미혼) 씨는 자신이 갱년기 우울증 같다고 했다. 3년 전 부쩍 건강이 나빠진 부모님을 위해 댁 근처로 이사를 했고, 이후 출퇴근이 힘들어 9개월 전쯤 이직을 했는데 지금 회사에서 견제 아니면 따돌림을 당하는 것 같다고 했다. 요즘 매일 저녁마다 혼자 술을 먹는다고 했다.

① 부모님 및 형제, 자매와의 관계
② 문제해결에 도움이 될 만한 개입방식
③ 현재와 유사한 과거의 경험 및 대처방식
④ 친밀하게 지내는 사람들과의 관계
⑤ 클라이언트에 대한 사회복지사의 느낌

20. 클라이언트를 타 기관으로 의뢰할 때 고려할 사항으로 옳은 것을 모두 고른 것은?

> ㄱ. 기관의 서비스가 클라이언트의 문제를 해결하기에 적절하지 않을 때 고려한다.
> ㄴ. 접수과정에서의 의뢰는 클라이언트에 대한 거부일 수 있기 때문에 제한된다.
> ㄷ. 클라이언트에게 의뢰될 기관의 위치, 받게 될 서비스 등에 대한 정보를 제공한다.
> ㄹ. 클라이언트의 문제가 심각한 수준일 때에는 동의가 없어도 의뢰를 진행해야 한다.

① ㄱ, ㄷ
② ㄴ, ㄹ
③ ㄱ, ㄴ, ㄷ
④ ㄴ, ㄷ, ㄹ
⑤ ㄱ, ㄴ, ㄷ, ㄹ

21. 사정을 위해 사용되는 도구에 관한 설명으로 옳은 것은?
① 사회적 관계망표는 클라이언트의 환경 내에 중요한 인물들을 표로 정리한다.
② 생활주기표는 가족 성원마다 각각의 생애사건을 정리하여 살펴본다.
③ 소시오그램은 가족 성원들 간의 관계 및 상호작용을 도식화하여 표현한다.
④ 가계도는 가족의 문제를 체계적으로 이해하기에는 적합하지 않다.
⑤ 생태도는 환경과의 관계를 사정하는 도구로 개입 중간에 작성해서는 안 된다.

22. 사정단계에 관한 설명으로 옳은 것은?
① 사회복지사의 전문적 시각에서 문제를 규명해내는 과정이다.
② 사정을 통해 클라이언트를 완전하게 이해할 수 있도록 한다.
③ 클라이언트의 수직적 정보보다 수평적 정보에 초점을 둔다.
④ 클라이언트의 이야기는 모두 사실로 받아들여야 한다.
⑤ 클라이언트가 자신의 문제를 어떻게 보는지는 사정 대상이 아니다.

23. 다음 상황에서 사회복지사가 사용한 면접 기술은?

> 클라이언트는 새로운 회사에 취직을 하게 되었는데, 이전에 다니던 직장과 조직의 분위기가 달라 적응에 어려움을 호소하고 있다.
>
> 클라이언트: 이전 회사에서는 매주, 매달 전체 정기회의도 있고 매주 부서회의도 있고 틈만 나면 회의하자고 불러서 일하는 데 흐름도 끊기고 준비할 것도 많고 정리할 것도 많았어요. 근데 또 지금 회사에서는 회의가 너무 없어요. 그래서 누가 무슨 일을 하고 있는지도 모르겠고 내가 하고 있는 일이 어떻게 활용되는 건지도 모르겠고 뭔가 소통이 안 되는 것 같아 답답해요.
> 사회복지사: 그래도 회의가 없어서 일에 집중하기에는 좋을 것 같아요.

① 해석
② 환기
③ 일반화
④ 격려
⑤ 재명명

24. 다음의 개입기술 중 클라이언트의 인지구조를 변화시키기 위한 방법을 모두 고른 것은?

| ㄱ. 재명명 | ㄴ. 모델링 |
| ㄷ. 초점화 | ㄹ. 일반화 |

① ㄱ, ㄷ
② ㄴ, ㄹ
③ ㄷ, ㄹ
④ ㄱ, ㄷ, ㄹ
⑤ ㄴ, ㄷ, ㄹ

25. 각 사회복지실천 과정에서의 주요 과업으로 옳지 않은 것은?
① 접수단계: 클라이언트에게 기관을 소개하면서 관계형성을 시작한다.
② 사정단계: 가계도 작성을 통해 클라이언트와 가족 간 관계를 살펴본다.
③ 계획단계: 선정한 표적문제를 바탕으로 구체적인 개입목표를 설정한다.
④ 개입단계: 회기의 진행에 따라 나타나는 클라이언트의 변화를 관찰한다.
⑤ 종결단계: 형성평가의 결과를 검토하여 사후관리 계획을 구체화한다.

사회복지실천(사회복지실천기술론)

26. 사회복지실천의 전문적 기반 중 성격이 다른 하나는?
   ① 클라이언트에 대한 믿음
   ② 관련 정책에 관한 지식
   ③ 공감적으로 이해하는 능력
   ④ 개입기술의 창의적 적용
   ⑤ 문제상황에 대한 판단력

27. 다음 사례에서 사회복지사가 활용한 실천기술은?

   > 클라이언트(14세)는 다섯 살 어린 동생에게 자꾸 손찌검을 한다는 이유로 부모님에 의해 기관을 방문하게 되었다. 부모님은 아이가 원래 폭력성이 심한 것인지, 다른 불만이 있는 것은 아닌지, 혹시라도 교우관계에도 문제가 생기지는 않을지 등이 걱정이라고 했다.
   >
   > 클라이언트: 형제들끼리 다들 그러고 놀잖아요. 우리 엄마, 아빠가 너무 예민하신 거죠. 동생이랑 그냥 노는 거고 장난치고 그런 거예요.
   > 사회복지사: 동생이 형한테 맞아서 코피가 난 적도 여러 번 있고 지난달에는 동생을 밀어서 동생이 넘어지는 바람에 꽤 크게 다치기도 했다고 들었는데, 단순히 노는 거고 장난인가요?

   ① 인정하기   ② 도전하기
   ③ 해석하기   ④ 조언하기
   ⑤ 공감하기

28. 정신역동모델에 관한 설명으로 옳지 않은 것은?
   ① 진단주의 학파의 이론적 기반이 되었다.
   ② 과거의 경험에서 현재 행동의 원인을 찾는다.
   ③ 클라이언트가 독립된 정체감을 형성하도록 원조한다.
   ④ 치료 상황에서 전이가 일어나는 것을 방지한다.
   ⑤ 클라이언트의 방어기제가 모두 병리적인 것은 아니다.

29. 심리사회모델의 개입기법에 관한 설명으로 옳지 않은 것을 모두 고른 것은?

   ㄱ. 지지하기: 재보증, 격려 등을 통해 클라이언트가 가진 불안을 감소시킨다.
   ㄴ. 탐색-기술-환기: 과거 경험을 탐색하면서 현재 상황과 연결시켜본다.
   ㄷ. 환경 조정하기: 간접적 개입으로서 클라이언트의 환경적 문제를 해결한다.
   ㄹ. 직접 영향주기: 최근 사건에 대해 고찰하게 하여 현실적으로 파악하게 한다.

   ① ㄱ, ㄴ, ㄷ
   ② ㄴ, ㄷ, ㄹ
   ③ ㄱ, ㄷ
   ④ ㄴ, ㄹ
   ⑤ ㄷ, ㄹ

30. 엘리스(Ellis)의 합리적 정서치료에 관한 설명으로 옳지 않은 것은?
   ① 부정적 심리와 증상들은 비합리적 신념에 의해 발생한다.
   ② 인간은 자신의 비합리적 사고를 바꿀 수 있는 힘을 가지고 있다.
   ③ 과도한 자기 기대감, 자기비난, 무력감 등은 비합리적 신념이다.
   ④ 비합리적 신념에 대해 논리성, 현실성, 효용성 차원에서 논박한다.
   ⑤ 논박 과정을 통한 행동적 효과로 합리적인 신념을 갖게 된다.

31. 인지행동모델의 개입기법에 관한 설명으로 옳지 않은 것은?
   ① 행동시연 - 보상과 처벌의 원리
   ② 이완훈련 - 신체적 긴장상태 완화
   ③ 행동조성 - 점진적 정적 강화
   ④ 기록과제 - ABC모델 활용
   ⑤ 모델링 - 관찰학습의 원리

32. 과제중심모델에 관한 설명으로 옳지 않은 것은?
   ① 통합적 접근
   ② 경험적 기초
   ③ 시간제한적 개입
   ④ 협조적 관계 형성
   ⑤ 포괄적 문제해결

33. 다음에서 설명하고 있는 사회복지실천모델은 무엇인가?

> • 클라이언트의 행동 변화를 목표로 하며, 행동 변화를 위해 동기를 강화한다.
> • 우울증이나 중독 문제를 가진 사람에게 적용하기에 적합하다.
> • 공감 표현하기, 불일치감 만들기, 저항과 함께 구르기, 자기효능감 지지하기 등의 원리를 바탕으로 개입한다.

① 역량강화모델　　　　　　② 해결중심모델
③ 심리사회모델　　　　　　④ 동기강화모델
⑤ 클라이언트 중심 모델

34. 위기개입모델에 관한 설명으로 옳지 않은 것은?
① 모든 사람이 동일한 사건에 대해 동일하게 반응하지 않음을 전제로 한다.
② 위기는 클라이언트가 도움을 요청하는 과정에서 기회가 될 수도 있다.
③ 목표는 위기 이전의 기능 수준으로 회복하도록 하는 것이다.
④ 개입은 위기에 대처할 수 있는 힘이 미약한 취약단계에 이루어진다.
⑤ 사회복지사는 적극적이고 지시적이고 직접적인 역할을 수행한다.

35. 다음 중 단기적 개입을 강조하는 실천모델이 아닌 것은?
① 해결중심모델
② 정신역동모델
③ 인지행동모델
④ 동기강화모델
⑤ 과제중심모델

36. 가족에 대한 체계론적 접근으로 옳은 것을 모두 고른 것은?

> ㄱ. 가부장적 관념에 따른 남성 중심의 가족 내 권력을 수정한다.
> ㄴ. 가족문제를 클라이언트의 관점에 따라 파악하고 대처한다.
> ㄷ. 가족과 함께 가계도를 작성하며 전승되는 가족문제를 분석한다.
> ㄹ. 가족의 특성에 대해 비총합성의 원리를 바탕으로 이해한다.

① ㄱ, ㄴ, ㄷ, ㄹ　　　　　　② ㄴ, ㄹ
③ ㄷ, ㄹ　　　　　　　　　　④ ㄱ, ㄴ, ㄹ
⑤ ㄴ, ㄷ, ㄹ

37. 가족생활주기와 발달과업에 대한 설명으로 옳은 것을 모두 고른 것은?

> ㄱ. 가족의 생애주기는 사회문화적 차이에 따라 달라질 수 있다.
> ㄴ. 가족의 욕구와 문제는 생애주기에 따른 발달과업과 무관하다.
> ㄷ. 가족발달과업의 성취 여부는 다음 단계의 과업수행에 영향을 미친다.
> ㄹ. 가족생활주기는 결혼을 통해 부부가 된 순간부터 시작된다.

① ㄱ, ㄷ
② ㄴ, ㄹ
③ ㄱ, ㄴ, ㄹ
④ ㄴ, ㄷ, ㄹ
⑤ ㄱ, ㄴ, ㄷ, ㄹ

38. 다음 사례에서 사회복지사가 고려해야 할 것으로 거리가 먼 것은?

> 부부는 같이 식당을 운영하고 있으며, 초등학교 6학년 딸과 1학년 아들을 두고 있다. 딸은 몇 해 전 아빠가 '네가 부지런하지 못해서 엄마가 집에서도 못 쉰다'고 했던 말을 기억한다. 엄마는 딸에게 '집안일은 네 몫이 아니다'라고 말하면서도 동생이 장난이 심해 사고를 치거나 다칠 때마다 '동생을 왜 안 챙겼냐'고 한다. 딸은 친구들이랑 놀고 싶은 것을 포기하고 동생을 챙긴다.

① 부모-자녀 하위체계의 양상
② 가족 내 희생양
③ 가족 내 삼각관계 형성
④ 딸이 겪고 있는 부모화
⑤ 딸에 대한 이중구속 메시지

39. 다음 사례에 적용된 가족치료모델과 실천기법은?

> 항상 어머니의 의견에 따라 행동했던 아들에게 학업과 진로 문제를 혼자 고민해보고 자신의 생각을 이야기해볼 수 있도록 하였다. 개입 초기에 아들은 뭘 어떻게 해야 할지 모르겠다며 혼란을 느끼며 힘들어했고, 어머니는 아들의 말과 침묵에 끼어들기를 반복했다. 개입이 계속 진행되면서 아들은 처음으로 혼자 공부 계획을 세우고 문제집을 사보는 경험을 했다.

① 다세대 가족치료, 탈삼각화
② 구조적 가족치료, 경계 만들기
③ 구조적 가족치료, 시련기법
④ 경험적 가족치료, 의사소통 방식의 교정
⑤ 경험적 가족치료, 균형 깨뜨리기

40. 사티어가 제시한 의사소통 유형에 관한 설명으로 옳지 않은 것은?
    ① 계산형: 자신과 타인을 모두 무시한 채 상황만을 존중하며, 매사에 비판적이고 분석적이다.
    ② 비난형: 자신과 상황을 존중하고, 타인을 무시하는 유형이다.
    ③ 혼란형: 자신, 타인, 상황을 고려하지 못해 말과 행동이 어긋난다.
    ④ 일치형: 자신과 타인, 상황을 모두 고려하여 진솔하고 분명하게 표현할 줄 알며 정서적으로 안정된 유형이다.
    ⑤ 회유형: 상황을 회피하기 위해 상황과 무관한 농담을 던지며 분위기를 이끌어간다.

41. 해결중심모델의 특징으로 옳지 않은 것은?
    ① 탈이론적이고, 비규범적인 모델로 클라이언트의 견해를 존중한다.
    ② 클라이언트에 대한 알지 못함의 자세를 기반으로 한다.
    ③ 한 사람의 장애나 문제에 초점을 두고 파문효과를 통한 가족문제 해결을 추진한다.
    ④ 변화는 항상 일어나는 불가피한 것이기 때문에 변화를 해결책으로 활용한다.
    ⑤ 비자발적 클라이언트에 대해서는 긍정적인 측면에서의 접근을 강조한다.

42. 가족치료모델을 적용할 때에 옳지 않은 것은?
    ① 다세대 가족치료: 가계도를 그리면서 여러 세대에 걸쳐 반복적으로 나타나는 현상을 살펴본다.
    ② 해결중심 가족치료: 문제가 나타나지 않은 예외 상황을 파악하여 문제해결의 실마리로 삼는다.
    ③ 전략적 가족치료: 순환적 질문, 관계성 질문 등을 통해 문제의 순환성을 인식하도록 한다.
    ④ 구조적 가족치료: 가족 간 경계가 지나치게 밀착적일 때 경계 만들기를 통해 재구조화한다.
    ⑤ 경험적 가족치료: 역기능적 의사소통의 맥락을 파악하여 기능적 의사소통으로 교정한다.

43. 다음 사례에서 적용된 가족치료모델은?

    클라이언트 임미정 씨(45세, 여)는 사춘기에 접어든 딸과의 관계로 속상해했다. 딸이랑 재밌게 지내고 싶은데 어떻게 해야 할지 모르겠다는 것이다. 사회복지사는 임미정 씨와 함께 가계도를 작성하면서 임미정 씨가 원가족원과의 관계가 친밀하지 못하고 특히 어머니와의 관계에서는 소원하면서도 갈등적인 관계임을 확인하였다.

    ① Minuchin의 구조적 가족치료
    ② White & Epson의 이야기치료
    ③ Satir의 경험적 가족치료
    ④ Haley의 전략적 가족치료
    ⑤ Bowen의 다세대 가족치료

44. 집단역동에 관한 설명으로 옳지 않은 것은?
① 집단의 목적은 집단의 규모와 구성에 영향을 미친다.
② 집단문화는 집단성원들의 동질성이 높을 때 빠르게 형성된다.
③ 집단규범은 기능적일 수도 있지만 역기능적일 수도 있다.
④ 하위집단은 친밀감을 높여 집단응집력에 항상 도움이 된다.
⑤ 폐쇄집단이 집단응집력이 높으면 집단사고가 나타날 수 있다.

45. 집단 응집력에 관한 설명으로 옳지 않은 것은?
① 성원들이 집단에 매력을 느낄수록 응집력은 더욱 높아진다.
② 집단 응집력이 높을수록 갈등 해결이 원만하게 이루어진다.
③ 하위집단의 형성은 전체 집단 응집력을 약화시킬 수 있다.
④ 집단의 규모가 클수록 집단 응집력 형성이 어려울 수 있다.
⑤ 집단 응집력이 낮을수록 성원들의 자기개방이 용이하다.

46. 집단 대상 사회복지실천에 관한 설명으로 옳은 것은?
① 폐쇄형 집단에 결원이 발생하여 적절한 운영이 불가능할 때는 종결한다.
② 개방형 집단은 집단발달단계를 파악할 수 없으므로 평가하지 않는다.
③ 성장집단은 상호지지적인 분위기를 위해 동질성을 중심으로 구성해야 한다.
④ 자조집단이 계획대로 운영되지 않을 때에는 집단지도자가 개입해야 한다.
⑤ 과업집단은 과업의 달성을 목적으로 하므로 성과에 대해서만 평가를 진행한다.

47. 집단사정에 관한 설명으로 옳지 않은 것은?
① 초기단계의 사정은 집단의 재구조화를 목적으로 한다.
② 집단에 대한 사정 외에 개별 성원에 대한 사정을 진행한다.
③ 소시오메트리를 통해 성원 간 호감도를 살펴본다.
④ 의의차별척도를 통해 서로에 대한 인식을 알 수 있다.
⑤ 중간단계에서는 집단역동을 고려하여 재사정을 실시한다.

48. 집단발달에 따라 제시된 과업으로 옳은 것을 모두 고른 것은?

> ㄱ. 준비단계: 집단의 목적과 성격 등을 고려하여 집단의 크기를 결정한다.
> ㄴ. 사정단계: 소시오그램을 통해 집단 내에 퍼진 암묵적 규칙을 파악한다.
> ㄷ. 중간단계: 집단의 목적과 함께 개별 성원의 목표가 달성되도록 원조한다.
> ㄹ. 종결단계: 집단 성원이 중도 탈락하게 될 경우 원인을 확인해야 한다.

① ㄱ, ㄹ
② ㄴ, ㄷ
③ ㄱ, ㄴ, ㄹ
④ ㄱ, ㄷ, ㄹ
⑤ ㄱ, ㄴ, ㄷ, ㄹ

49. SOAP 기록에 관한 설명으로 옳은 것을 모두 고른 것은?

> ㄱ. S(Subjective Information, 주관적 정보): 클라이언트에 대한 사회복지사의 관찰 결과
> ㄴ. O(Objectives, 목표): 클라이언트가 호소하는 문제에 대해 구체적인 목표설정
> ㄷ. A(Assessment, 사정): 주관적 정보와 객관적 정보를 분석하여 추론한 해석 및 결론
> ㄹ. P(Plans, 계획): 클라이언트의 문제를 해결하기 위한 방법, 절차, 일정 등을 작성

① ㄱ, ㄴ
② ㄷ, ㄹ
③ ㄱ, ㄴ, ㄷ
④ ㄴ, ㄷ, ㄹ
⑤ ㄱ, ㄴ, ㄷ, ㄹ

50. 단일사례설계에 대한 설명으로 옳은 것은?

① 가설을 검증하는 데에 주된 목적이 있다.
② 개입목표를 설정한 후에는 문제를 규정해야 한다.
③ 기초선단계 없이 개입단계를 진행할 수 없다.
④ 개입과 철회를 반복하면 인과관계를 알 수 있다.
⑤ 가족을 대상으로 적용하기에는 적절하지 않다.

사회복지실천(지역사회복지론)

51. 지역사회와 관련하여 각 학자들이 제시한 내용으로 옳지 않은 것은?
    ① 파크와 버제스(Park & Burgess): 모든 지역사회는 사회이지만, 모든 사회가 지역사회인 것은 아니다.
    ② 맥키버(MacIver): 지역사회는 모든 형태의 공동생활지역을 말한다.
    ③ 로스만(Rothman): 인구구성의 사회적 특수성 등에 따라 유형화할 수 있다.
    ④ 그린(Green): 지역사회는 상호관련성, 상호의존성에 따른 결합체이다.
    ⑤ 펠린(Fellin): 역량 있는 지역사회가 바람직한 지역사회이다.

52. 지역사회복지에 대한 설명으로 옳지 않은 것은?
    ① 지역사회 내에 존재하는 문제를 조기에 발견하여 대응하는 예방성이 강조된다.
    ② 지역주민이 겪는 생활상의 문제를 공동의 노력으로 해결하기 위한 연대성이 강조된다.
    ③ 시설보호의 문제점을 해결하기 위한 대안으로서 지역사회보호가 강조된다.
    ④ 지역주민의 자율적인 네트워크 형성과 사회참여를 위해 지역사회조직이 강조된다.
    ⑤ 지역주민의 삶의 질 향상을 위해 사회자본의 확충을 추진하며 지역사회개발이 강조된다.

53. 지역사회복지 관련 개념에 관한 설명으로 옳지 않은 것은?
    ① 지역사회조직: 전문 사회복지사에 의해 조직적이고 의도적이고 계획적으로 진행된다.
    ② 시설의 사회화: 시설과 지역사회의 상호작용을 강조하며 시설생활자의 인권존중을 강조한다.
    ③ 지역사회행동: 사회적 약자들의 권익을 보호하고 향상시키기 위한 활동에 초점을 둔다.
    ④ 지역사회보호: 가정에서 보호받지 못하는 사람들은 지역사회의 시설에서 수용해야 한다.
    ⑤ 지역사회계획: 욕구조사에 기초하여 주민들의 욕구충족을 위한 서비스를 개발한다.

54. 영국 지역사회복지의 발전과정에 관한 설명으로 옳지 않은 것은?
   ① 1884년 런던의 토인비홀(Toynbee Hall)은 자유주의, 급진주의, 계몽주의 이념을 토대로 하였다.
   ② 1920년대 격리수용에 대한 문제가 지적되면서 지역사회가 새로운 보호의 장으로 대두되었다.
   ③ 1959년 정신위생법(Mental Health Act) 제정은 지역사회보호의 태동이라는 의미가 있다.
   ④ 1968년 시봄(Seebohm) 보고서는 가족 외에서 이루어지는 공식 서비스에 초점을 두었다.
   ⑤ 1982년 바클레이 보고서(Barclay) 보고서는 지역주민 간 비공식 돌봄망의 역할에 주목했다.

55. 우리나라 지역사회복지실천의 역사적 변천 과정에 관한 설명으로 옳은 것은?
   ① 1992년에 설치된 재가복지봉사센터는 2010년 노인장기요양센터로 흡수되었다.
   ② 1998년에 실시된 국민기초생활보장제도는 지역사회 중심의 자활사업을 촉진시켰다.
   ③ 2005년 제1기 지역사회복지계획이 수립되어 2007년부터 진행되었다.
   ④ 시·군·구 지역사회복지협의체는 2017년부터 지역사회보장협의체로 대체되었다.
   ⑤ 2016년 복지허브화 사업으로 동사무소의 복지기능을 강화하며 주민센터로 거듭났다.

56. 지역사회복지 관련 이론에 관한 설명으로 옳지 않은 것은?
   ① 자원동원이론: 사회복지사는 사회적 약자의 권익옹호 활동을 진행함에 있어 동조자와 후원자를 확보할 수 있어야 한다.
   ② 다원주의: 지역사회는 집중된 권력에 의해 좌우되기 때문에 사회복지사는 주민의 욕구가 반영될 수 있도록 해야 한다.
   ③ 사회자본이론: 신뢰, 규범, 네트워크를 기반으로 주민 간 협력을 촉진시킴으로써 지역사회자원의 효율적 활용이 가능해진다.
   ④ 사회학습이론: 사회복지사가 강한 개인적 확신을 토대로 지역주민들의 집합적 확신을 높여줄 때 성과를 높일 수 있다.
   ⑤ 갈등이론: 외부와의 갈등은 지역사회의 결속력을 높여주기도 하므로 사회복지사는 이를 이용해 사회행동을 진행할 수 있다.

57. 지역사회복지 관련 이론 중 다음에서 설명하는 이론은?

   - 사회복지기관들이 생존을 위해 외부 재정에 의존하게 되는 현실을 설명한다.
   - 지역주민이나 집단 또는 조직의 힘의 소유 여부가 지역사회의 발전에 중대한 영향을 미친다.

   ① 사회학습이론
   ② 지역사회 개방이론
   ③ 권력의존이론
   ④ 상호조직이론
   ⑤ 사회체계이론

58. 갈등이론에 관한 설명으로 옳지 않은 것은?
   ① 평등한 관계에서도 갈등은 불가피하다.
   ② 사회 내 갈등은 다양한 형태로 나타난다.
   ③ 집단화될수록 갈등은 더욱 커지게 된다.
   ④ 긴장관계가 고조되면 발전이 저해될 수 있다.
   ⑤ 지속적인 갈등은 사회변화의 기제가 된다.

59. 지역사회복지 실천모델에 관한 설명으로 옳은 것은?
   ① 로스만이 제시한 지역사회개발모델은 과정중심, 사회계획모델은 과업중심, 사회행동모델은 관계중심의 목표를 갖는다.
   ② 로스만의 지역사회개발모델은 피억압집단의 협동적인 과정을 통해 지역사회의 문제를 해결해나가는 모델이다.
   ③ 웨일과 갬블의 지역사회의 사회·경제개발모델은 로스만의 사회계획모델에서 세분화된 모델로 사회적, 경제적 발전을 도모한다.
   ④ 테일러와 로버츠의 지역사회연계모델은 클라이언트의 개별적인 문제를 지역사회에 연계하여 지역사회의 문제를 해결한다.
   ⑤ 포플의 프로그램 개발 및 조정모델은 우선순위를 결정하여 프로그램의 기획, 자원동원, 실행 및 평가에 중점을 둔다.

60. 웨일과 갬블(Weil & Gamble)이 제시한 지역사회복지 실천모델에 관한 설명으로 옳은 것을 모두 고른 것은?

> ㄱ. 정치·사회행동모델은 로스만의 지역사회개발모델을 기반으로 한 모델로 지역주민의 정치적 권력강화를 강조한다.
> ㄴ. 지역사회의 사회·경제개발모델은 지역주민의 삶의 질 향상을 위해 사회적 발전과 경제적 발전을 함께 추구한다.
> ㄷ. 프로그램 개발과 지역사회연계모델에서는 지역사회와 프로그램 간의 상호작용을 강조하며 다양한 대상자들과 연계한다.
> ㄹ. 사회운동모델은 인간의 존엄성, 환경보호, 폭력반대 등의 보편적 가치를 추구하며 사회정의 실현에 초점을 둔다.

① ㄱ, ㄹ
② ㄴ, ㄷ
③ ㄱ, ㄴ, ㄷ
④ ㄴ, ㄷ, ㄹ
⑤ ㄱ, ㄴ, ㄷ, ㄹ

61. 포플(Popple)이 제시한 지역사회복지 실천모델 중 다음에서 설명하고 있는 것은?

> • 사회적 상황, 사회정책과 사회복지 기관의 서비스를 분석하고 주요 목표 및 우선순위를 설정한다.
> • 서비스 프로그램의 기획, 적절한 자원의 동원, 서비스와 프로그램의 집행 및 평가 등에 중점을 둔다.
> • 사회복지사는 조력가, 촉진가로서의 역할을 한다.

① 지역사회보호(community care)
② 지역사회개발(community development)
③ 여권주의적 지역사회사업(feminist community work)
④ 지역사회행동(community action)
⑤ 사회·지역계획(social/community planning)

62. 지역사회복지실천에서 이루어지는 욕구사정에 관한 설명으로 옳지 않은 것은?
① 주민들이 호소하는 욕구의 절대적 중요성을 확인해야 한다.
② 체계적인 접근을 통해 지역주민의 욕구를 살펴봐야 한다.
③ 욕구사정을 위해 어떤 방법을 활용할 것인지를 결정해야 한다.
④ 욕구사정에는 서비스의 이용가능성 및 접근가능성 등이 포함된다.
⑤ 욕구사정의 결과는 프로그램과 연결될 수 있어야 한다.

63. 지역사회복지실천의 단계별 과업으로 옳은 것은?
   ① 문제확인 단계: 문제에 관한 목표설정
   ② 사정 단계: 참여자들의 동기 강화
   ③ 계획 단계: 협력을 위한 네트워크 구축
   ④ 실행 단계: 참여자들의 욕구변화 점검
   ⑤ 평가 단계: 평가방법의 결정

64. 사회계획모델에서 강조되는 사회복지사의 역할과 거리가 먼 것은?
   ① 주민들의 참여를 이끄는 조직가로서의 역할
   ② 실제 프로그램을 운영하는 행정가로서의 역할
   ③ 목표달성을 위한 수단을 검토하는 계획가로서의 역할
   ④ 사회문제의 원인을 조사하는 분석가로서의 역할
   ⑤ 사회정의 실현을 위해 활동하는 행동가로서의 역할

65. 사회자본에 관한 설명으로 옳지 않은 것은?
   ① 네트워크는 사회자본을 위한 필요조건이 된다.
   ② 사용을 하면 할수록 사회자본의 총량은 증가한다.
   ③ 구성원 간 연대성은 사회자본에 영향을 준다.
   ④ 한 번 획득되면 영구적으로 유지된다.
   ⑤ 네트워크 안에 있다고 해서 혜택을 받는 것은 아니다.

66. 조직화 기술에 관한 설명으로 옳은 것은?
   ① 당면 과제를 해결하고 난 후에는 해산하는 것을 원칙으로 한다.
   ② 로스만의 모델 중 사회행동모델의 차원에서만 활용되는 기술이다.
   ③ 지역사회 내에 나타나는 갈등상황을 해결가능한 일시적인 것으로 본다.
   ④ 사회복지사의 활동은 전문가주의에 입각하여 진행되는 것이 원칙이다.
   ⑤ 사회복지사는 주민의 활동을 돕는 존재임을 주민들에게 이해시켜야 한다.

67. 옹호를 위한 전술 중 다음에 해당하는 것은?

    이 전술의 주요 구성요소는 대상, 메시지, 전달자, 전달형식이다. 전달자는 대상인 표적체계에 대해 잘못된 정보를 바로 잡을 수 있는 추가적인 정보를 제공함으로써 표적체계가 기존의 결정과는 다른 결정을 내릴 수 있도록 한다.

    ① 정치적 압력
    ② 설득
    ③ 청원
    ④ 역량강화
    ⑤ 강제

68. 지역사회보장계획의 수립과정에 관한 설명으로 옳은 것은?
    ① 수립된 계획에 대해서는 지역주민 등의 의견을 수렴해야 한다.
    ② 시·군·구 계획은 시·군·구 의회의 심의를 거쳐야 한다.
    ③ 시·군·구 계획은 전년도 12월 31일까지 시·도지사에게 제출해야 한다.
    ④ 시·도지사는 시·도 계획을 시·도 사회보장위원회에 보고해야 한다.
    ⑤ 보건복지부장관은 제출된 시·도 계획을 사회보장위원회에 보고해야 한다.

69. 지역사회보장협의체에 관한 설명으로 옳은 것은?
    ① 사회복지사업법에 근거하여 설치된다.
    ② 시·군·구 협의체는 10명 이상 40명 이하의 위원으로 구성한다.
    ③ 시·군·구 협의체 소속으로 지역사회보장균형발전지원센터를 설치한다.
    ④ 실무협의체 및 실무분과에 관한 사항은 모두 시·군·구 조례로 정한다.
    ⑤ 읍·면·동 협의체는 시·도지사의 추천을 받아 시·군·구청장이 위촉하여 구성한다.

70. 한국사회복지협의회에서 추진하는 사업으로 옳지 않은 것은?
   ① 사회복지에 관한 조사·연구 및 정책건의
   ② 사회복지사업에 관한 기부문화의 조성
   ③ 사회복지 소외계층 발굴 및 민간사회복지자원과의 연계·협력
   ④ 지역사회보장계획의 수립·실행 및 평가
   ⑤ 사회복지사업에 종사하는 자의 교육훈련과 복지증진

71. 최근 공공 지역사회복지 부문에 관한 사항으로 옳지 않은 것은?
   ① 시·군·구 복지허브화를 통한 사각지대 발굴
   ② 민·관 연계·협력을 통한 지역사회보장계획
   ③ 사회서비스의 공공성 강화 및 품질 향상을 위한 사회서비스원 개원
   ④ 희망복지지원단을 통한 통합 사례관리
   ⑤ 취약계층 발굴을 위한 읍·면·동 찾아가는 복지서비스

72. 사회적 경제 주체에 관한 설명으로 옳은 것을 모두 고른 것은?

   ㄱ. 자활기업의 설립자격은 기초생활 수급자에게만 주어진다.
   ㄴ. 마을기업 구성원의 일정 비율 이상은 지역주민이어야 한다.
   ㄷ. 협동조합은 기획재정부 관할로 「협동조합 기본법」에 따라 설립한다.
   ㄹ. 사회적 협동조합은 영리법인 또는 비영리법인으로서 설립할 수 있다.

   ① ㄱ, ㄹ   ② ㄴ, ㄷ
   ③ ㄱ, ㄴ   ④ ㄷ, ㄹ
   ⑤ ㄱ, ㄴ, ㄷ, ㄹ

73. 사회복지관의 기능 및 사업에 관한 설명으로 옳은 것은?
    ① 사례관리 기능은 사례발굴, 사례개입, 서비스 연계 등의 분야로 구분된다.
    ② 가족기능 강화, 문화복지사업 등은 지역사회보호 사업으로 진행된다.
    ③ 주민조직화 사업을 위해 지역조직화 및 주민교육을 실시한다.
    ④ 자원봉사자 및 후원자의 개발·관리 등은 복지 네트워크 구축 사업에 해당한다.
    ⑤ 이용자의 자활지원을 위한 직업기능훈련, 취업알선, 성인기능교실 등을 진행한다.

74. 지역사회복지운동에 관한 설명으로 옳지 않은 것은?
    ① 지역사회복지의 확산과 발전을 위한 생활운동이다.
    ② 지역사회의 다양한 자원을 활용하기 위한 동원운동이다.
    ③ 복지권리의식과 시민의식을 배양하는 사회권 확립운동이다.
    ④ 사회변화를 이끌어내는 주체가 주민이 되는 주민운동이다.
    ⑤ 공동의 문제를 해결하기 위해 나타나는 자연발생적 운동이다.

75. 아른스테인(Arnstein)의 주민참여 8단계에 관한 설명으로 옳은 것을 모두 고른 것은?

    ㄱ. 주민통제: 주민에 대한 행정의 통제력이 높아 주민참여가 어렵다.
    ㄴ. 상담: 공청회 등을 통해 주민참여가 유도되지만 형식적인 면이 있다.
    ㄷ. 권한위임: 특정 계획에 있어 주민들이 우월한 결정권을 행사한다.
    ㄹ. 치료: 주민들의 불만이 사업에 반영되는 형식적 참여의 단계이다.

    ① ㄱ, ㄷ
    ② ㄱ, ㄹ
    ③ ㄴ, ㄷ
    ④ ㄴ, ㄹ
    ⑤ ㄷ, ㄹ

2026년도 제24회 사회복지사1급 국가시험 대비
FINAL 모의고사 3회

교시	문제형별	시간	시험과목 및 시험영역
3교시	A	75분	**사회복지정책과 제도** ① 사회복지정책론 ② 사회복지행정론 ③ 사회복지법제론

수험번호		성 명	

【 수험자 유의사항 】

1. 시험문제지는 **단일 형별(A형)**이며, 답안카드 형별 기재란에 표시된 형별(A형)을 확인하시기 바랍니다. 시험문제지의 **총면수, 문제번호 일련순서, 인쇄상태** 등을 확인하시고, 문제지 표지에 수험번호와 성명을 기재하시기 바랍니다.

2. 답은 각 문제마다 요구하는 **가장 적합하거나 가까운 답 1개**만 선택하고, 답안카드 작성 시 시험문제지 마킹착오로 인한 불이익은 전적으로 **수험자에게 책임**이 있음을 알려 드립니다.

3. 답안카드는 국가전문자격 공통 표준형으로 문제번호가 1번부터 125번까지 인쇄되어 있습니다. 답안 마킹 시에는 반드시 **시험문제지의 문제번호와 동일한 번호**에 마킹하여야 합니다.

4. **감독위원의 지시에 불응하거나 시험기간 종료 후 답안카드를 제출하지 않을 경우** 불이익이 발생할 수 있음을 알려 드립니다.

5. 시험문제지는 시험 종료 후 가져가시기 바랍니다.

사회복지 전문출판 **나눔의집**

해당 모의고사는 저작권법에 의하여 보호를 받는 저작물이므로 무단전재와 복제를 금합니다.

각 문제에서 요구하는 가장 적합한 답 1개만을 고르시오.

사회복지정책과 제도(사회복지정책론)

1. 사회복지정책의 가치에 관한 설명으로 옳지 않은 것은?
   ① 정부의 개입을 옹호하는 이들은 완전경쟁시장에서 파레토 효율성을 달성할 수 없다고 본다.
   ② 복지국가의 발전은 적극적 자유의 개념을 확장시킬 수 있는 기회가 되기도 했다.
   ③ 재원이 한정되어 있기 때문에 사회보험제도의 비례적 평등의 가치를 더 많이 반영한다면 사회적 적절성과 상충할 수도 있다.
   ④ 공공부조는 대상효율성과 운영효율성이 모두 낮다.
   ⑤ 재분배를 위한 국가의 개입은 소극적 자유를 침해하는 결과를 낳기도 한다.

2. 의료서비스에 대한 국가 개입이 필요한 근거로서 옳은 것을 모두 고른 것은?

   > ㄱ. 도덕적 해이 현상이 발생할 수 있다.
   > ㄴ. 의료서비스는 가치재의 성격을 갖지 않는다.
   > ㄷ. 역 선택의 문제가 발생할 수 있다.
   > ㄹ. 수요자는 충분한 정보를 바탕으로 서비스를 선택한다.

   ① ㄱ, ㄴ, ㄷ
   ② ㄴ, ㄹ
   ③ ㄱ, ㄷ
   ④ ㄹ
   ⑤ ㄱ, ㄴ, ㄷ, ㄹ

3. 사회복지정책과 경제정책의 관계에 관한 설명으로 옳은 것을 모두 고른 것은?

   > ㄱ. 자본주의 경제체제 유지를 위해서는 사회복지정책은 불필요하다고 본다.
   > ㄴ. 국민들의 저축과 투자동기를 감소시키고 근로동기를 약화시킨다는 비판이 제기되기도 한다.
   > ㄷ. 국가는 사회보장제도를 통해서 과도한 경기변동을 억제시켜 경제주체들이 안정적인 경제생활을 수행할 수 있도록 한다.
   > ㄹ. 재정운영방식이 적립방식인 공적 연금의 경우에는 기금의 적립을 통해 자본축적 효과가 발생한다.

   ① ㄱ
   ② ㄱ, ㄷ
   ③ ㄴ, ㄹ
   ④ ㄴ, ㄷ, ㄹ
   ⑤ ㄱ, ㄴ, ㄷ, ㄹ

4. 사회복지 역사에 관한 설명으로 옳지 않은 것은?
   ① 베버리지 보고서에서의 사회보험은 전 국민을 사회보험의 대상으로 포괄하였다.
   ② 1945년 미국의 사회보장법은 최초로 사회보장(Social Security)이라는 용어를 공식화했다.
   ③ 1911년 도입된 영국의 국민보험법은 국민건강보험(1부)+실업보험(2부)으로 구성되었다.
   ④ 1889년 독일의 노령폐질연금은 노동자와 사용자가 동일한 보험료를 지불하였다.
   ⑤ 미국의 뉴딜정책은 자유방임주의가 아닌 적극적인 국가개입을 주장하였다.

5. 영국의 신빈민법(New Poor Law)에 관한 설명으로 옳지 않은 것은?
   ① 국가의 도움을 받는 사람의 처우는 스스로 벌어서 생활하는 최하위 노동자의 생활보다 더 높아야 한다는 원칙을 갖고 있다.
   ② 신빈민법 제정의 일차적인 목적은 구빈비용의 억제에 있다.
   ③ 1832년에 발족된 왕립위원회의 조사를 토대로 하여 1834년 신빈민법이 제정되었다.
   ④ 노약자, 병자 등 예외적인 경우에만 원외구제를 허용하고 원칙적으로 원내구제를 실시하였다.
   ⑤ 교구 단위의 구호행정을 구빈법 조합으로 통합하고자 하였다.

6. 복지국가 분석에 관한 이론의 설명으로 옳지 않은 것은?
   ① 국가중심이론은 사회복지의 수요 증대에 초점을 맞춰 사회복지를 제공받는 수요자의 측면에서 국가의 역할을 살펴본다.
   ② 국가 조합주의는 정부가 이익집단에 대해 하향적으로 동원하고 통제하는 측면이 강하다.
   ③ 사회민주주의에 의하면 복지국가는 자본과 노동의 계급투쟁에서 노동자 계급이 얻어낸 성과물이라고 본다.
   ④ 신마르크스주의는 복지정책을 자본축적의 위기나 정치적 도전을 수정하기 위한 수단으로 본다.
   ⑤ 이익집단이론은 복지국가의 발달이 다양한 이익집단들의 이익추구 과정에서 나타났다고 본다.

7. 복지국가 유형화에 관한 설명으로 옳은 것은?
   ① 윌렌스키와 르보(H. Wilensky & C. Lebeaux)의 '제도적 모형'은 빈민과 같은 요보호 대상자를 대상으로 하여 사회적으로 최저한의 급부를 주는 역할만을 수행한다.
   ② 티트머스(R. Titmuss)의 '산업성취 모형'은 보편적 욕구 충족을 기반으로 하여 시장경제 메커니즘 밖에서 보편적 서비스를 제공하는 기본적이고 종합적인 모형이다.
   ③ 퍼니스와 틸톤(N. Furniss & T. Tilton)의 '사회보장국가 모형'은 경제정책과 사회복지정책을 결합하여 전 국민에게 최저한의 생활을 보장한다.
   ④ 미쉬라(R. Mishra)의 '통합된 복지국가 모형'은 경제정책과 사회복지정책이 분리되어 있으며 사회복지정책은 잔여적인 역할에 국한된다고 본다.
   ⑤ 에스핑-앤더슨(G. Esping-Anderson)의 '보수주의적 복지국가'는 공공부문의 사회복지서비스의 역할은 미미한 편이며, 민간부문의 역할을 강조한다.

8. 케인즈(J. M. Keynes)의 경제이론에 관한 설명으로 옳은 것을 모두 고른 것은?

   ㄱ. 국가의 적극적인 시장 개입을 통해 시장경제의 위기를 해결할 수 있다.
   ㄴ. 저소득층의 소득 및 소비수준을 높임으로써 유효수요를 창출하고 이를 통해 국민경제의 내수 기반을 안정화시켜야 된다.
   ㄷ. 사회복지지출은 사회복지정책 목표의 달성을 위한 수단이면서 소비수요 증대를 통한 완전고용 및 경제성장 달성을 위한 수단으로서의 의미가 있다.
   ㄹ. 고용증가는 다시 국민소득 수준을 높이고 이는 다시 소비수준을 높이는 선순환이 형성된다.

   ① ㄱ, ㄴ
   ② ㄴ, ㄹ
   ③ ㄷ, ㄹ
   ④ ㄱ, ㄷ
   ⑤ ㄱ, ㄴ, ㄷ, ㄹ

9. 정책평가의 필요성으로 옳지 않은 것은?
   ① 정책이 처음 의도한 대로 집행되었는지를 파악하기 위해
   ② 정책에 이용한 자원의 경제적 합리성을 파악하기 위해
   ③ 정부의 정책 활동에 대한 윤리적 책임성을 확보해야 하므로
   ④ 정책의 개선에 필요한 정보를 획득하기 위해
   ⑤ 정책을 결정하기 위한 이론을 형성하기 위해

10. 사회복지정책에 대한 분석적 접근방법과 그 예의 연결이 옳은 것을 모두 고른 것은?

    ㄱ. 과정분석 - 국민연금제도의 개혁과정 분석
    ㄴ. 성과분석 - 방과 후 게임중독 치료 프로그램 참여여부에 따른 게임중독률 비교 분석
    ㄷ. 성과분석 - 육아기 10시 출근제도가 여성 근로자 퇴사율 감소에 미치는 영향 분석
    ㄹ. 산물분석 - 국민연금 대상자와 기초연금 대상자의 선정기준 분석

    ① ㄱ, ㄴ, ㄷ
    ② ㄹ
    ③ ㄴ, ㄹ
    ④ ㄱ, ㄷ
    ⑤ ㄱ, ㄴ, ㄷ, ㄹ

11. 우리나라 사회복지제도의 급여자격 조건에 관한 설명으로 옳은 것은?
    ① 건강보험은 연령에 따른 인구학적 기준과 기여에 따라 급여를 제공한다.
    ② 장애인연금은 인구학적 기준과 진단적 차등에 따른 보편주의적인 제도이다.
    ③ 산업재해보상보험은 진단적 차등만을 기준으로 급여가 제공된다.
    ④ 국민기초생활보장제도는 자산조사와 부양의무자 기준을 모두 고려한다.
    ⑤ 노인장기요양보험은 자산조사 기준이 반드시 적용된다.

12. 사회복지정책의 급여 형태에 관한 설명으로 옳은 것은?
   ① 현금급여는 정치적인 측면에서 세금이 반드시 필요한 곳에 쓰인다는 것을 보여줄 수 있어서 정치적으로 선호되기도 한다.
   ② 전자바우처 도입으로 인해 공급자 지원방식이 아닌 수요자 지원방식으로 전환되었다.
   ③ 현물급여는 소비자 주권(consumer sovereignty)을 높일 수 있다.
   ④ 현금급여, 바우처, 현물급여 중 소비자 선택권은 바우처가 가장 낮다.
   ⑤ 권력(power)은 무형의 급여 형태로서 장애인 의무고용제도, 여성고용할당제 등이 이에 해당한다.

13. 사회복지정책의 재원에 관한 설명으로 옳지 않은 것은?
   ① 조세감면, 소득공제 등의 조세지출은 고소득층보다 저소득층에게 매우 유리한 재원이다.
   ② 정부의 재정은 크게 예산과 기금으로 구분하며, 예산은 일반예산과 특별예산으로 구분된다.
   ③ 국고보조금은 중앙정부의 각 부처가 지방자치단체에 지원하는 재원이다.
   ④ 사용자 부담(이용료)은 역진성이 나타날 수 있고, 저소득층의 서비스 접근성을 떨어뜨린다.
   ⑤ 간접세의 인상은 물가상승의 요인이 된다.

14. 중앙정부와 지방정부 간의 복지재정 이전체계에 관한 설명으로 옳지 않은 것을 모두 고른 것은?

   > ㄱ. 범주적 보조금은 재원의 사용목적이 상세히 규정되어 있고 제약조건이 부여되는 특징이 있다.
   > ㄴ. 포괄 보조금은 지원대상이 되는 활동의 범주가 넓으며, 특정 사업이나 정책 영역에 사용되기보다는 일반적인 영역을 대상으로 지급된다.
   > ㄷ. 일반 교부세는 국가가 예산의 일부를 지방정부에게 일정한 비율로 배분하는 것이다.
   > ㄹ. 지방 정부의 재량권을 기준으로 작은 것에서 큰 순서로 나열하면 일반 교부세 < 포괄 보조금 < 범주적 보조금 순으로 나열할 수 있다.

   ① ㄱ, ㄴ
   ② ㄷ, ㄹ
   ③ ㄹ
   ④ ㄱ, ㄴ, ㄷ
   ⑤ ㄱ, ㄴ, ㄷ, ㄹ

15. 사회보험과 공공부조에 관한 설명으로 옳은 것은?
   ① 사회보험은 대상효율성이 공공부조에 비해 낮다.
   ② 사회보험은 조세를 재원으로 하며, 공공부조는 기여금, 부담금 등을 재원으로 한다.
   ③ 사회보험과 공공부조는 자산조사를 반드시 실시해야 한다.
   ④ 사회보험은 공공부조에 비해 수직적 재분배 효과가 크다.
   ⑤ 사회보험과 공공부조는 선별주의를 기반으로 한다.

16. 사회수당에 관한 내용으로 옳은 것을 모두 고른 것은?

   ㄱ. 기여·자산 조사의 형태이다.
   ㄴ. 우리나라의 사회수당 제도는 보편주의적 가치를 완벽하게 반영하고 있다.
   ㄷ. 사회보장제도 중 가장 오래된 유형이다.
   ㄹ. 재원이 많이 들고, 제한된 자원에서는 급여 수준이 높지 못하다는 한계가 있다.

   ① ㄱ, ㄴ, ㄷ   ② ㄹ
   ③ ㄱ, ㄹ   ④ ㄴ, ㄷ
   ⑤ ㄱ, ㄴ, ㄷ, ㄹ

17. 공적 연금제도에 관한 설명으로 옳지 않은 것을 모두 고른 것은?

   ㄱ. 적립방식은 장기적인 예측에 있어서 어려움이 있으며, 인플레이션 등 경제사회적 변화에 취약하다.
   ㄴ. 부과방식은 세대 간 재분배 효과가 크며, 인구구조 변화에 큰 영향을 받지 않는다.
   ㄷ. 확정급여식 연금은 개인 차원에서 예측하기 어려운 물가상승, 경기침체, 기대수명 연장 등의 위험들을 사회 전체적으로 분산시켜 대응하는 장점이 있다.
   ㄹ. 확정기여식 연금의 급여액은 적립한 기여금과 기여금의 투자수익에 의해서 결정되기 때문에 사전에 급여액이 얼마나 될지 알 수 없다.

   ① ㄱ, ㄴ   ② ㄷ, ㄹ
   ③ ㄴ   ④ ㄱ, ㄷ, ㄹ
   ⑤ ㄱ, ㄴ, ㄷ, ㄹ

18. 진료비 지불방식에 관한 설명으로 옳지 않은 것을 모두 고른 것은?

   ㄱ. 행위별 수가제는 과잉진료 및 신의료기술의 지나친 적용을 억제할 수 있다.
   ㄴ. 우리나라는 포괄수가제를 기본으로 하면서 행위별 수가제의 적용도 확대하고 있다.
   ㄷ. 포괄수가제는 보통 발생 빈도가 높은 질병군에 대해 적용한다.
   ㄹ. 행위별 수가제는 의료진의 진료행위에 대한 자율성이 확보된다.

   ① ㄱ, ㄴ   ② ㄱ, ㄷ
   ③ ㄴ, ㄹ   ④ ㄷ, ㄹ
   ⑤ ㄱ, ㄴ, ㄷ, ㄹ

19. 노인장기요양보험의 급여를 제공하는 장기요양기관으로 짝지어진 것은?
    ① 단기보호시설, 주·야간보호시설, 노인요양병원
    ② 노인요양공동생활가정, 노인요양병원, 노인요양시설
    ③ 노인요양시설, 노인요양공동생활가정, 노인공동생활가정
    ④ 단기보호시설, 노인요양병원, 노인요양시설
    ⑤ 노인요양공동생활가정, 노인요양시설, 주·야간보호시설

20. 산업재해보상보험제도에 관한 설명으로 옳지 않은 것은?
    ① 보험료율은 업종별 요율과 개별 실적요율제를 함께 적용한다.
    ② 업무수행성과 업무기인성을 기본 요건으로 하여 업무상 질병, 부상, 사망이 발생하였을 때 급여를 지급한다.
    ③ 산업재해보상보험에서의 요양급여는 건강보험과는 달리 본인부담금 없이 전액을 급여로 지급한다.
    ④ 요양급여를 신청한 사람은 공단이 요양급여에 관한 결정을 하기 전에는 국민건강보험의 요양급여 또는 의료급여를 받을 수 있다.
    ⑤ 산재가 발생하면 노동자는 요양급여와 휴업급여를 받게 되는데, 중증요양상태등급에 해당되는 2년 이상의 장기 요양자에게는 휴업급여를 지급한다.

21. 고용보험제도에 관한 설명으로 옳지 않은 것은?
    ① 구직급여의 급여일수는 대기기간을 포함하여 산정한다.
    ② 폐업한 자영업자는 폐업일 이전 24개월간 피보험 단위기간이 합산하여 1년 이상이어야 한다.
    ③ 예술인 또는 노무제공자의 노무를 제공받는 사업에도 적용하되, 규정된 특례 사항에 한정하여 각각 적용한다.
    ④ 임신 중의 여성에게 출산 전과 출산 후를 통하여 90일의 출산전후휴가를 주어야 한다.
    ⑤ 외국인근로자의 고용 등에 관한 법률의 적용을 받는 외국인근로자에게는 고용보험제도를 적용한다.

22. 국민기초생활보장제도의 자활지원에 관한 설명으로 옳지 않은 것은?
    ① 시장·군수·구청장은 수급자의 자활여건 변화와 급여 실시 결과를 정기적으로 평가하고 필요한 경우 자활지원계획을 변경할 수 있다.
    ② 한국자활복지개발원은 수급자 및 차상위자가 상호 협력하여 조합 또는 공동 사업자 등의 형태로 저소득층의 일자리 창출 및 탈빈곤을 위한 자활사업을 운영하는 업체이다.
    ③ 자활급여는 관련 공공기관·비영리법인·시설과 그 밖에 대통령령으로 정하는 기관에 위탁하여 실시할 수 있다.
    ④ 자산형성지원사업에는 희망저축계좌, 청년내일저축계좌 등이 있다.
    ⑤ 보장기관은 사회복지법인, 사회적협동조합 등 비영리법인과 단체를 법인등의 신청을 받아 지역자활센터로 지정할 수 있다.

23. 빈곤과 관련된 설명으로 옳은 것을 모두 고른 것은?

> ㄱ. 마르크스주의, 빈곤문화론, 노동시장분절론에서는 빈곤의 원인을 사회구조에서 찾는다.
> ㄴ. 타운센드(Townsend)는 상대적 빈곤 개념을 비판하면서, 절대적 박탈의 개념을 구체화했다.
> ㄷ. 라운트리(Rowntree) 방식에는 필수품의 범위를 결정하는 데에 있어 문제가 제기될 수 있다.
> ㄹ. 상대적 빈곤은 경제발전에 따라 소득수준이 상승하면 일정 부분 완화되는 경향이 있다.

① ㄱ
② ㄱ, ㄷ
③ ㄴ
④ ㄴ, ㄹ
⑤ ㄷ, ㄹ

24. 의료급여제도에 관한 설명으로 옳지 않은 것은?
① 국민기초생활보장 수급자로서 희귀질환자는 1종 수급권자에 해당한다.
② 본인부담 보상제와 본인부담 상한제가 있다.
③ 의료급여 수급자가 의료급여를 받을 수 있는 급여일수에는 상한이 없다.
④ 국민건강보험 요양급여 기준에 의한 급여대상 항목에 대한 의료비 지원을 원칙으로 한다.
⑤ 의료급여 1종과 2종은 입원과 외래 모두 본인부담금이 다르다.

25. 로렌즈 곡선 및 지니계수와 관련된 설명으로 옳은 것을 모두 고른 것은?

> ㄱ. 로렌즈 곡선을 토대로 지니계수를 파악할 수 있다.
> ㄴ. 로렌즈 곡선은 완전평등선에서 아래쪽으로 볼록할수록 평등하다.
> ㄷ. 현실적으로 지니계수가 0인 국가도, 1인 국가도 존재하지 않는다.
> ㄹ. 시장소득 지니계수와 가처분소득 지니계수는 같은 값을 갖는다.

① ㄱ, ㄴ
② ㄱ, ㄷ
③ ㄴ, ㄹ
④ ㄱ, ㄷ, ㄹ
⑤ ㄴ, ㄷ, ㄹ

사회복지정책과 제도(사회복지행정론)

26. 다음 상황에서 함께 고려해야 할 사회복지행정의 기능은?

> A사회복지법인에서는 내년 중장기 생활시설의 개소를 준비 중이다. 그동안 행정직원을 중심으로 예산 및 지원 확보, 시설준비 등이 완료된 상태이다. 사회복지사 및 생활관리사를 모집하기에 앞서 교대근무 방식을 어떻게 구성하는 것이 효율적일지를 고민 중에 있다.

① 직무공유에 따른 조정 장치가 요구된다.
② 신설된 시설에 대한 재정 마련이 요구된다.
③ 생활시설의 운영을 위한 리더가 요구된다.
④ 시설운영의 보고에 대한 절차가 요구된다.
⑤ 지역사회와의 네트워크 구성이 요구된다.

27. 2000년 이후 한국 사회복지행정의 발달에 관한 설명으로 옳은 것은?
① 2004년에는 보건복지사무소가 종료되고 사회복지사무소로 전환되었다.
② 2005년 지역사회보장계획 수립으로 사회복지가 사회보장으로 확대하였다.
③ 2012년 읍·면·동 희망복지지원단 설치로 통합 사례관리를 실시하였다.
④ 2016년 복지 허브화 사업을 통해 시·군·구 단위 사례관리를 도입하였다.
⑤ 2019년 이후 지방자치단체의 지역사회 통합돌봄 사업이 강조되고 있다.

28. 인간관계이론에 관한 설명으로 옳지 않은 것은?
① 조직 내 인간관계가 갖는 중요성을 인식하였다.
② 조직의 생산성 향상을 목적으로 연구되었다.
③ 조직을 둘러싼 외부환경의 변수를 고려하였다.
④ 조직구성원의 자율성과 책임성을 강조하였다.
⑤ 조직 내 비공식 집단의 역동성에 관심을 두었다.

29. 사회복지조직이 총체적 품질관리(TQM)를 도입함에 있어 고려해야 할 사항으로 옳지 않은 것은?

① 사회복지서비스는 무형적이고 표준화가 어려워 TQM의 적용이 어려울 수 있다.

② TQM은 집권적 구조로 구성되는 경향이 있어 사회복지조직에는 다소 부적합하다.

③ 품질의 변동 가능성을 예방하고 지속적으로 개선해나갈 수 있는 체계를 마련해야 한다.

④ 클라이언트 중심적 관점이기 때문에 클라이언트의 만족도를 파악하는 것이 중요하다.

⑤ 일선 사회복지사들의 사명감과 참여를 고취시키며 전문성 개발을 위한 훈련체계가 요구된다.

30. 조직이론에 관한 설명으로 옳은 것은?

① 상황이론: 상황에 따라 적합한 조직구조가 달라진다고 보았으며 별도의 조직구조를 제시하지 않았다.

② 목표관리론: 집단적 노력을 강조하여 개인적 동기를 무시하였다.

③ 체계이론: 작업에 필요한 동작과 시간을 분석하여 분업을 체계화하였다.

④ 조직군 생태론: 조직이 환경을 변화시킬 수 있는 전략들을 제시하였다.

⑤ 제도이론: 업무 규칙, 생활 규율 등 조직 내 제도 마련을 강조하였다.

31. 조직환경이론들의 입장 차이에 관한 설명으로 옳은 것을 모두 고른 것은?

> ㄱ. 상황이론: 조직의 합리적인 선택에 의한 적응을 가정, 환경변화에 수동적 입장
> ㄴ. 정치경제이론: 조직과 환경과의 상호작용에 초점, 조직의 자발성 강조
> ㄷ. (신)제도이론: 과업환경이 아닌 법적·제도적 환경 강조, 조직의 생존을 위해 법적·제도적 환경에 순응
> ㄹ. 조직군 생태이론: 환경적 요인에 가장 적합한 조직이 피동적으로 선택된다는 조직의 적응을 가정

① ㄱ, ㄷ
② ㄴ, ㄹ
③ ㄱ, ㄴ, ㄷ
④ ㄴ, ㄷ, ㄹ
⑤ ㄱ, ㄴ, ㄷ, ㄹ

32. 다음 사례에서 제기되는 문제는 무엇인가?

> ○○법인은 부속 시설들에 대해 해마다 평가를 진행하고 있다. 그 중 A시설은 지난해 사업성과가 다소 미흡한 것으로 평가되었다. A시설의 장은 올해는 성과를 기대할 수 있는 신청자들을 우선적으로 선정하고 좀 어려울 것으로 보이는 신청자들은 다른 기관으로 의뢰하면 어떻겠냐는 이야기를 꺼냈다.

① 집단사고
② 크리밍 현상
③ 기준행동
④ 목적전치
⑤ 업무 세분화

33. 사회복지서비스 전달체계 구축의 원칙에 관한 설명으로 옳지 않은 것을 모두 고른 것은?

> ㄱ. 적절성: 이용자들의 형평성을 고려하여 서비스를 조정하였다.
> ㄴ. 책임성: 서비스 제공을 점검하고 클라이언트의 만족도를 파악하였다.
> ㄷ. 통합성: 지역주민들에게 서비스를 알리는 홍보물을 제작하였다.
> ㄹ. 전문성: 슈퍼비전, 보수교육, 팀학습 등의 제도를 마련하였다.

① ㄱ, ㄷ
② ㄴ, ㄹ
③ ㄱ, ㄴ, ㄷ
④ ㄴ, ㄷ, ㄹ
⑤ ㄱ, ㄴ, ㄷ, ㄹ

34. 사회복지서비스 전달체계에 관한 설명으로 옳지 않은 것은?
① 사회복지협의회, 자원봉사센터, 공동모금회 등은 직접 서비스 기관이다.
② 사회복지서비스의 경우 시·군·구가 민간기관에 위탁하여 전달하는 때에는 시·군·구가 행정체계, 민간기관이 집행체계가 된다.
③ 공공 전달체계는 외부효과가 큰 복지재의 제공을 담당해야 한다.
④ 운영주체에 따라 공적 체계와 사적 체계로 구분된다.
⑤ 집행체계는 수혜자들에게 서비스를 전달하는 기능을 주로 하며 일부 행정기능도 한다.

35. 프로그램 평가검토 기법(PERT)에 관한 설명으로 옳지 않은 것은?
① 명확한 목표설정에 따라 기획한다.
② 각 활동에 예상되는 기대시간을 측정한다.
③ 활동 간 상관관계를 파악하기 어렵다.
④ 유동적인 상황에 대한 대처가 용이하다.
⑤ 최종목표 달성에 필요한 기간을 제시한다.

36. 의사결정에 관한 설명으로 옳지 않은 것은?
① 전략적 결정은 조직의 목적달성 및 발전 등에 관한 결정이다.
② 직관적 결정은 직원 채용 등 인사 과정에서 큰 영향을 미치기도 한다.
③ 문제해결 결정은 의사결정에 긴급을 요하는 사안에 유리하다.
④ 판단적 결정은 표준화되어 있는 일상적 업무에서 이루어진다.
⑤ 비정규적 결정은 다소 주먹구구식으로 이루어지기도 한다.

37. 전략적 기획(Strategic Planning)에 관한 설명으로 옳지 않은 것은?
   ① 조직의 목표달성 및 성과의 극대화에 초점을 둔다.
   ② 조직의 상층부를 중심으로 거시적 관점에서 수립된다.
   ③ 조직의 근본적인 방향을 설정하는 것으로 수정할 수 없다.
   ④ 전략적 기획의 실행을 위해 전술적 기획을 수립한다.
   ⑤ 외부환경의 현재를 분석하고 미래를 예측하여 반영한다.

38. 경쟁가치 리더십 모델에서 다음 빈칸에 해당하는 것은?

   > 퀸(Quinn)은 내부지향 - 외부지향의 가로축과 유연성(분권화) - 통제성(집권화)의 세로축에 따라 4가지 영역을 구분하여 각 영역에 대한 리더십을 연구하였다. 그 중 (ㄱ) 영역은 외부지향적이면서 집권적 성향의 리더십이며, 그 반대에 있는 (ㄴ) 영역은 내부지향적이면서 비집권적 성향의 리더십이다.

   ① ㄱ: 지휘기술, ㄴ: 경계잇기기술
   ② ㄱ: 지휘기술, ㄴ: 인간관계기술
   ③ ㄱ: 조정기술, ㄴ: 경계잇기기술
   ④ ㄱ: 지휘기술, ㄴ: 조정기술
   ⑤ ㄱ: 경계잇기기술, ㄴ: 인간관계기술

39. 리더십이론에 관한 설명으로 옳은 것은?
   ① 허시와 블랜차드의 상황이론에서 부하가 능력은 없는데 의지만 있는 경우에는 아이디어를 제시해주고 방향을 제시해주는 제시형 리더십이 효과적이다.
   ② 특성론적 접근에서는 성공적인 리더와 그렇지 않은 리더 사이에 나타나는 차이점은 리더가 보이는 행동유형에 따라 나타난다고 보았다.
   ③ 미시간연구에서는 리더의 행동유형을 직무 중심 리더십과 구성원 중심 리더십으로 구분하며 직무 중심 리더십이 더 높은 생산성을 보인다고 보았다.
   ④ 서번트 리더십은 인간존중을 바탕으로 구성원들의 잠재력을 이끌어주는 리더십이지만 리더의 독단이 역효과를 일으킬 수 있다고 보았다.
   ⑤ 거래적 리더십과 변혁적 리더십은 서로 대치되는 유형의 리더로 하나의 조직 내에서 양립할 경우 조직이 불안정해질 수 있다.

40. 직무분석에 관한 설명으로 옳은 것을 모두 고른 것은?

> ㄱ. 직무 활동, 요구되는 도구, 지식, 능력 등을 합리적으로 알아내는 과정이다.
> ㄴ. 직원 선발·채용, 직무수행 평가, 교육·훈련 등을 위한 자료로 활용된다.
> ㄷ. 수행되는 활동, 작업조건 등에 대한 분석을 기반으로 직무기술서를 작성한다.
> ㄹ. 직무수행에 필요한 능력, 자격 등을 분석하여 직무명세서를 작성한다.

① ㄱ, ㄷ
② ㄴ, ㄹ
③ ㄱ, ㄴ, ㄷ
④ ㄴ, ㄷ, ㄹ
⑤ ㄱ, ㄴ, ㄷ, ㄹ

41. 다음 욕구이론에서 빈칸에 해당하는 것을 순서대로 제시한 것은?

> 알더퍼(Alderfer)는 인간의 욕구를 3가지로 정리하며 ERG이론을 제시하였다. E는 생리적 욕구를 비롯해 존재 자체를 확보하기 위한 욕구인 존재욕구이다. R은 사람들과 관계를 맺고자 하는 (ㄱ)욕구를 의미하며, G는 자신의 잠재력을 개발하고 자아실현을 이루고자 하는 (ㄴ)욕구를 의미한다.

① ㄱ: 권력, ㄴ: 달성
② ㄱ: 관계, ㄴ: 자존
③ ㄱ: 관계, ㄴ: 성장
④ ㄱ: 친화, ㄴ: 성장
⑤ ㄱ: 친화, ㄴ: 달성

42. 직원 모집 및 선발 등에 관한 설명으로 옳지 않은 것은?
① 충원 계획은 장기적 차원의 검토도 필요하다.
② 모집공고에는 선발 과정을 포함하여 작성한다.
③ 직무명세서에는 직무내용 및 핵심과업 등을 기록한다.
④ 선발을 위한 시험은 객관성과 타당성을 고려해야 한다.
⑤ 면접에서는 면접관의 직관적 의사결정이 작용할 수 있다.

43. 예산모형에 관한 설명으로 옳지 않은 것은?
① 프로그램기획 예산은 항목, 단위원가 및 수량, 사업의 목적이 동시에 제시된다.
② 영기준 예산은 회계연도에 진행될 사업의 우선순위를 토대로 예산을 책정한다.
③ 품목별 예산은 지출을 감독하여 예산의 남용과 부정을 방지하는 데에 역점을 둔다.
④ 점증주의 예산은 특정 부문의 예산이 급격히 감액되는 것을 방지할 수 있다.
⑤ 성과주의 예산은 단위원가와 수량이 표시되어 신축적인 예산집행이 가능하다.

44. 사회복지조직의 회계관리에 관한 설명으로 옳지 않은 것은?
   ① 후원금을 후원자가 지정한 사용용도 외의 용도로 사용하지 못한다.
   ② 법인의 대표이사와 시설의 장은 후원금 영수증을 발급하여야 한다.
   ③ 법인의 대표이사 및 시설의 장은 관·항·목간의 예산을 전용할 수 있다.
   ④ 2회계연도 이상에 걸쳐 진행되는 특정목적사업의 예산은 적립할 수 있다.
   ⑤ 예산보고서에는 예산총칙, 세입·세출결산서 등을 첨부해야 한다.

45. 프로그램 설계에 관한 설명으로 옳지 않은 것은?
   ① 프로그램을 설계할 때에는 문제의 원인과 실태를 면밀히 파악해야 하며 사회적 가치를 고려해야 한다.
   ② 달성가능성, 현실성, 구체성, 수량화, 시의적절성 등 SMART 요건에 기반하여 구체적인 목표를 수립해야 한다.
   ③ 프로그램은 이용자의 관점에서 설계하도록 하되, 조직의 비전과 가치를 위배하지 않도록 해야 한다.
   ④ 프로그램 설계 과정에서는 언제, 어떤 방식으로 평가를 진행할지와 관련하여 평가에 대한 계획을 세워두어야 한다.
   ⑤ 일반집단 → 위기집단 → 클라이언트 집단 → 표적집단 순으로 범위를 좁혀가며 클라이언트 규모를 가늠해본다.

46. 논리모델(logic model)을 적용하여 부모의 이혼에 따른 아동기 자녀의 스트레스 완화 프로그램을 설계할 때 옳은 것을 모두 고른 것은?

   ㄱ. 투입: 프로그램 진행 비용
   ㄴ. 활동: 심리상담 전문가 모집
   ㄷ. 산출: 전체 참석자 수 및 참석률
   ㄹ. 성과: 스트레스 측정 척도 개발

   ① ㄱ, ㄷ ② ㄴ, ㄹ
   ③ ㄱ, ㄴ, ㄷ ④ ㄴ, ㄷ, ㄹ
   ⑤ ㄱ, ㄴ, ㄷ, ㄹ

47. 사회복지사업법상 사회복지서비스 최저기준 적용 사항을 모두 고른 것은?

> ㄱ. 시설의 안전관리
> ㄴ. 시설 실무자의 인권
> ㄷ. 시설의 규모 및 종사자 채용 자격
> ㄹ. 지역사회 연계

① ㄱ, ㄹ
② ㄴ, ㄷ
③ ㄱ, ㄴ, ㄹ
④ ㄴ, ㄷ, ㄹ
⑤ ㄱ, ㄴ, ㄷ, ㄹ

48. 사회복지조직에서의 마케팅 활동에 관한 설명으로 옳지 않은 것은?
① 사회복지서비스는 미리 체험해볼 수 없다는 점을 고려하여 홍보자료를 작성한다.
② 후원금 모금을 효율적으로 진행하기 위해 표적시장을 분석하여 선정한다.
③ 다이렉트 마케팅은 서비스에 관한 정보전달과 동시에 후원금 모금의 기능도 한다.
④ TV방송이나 신문기사 등을 통해 도움이 필요한 클라이언트의 상황을 알린다.
⑤ 공익연계마케팅은 정부가 사회복지기관에 위탁한 사업을 알리는 것이다.

49. 사회복지조직의 혁신에 관한 설명으로 옳지 않은 것은?
① 조직의 혁신은 단순한 변화 이상의 의미를 갖는다.
② 환경변화로 인해 피동적으로 일어나는 현상이다.
③ 변혁적 리더의 역량이 혁신의 성패에 영향을 준다.
④ 조직구성원들의 행태나 가치관의 변화에 역점을 둔다.
⑤ 조직구성원들의 저항 가능성을 고려해야 한다.

50. 사회복지조직의 환경관리 전략에 관한 설명으로 옳은 것은?
① 권위주의 전략은 정부조직보다는 민간조직에게 유리한 전략이다.
② 두 조직 간에 지원이나 서비스의 교환을 하였다면 흡수전략을 사용한 것이다.
③ 방해전략은 환경관리 전략에 포함될 수 없는 전략이다.
④ 여러 조직들이 공동집합교육 장소를 마련하였다면 연합전략을 사용한 것이다.
⑤ 협동전략을 잘못 사용할 경우 크리밍 현상을 야기할 수 있다.

사회복지정책과 제도(사회복지법제론)

51. 법률의 제정과정에 관한 설명으로 옳지 않은 것은?
    ① 법률안을 심의·의결하는 과정은 국회의 고유권한이지만, 법률안을 제출하는 것은 정부도 할 수 있다.
    ② 본회의에서 법률안이 의결되면 정부에 이송되어 20일 이내에 대통령이 공포하게 된다.
    ③ 법률안에 이의가 있으면 대통령은 거부권을 행사하고 재의를 요구할 수 있다.
    ④ 법률안이 제출되면 소관 상임위원회에 회부되어 심사를 받고, 심사가 끝나고 본회의에 회부되면 법률안에 대한 심의와 의결이 진행된다.
    ⑤ 대통령에게 재의 요구된 법률안은 국회가 재적의원 과반수의 출석과 출석의원 2/3 이상의 찬성으로 전과 같은 의결을 하면 그 법률안은 확정된다.

52. 사회복지조례에 관한 설명으로 옳은 것은?
    ① 지방자치단체의 사회복지조례 제정권은 보건복지부장관으로부터 부여받은 권리이다.
    ② 조례의 시행을 위해 필요한 사항을 규칙으로서 정한다.
    ③ 사회복지조례는 국가에 대해서 법적 구속력을 갖는다.
    ④ 법령에 위반하더라도 지역주민의 복리를 위한 사항은 효력을 발휘한다.
    ⑤ 지역사회보장협의체의 조직 및 운영에 관하여 법 규정 외에 필요한 사항은 지방자치단체의 장이 정한다.

53. 법률의 제정연도가 빠른 순서대로 나열된 것은?

    ```
    ㄱ. 산업재해보상보험법
    ㄴ. 노인장기요양보험법
    ㄷ. 국민건강보험법
    ㄹ. 국민연금법
    ```

    ① ㄱ - ㄴ - ㄷ - ㄹ
    ② ㄱ - ㄷ - ㄴ - ㄹ
    ③ ㄱ - ㄹ - ㄷ - ㄴ
    ④ ㄷ - ㄴ - ㄱ - ㄹ
    ⑤ ㄷ - ㄹ - ㄴ - ㄱ

54. 헌법 규정의 사회적 기본권에 관한 내용으로 옳지 않은 것은?
   ① 모든 국민은 인간으로서의 존엄과 가치를 가지며, 행복을 추구할 권리를 가진다.
   ② 국가는 재해를 예방하고 그 위험으로부터 국민을 보호하기 위하여 노력하여야 한다.
   ③ 모든 국민은 능력에 따라 균등하게 교육을 받을 권리를 가진다.
   ④ 모든 국민은 건강하고 쾌적한 환경에서 생활할 권리를 가지며, 국가와 국민은 환경보전을 위하여 노력하여야 한다.
   ⑤ 모든 국민은 헌법과 법률이 정한 법관에 의하여 법률에 의한 재판을 받을 권리를 가진다.

55. 사회보장기본법에 관한 내용으로 옳지 않은 것은?
   ① 국가와 지방자치단체는 사회보장제도를 신설하거나 변경할 경우 재원의 규모·조달방안을 포함한 재정에 미치는 영향 및 지역별 특성 등을 사전에 충분히 검토하고 상호협력하여 사회보장급여가 중복 또는 누락되지 아니하도록 하여야 한다.
   ② 국가와 지방자치단체는 사회보장에 대한 민간부문의 참여를 유도할 수 있도록 정책을 개발·시행하고 그 여건을 조성하여야 한다.
   ③ 사회보장 비용의 부담은 각각의 사회보장제도의 목적에 따라 국가, 지방자치단체 및 민간부문 간에 합리적으로 조정되어야 한다.
   ④ 국가와 지방자치단체는 사회보장정보시스템의 구축·운영을 총괄하며, 사회보장정보시스템의 운영·지원을 위하여 전담기구를 설치할 수 있다.
   ⑤ 사회보장수급권을 포기하는 것이 다른 사람에게 피해를 주거나 사회보장에 관한 관계 법령에 위반되는 경우에는 사회보장수급권을 포기할 수 없다.

56. 사회보장기본법상 사회보장위원회의 심의·조정 사항으로 옳은 것을 모두 고른 것은?

   ┌───┐
   │ ㄱ. 사회보장제도의 신설 또는 변경에 따른 우선순위 │
   │ ㄴ. 사회보장급여 및 비용 부담   │
   │ ㄷ. 사회보장의 재정추계 및 재원조달 방안   │
   │ ㄹ. 사회보장정보의 보호 및 관리   │
   └───┘

   ① ㄱ, ㄴ   ② ㄴ, ㄷ
   ③ ㄷ, ㄹ   ④ ㄱ, ㄹ
   ⑤ ㄱ, ㄴ, ㄷ, ㄹ

57. 사회보장급여의 이용·제공 및 수급권자 발굴에 관한 법률에 관한 내용으로 옳은 것은?
    ① 보건복지부장관은 부정한 방법으로 사회보장급여를 받는 경우에 대하여 보장기관이 효과적인 대책을 세울 수 있도록 실태조사를 5년마다 실시하고, 그 결과를 공개하여야 한다.
    ② 수급자가 부정한 방법으로 사회보장 급여를 받은 경우에는 반드시 사회보장급여의 전부를 그 사회보장급여를 받거나 받게 한 자로부터 환수하여야 한다.
    ③ 보장기관의 장은 지원대상자에 대한 발굴조사를 분기마다 정기적으로 실시하여야 한다.
    ④ 보건복지부장관은 발굴한 위기가구의 구성원이 필요로 하는 적절한 사회보장급여를 제공받을 수 있도록 지원하여야 한다.
    ⑤ 보건복지부장관은 지원대상자 발굴체계의 운영 실태를 3년마다 점검하고 개선방안을 마련하여야 한다.

58. 사회보장급여의 이용·제공 및 수급권자 발굴에 관한 법률상 사회보장에 관한 지역계획 및 운영체계 등에 관한 내용으로 옳지 않은 것을 모두 고른 것은?

    > ㄱ. 보장기관의 장은 지역사회보장계획의 수립 및 지원 등을 위하여 지역 내 사회보장 관련 실태와 지역주민의 사회보장에 관한 인식 등에 관하여 지역사회보장조사를 실시할 수 있다.
    > ㄴ. 파산선고를 받고 복권되지 아니한 사람도 시·도사회보장위원회의 위원이 될 수 있다.
    > ㄷ. 중앙행정기관의 장은 시·도지사 및 시장·군수·구청장에게 사회보장 사업의 수행에 필요한 비용을 지원할 수 있다.
    > ㄹ. 지역사회보장협의체는 시·도의 지역사회보장계획 수립·시행 및 평가에 관한 사항을 심의·자문한다.

    ① ㄱ, ㄴ
    ② ㄴ, ㄷ
    ③ ㄷ, ㄹ
    ④ ㄱ, ㄷ
    ⑤ ㄴ, ㄹ

59. 사회복지사업법에 관한 내용으로 옳지 않은 것은?
    ① 「국민건강보험법」은 사회복지사업법 제2조에서 열거하고 있는 사회복지사업 관련 법률에 해당하지 않는다.
    ② "사회복지서비스"란 모든 국민에게 「사회보장기본법」에 따른 사회서비스 중 사회복지사업을 통한 서비스를 제공하여 삶의 질이 향상되도록 제도적으로 지원하는 것을 말한다.
    ③ 사회복지법인은 사회복지사업의 운영에 필요한 재산을 반드시 소유하여야 한다.
    ④ 노인의료복지시설 중 노인요양시설은 수용인원 300명을 초과할 수 없다.
    ⑤ 시설의 운영자는 화재로 인한 손해배상책임을 이행하기 위하여 손해보험회사의 책임보험에 가입하거나 한국사회복지공제회의 책임공제에 가입하여야 한다.

60. 사회복지사업법상 사회복지시설에 관한 내용으로 옳지 않은 것은?
    ① 국가 또는 지방자치단체 외의 자가 시설을 설치·운영하려는 경우에는 보건복지부령으로 정하는 바에 따라 시장·군수·구청장에게 신고하여야 한다.
    ② 직업 및 취업 알선이 필요한 사람은 사회복지관이 실시하는 사회복지서비스 우선제공 대상자이다.
    ③ 노인복지법에 따른 노인여가복지시설은 반드시 사회복지사를 채용해야 한다.
    ④ 시설의 장은 상근(常勤)하여야 한다.
    ⑤ 시설의 장은 시설의 운영에 관한 사항을 심의하기 위하여 시설에 운영위원회를 두어야 한다.

61. 사회복지사업법상 기본이념으로 옳은 것을 모두 고른 것은?

    > ㄱ. 생활이 어려운 사람에게 필요한 급여를 실시하여 이들의 최저생활을 보장하고 자활을 돕는 것을 목적으로 한다.
    > ㄴ. 사회복지사업을 시행하는 데 있어서 사회복지를 제공하는 자는 사회복지를 필요로 하는 사람의 인권을 보장하여야 한다.
    > ㄷ. 사회보장은 모든 국민이 다양한 사회적 위험으로부터 벗어나 행복하고 인간다운 생활을 향유할 수 있도록 자립을 지원한다.
    > ㄹ. 사회복지서비스를 제공하는 자는 필요한 정보를 제공하는 등 사회복지서비스를 이용하는 사람의 선택권을 보장하여야 한다.

    ① ㄱ, ㄴ, ㄷ
    ② ㄷ, ㄹ
    ③ ㄱ, ㄷ
    ④ ㄴ, ㄹ
    ⑤ ㄱ, ㄴ, ㄹ

62. 국민기초생활보장법상 급여에 관한 내용으로 옳은 것은?
    ① 생계급여 최저보장수준은 생계급여와 소득인정액을 포함하여 생계급여 선정기준 미만이 되도록 하여야 한다.
    ② 사회복지사는 이 법에 따른 급여를 필요로 하는 사람이 누락되지 아니하도록 하기 위하여 관할지역에 거주하는 수급권자에 대한 급여를 직권으로 신청할 수 있다.
    ③ 근로능력이 있는 수급자가 자활에 필요한 사업에 참가하지 아니하는 경우 수급 자격을 반드시 취소하여야 한다.
    ④ 부양의무자의 부양과 다른 법령에 따른 보호는 이 법에 따른 급여에 우선하여 행하여지는 것으로 한다.
    ⑤ 교육급여는 교육부장관의 소관으로 하며, 주거급여는 행정안전부장관의 소관으로 한다.

63. 의료급여법상 의료급여기관에 해당하는 것을 모두 고른 것은?

> ㄱ. 「의료법」에 따라 개설된 의료기관
> ㄴ. 「지역보건법」에 따라 설치된 보건소·보건의료원 및 보건지소
> ㄷ. 「농어촌 등 보건의료를 위한 특별조치법」에 따라 설치된 보건진료소
> ㄹ. 「약사법」에 따라 개설등록된 약국 및 한국희귀·필수의약품센터

① ㄱ, ㄴ, ㄷ　　② ㄷ, ㄹ
③ ㄹ　　④ ㄱ, ㄴ
⑤ ㄱ, ㄴ, ㄷ, ㄹ

64. 긴급복지지원법에 관한 내용으로 옳은 것은?

① 이 법에 따른 지원은 위기상황에 처한 사람에게 지속적으로 신속하게 지원하는 것을 기본원칙으로 한다.
② 누구든지 긴급지원대상자를 발견한 경우에는 관할 시장·군수·구청장에게 신고하여야 한다.
③ 국가 및 지방자치단체는 위기상황에 처한 사람에 대한 발굴조사를 월 1회 이상 정기적으로 실시하여야 한다.
④ 국내에 체류하고 있는 외국인 중 「난민법」에 따른 난민으로 인정된 사람은 긴급지원대상자가 될 수 없다.
⑤ 긴급지원연장 결정, 긴급지원의 적정성 심사 등을 심의·의결하기 위하여 보건복지부에 긴급지원심의위원회를 둔다.

65. 기초연금법에 관한 내용이다. 다음 빈칸에 들어갈 숫자가 옳은 것은?

> • 기초연금액의 환수금을 환수할 권리와 기초연금 수급권자의 권리는 (ㄱ)년간 행사하지 아니하면 시효의 완성으로 소멸한다.
> • 국가는 지방자치단체의 노인인구 비율 및 재정 여건 등을 고려하여 기초연금의 지급에 드는 비용 중 100분의 (ㄴ) 이상 100분의 (ㄷ) 이하의 범위에서 대통령령으로 정하는 비율에 해당하는 비용을 부담한다.

① ㄱ: 5, ㄴ: 40, ㄷ: 90
② ㄱ: 5, ㄴ: 40, ㄷ: 70
③ ㄱ: 5, ㄴ: 30, ㄷ: 70
④ ㄱ: 3, ㄴ: 30, ㄷ: 90
⑤ ㄱ: 3, ㄴ: 40, ㄷ: 90

66. 국민연금법에 관한 내용으로 옳지 않은 것은?
    ① 이 법을 적용할 때 배우자, 남편 또는 아내에는 사실상의 혼인관계에 있는 자를 포함한다.
    ② 유족연금의 수급권자인 배우자에 대하여는 수급권이 발생한 때부터 3년 동안 유족연금을 지급한 후 55세가 될 때까지 지급을 정지한다.
    ③ 혼인기간이 3년 이상인 자가 분할연금 수급 요건을 모두 갖추면 그때부터 그가 생존하는 동안 배우자였던 자의 노령연금을 분할한 일정한 금액의 연금을 받을 수 있다.
    ④ 반환일시금의 수급권은 수급권자가 다시 가입자로 된 때에 해당하면 소멸한다.
    ⑤ 보건복지부장관은 국민연금사업에 필요한 재원을 원활하게 확보하고, 이 법에 따른 급여에 충당하기 위한 책임준비금으로서 국민연금기금을 설치한다.

67. 국민건강보험법상 국민건강보험종합계획에 포함되어야 할 사항으로 옳은 것을 모두 고른 것은?

    ㄱ. 고령사회 의료체계 개발에 관한 사항
    ㄴ. 보험료 부과체계에 관한 사항
    ㄷ. 건강증진 사업에 관한 사항
    ㄹ. 건강보험의 중장기 재정 전망 및 운영

    ① ㄱ, ㄴ, ㄷ   ② ㄴ, ㄷ, ㄹ
    ③ ㄷ, ㄹ   ④ ㄱ, ㄴ
    ⑤ ㄱ, ㄴ, ㄷ, ㄹ

68. 고용보험법상 급여에 관한 내용으로 옳지 않은 것은?
    ① 실업의 신고일부터 계산하기 시작하여 14일간은 대기기간으로 보아 구직급여를 지급하지 아니한다.
    ② 구직급여의 근로자의 피보험 단위기간은 피보험기간 중 보수 지급의 기초가 된 날을 합하여 계산한다.
    ③ 고용노동부장관은 육아휴직을 30일 이상 부여받은 피보험자 중 육아휴직을 시작한 날 이전에 피보험 단위기간이 합산하여 180일 이상인 피보험자에게 육아휴직 급여를 지급한다.
    ④ 예술인의 구직급여는 이직일 이전 24개월 동안의 피보험 단위기간이 통산하여 9개월 이상이어야 한다.
    ⑤ 이주비는 수급자격자가 취업하거나 직업안정기관의 장이 지시한 직업능력개발 훈련 등을 받기 위하여 그 주거를 이전하는 경우로서 직업안정기관의 장이 필요하다고 인정하면 지급할 수 있다.

69. 산업재해보상보험법에 관한 내용으로 옳지 않은 것은?
① 보험급여는 지급 결정일부터 14일 이내에 지급하여야 한다.
② 부상 또는 질병이 3일 이내의 요양으로 치유될 수 있으면 요양급여를 지급하지 아니한다.
③ 고용노동부장관의 위탁을 받아 이 법의 목적을 달성하기 위한 사업을 효율적으로 수행하기 위하여 근로복지공단을 설립한다.
④ "장해"란 분진을 흡입하여 폐에 생기는 섬유증식성 변화를 주된 증상으로 하는 질병을 말한다.
⑤ 유족보상연금 수급자격자 중 유족보상연금을 받을 권리의 순위는 배우자·자녀·부모·손자녀·조부모 및 형제자매의 순서로 한다.

70. 노인장기요양보험법에 관한 내용으로 옳지 않은 것은?
① 수급자는 장기요양인정서와 개인별장기요양이용계획서가 도달한 날부터 장기요양급여를 받을 수 있다.
② 장기요양보험료율, 재가 및 시설 급여비용, 가족요양비·특례요양비 및 요양병원간병비의 지급기준 등을 심의하기 위하여 보건복지부장관 소속으로 장기요양등급판정위원회를 둔다.
③ 천재지변 등 보건복지부령으로 정하는 사유로 인하여 생계가 곤란한 자는 본인부담금의 100분의 60의 범위에서 차등하여 감경할 수 있다.
④ 국가는 매년 예산의 범위 안에서 해당 연도 장기요양보험료 예상수입액의 100분의 20에 상당하는 금액을 공단에 지원한다.
⑤ 장기요양인정을 신청할 때 도서·벽지 지역에 거주하여 의료기관을 방문하기 어려운 자 등은 의사소견서를 제출하지 아니할 수 있다.

71. 노인복지법상 노인복지시설에 관한 내용으로 옳은 것은?
① 노인복지주택에 입소할 수 있는 자는 65세 이상의 노인으로 한다.
② 노인공동생활가정은 재가노인복지시설에 해당한다.
③ 국가 또는 지방자치단체 외의 자가 노인의료복지시설을 설치하고자 하는 경우에는 보건복지부장관에게 신고하여야 한다.
④ 노인여가복지시설은 방문요양서비스, 주·야간보호서비스, 단기보호서비스, 방문목욕서비스 등을 제공함을 목적으로 하는 시설이다.
⑤ 노인복지시설의 설치·운영자는 노인 등의 신체활동 또는 가사활동 지원 등의 업무를 전문적으로 수행하는 요양보호사를 두어야 한다.

72. 아동복지법의 내용이다. 빈칸에 들어갈 내용이 옳은 것은?

> - 아동의 권리증진과 건강한 출생 및 성장을 위하여 종합적인 아동정책을 수립하고 관계 부처의 의견을 조정하며 그 정책의 이행을 감독하고 평가하기 위하여 국무총리 소속으로 (ㄱ)을/를 둔다.
> - 시·도지사, 시장·군수·구청장은 보호조치 및 퇴소조치 등에 관한 사항을 심의하기 위하여 그 소속으로 (ㄴ)을/를 각각 둔다.
> - 보건복지부장관, 관계 중앙행정기관의 장 및 시·도지사는 (ㄷ) 기본계획에 따라 아동정책시행계획을 수립·시행하여야 한다.

① ㄱ: 아동복지심의위원회, ㄴ: 아동정책조정위원회, ㄷ: 3년마다
② ㄱ: 아동정책조정위원회, ㄴ: 아동권리보장원, ㄷ: 5년마다
③ ㄱ: 아동정책조정위원회, ㄴ: 아동복지심의위원회, ㄷ: 매년
④ ㄱ: 아동권리보장원, ㄴ: 아동복지심의위원회, ㄷ: 3년마다
⑤ ㄱ: 아동권리보장원, ㄴ: 아동정책조정위원회, ㄷ: 매년

73. 장애인복지법에 관한 내용으로 옳지 않은 것은?
① 장애인을 위하여 증여 또는 급여된 금품을 그 목적 외의 용도에 사용하는 행위를 한 사람은 3년 이하의 징역 또는 3천만원 이하의 벌금에 처한다.
② 한국수어 통역사, 점역(點譯)·교정사는 장애인복지 전문인력에 해당한다.
③ 사법경찰관리는 장애인 사망 및 상해 사건, 가정폭력 사건 등에 관한 직무를 수행하는 경우 장애인학대가 있었다고 의심할 만한 사유가 있는 때에는 장애인권익옹호기관에 그 사실을 통보하여야 한다.
④ 장애인이나 법정대리인등은 이 법에 따른 복지조치에 이의가 있으면 해당 장애인복지실시기관에 이의신청을 할 수 있다.
⑤ 장애인 직업재활시설은 장애인을 전문적으로 상담·치료·훈련하거나 장애인의 일상생활, 여가활동 및 사회참여활동 등을 지원하는 시설이다.

74. 성폭력방지 및 피해자보호 등에 관한 법률상 성폭력피해자 보호시설의 종류가 아닌 것은?
① 장애인보호시설
② 특별지원 보호시설
③ 외국인보호시설
④ 청소년보호시설
⑤ 장애인 자립지원 공동생활시설

75. 사회복지 관련 판례에 대한 설명으로 옳지 않은 것은?

① 고용부담금제도는 장애인고용의무제의 실효성을 확보하는 수단이므로 입법목적의 정당성이 인정된다.
② 국민연금의 가입대상을 경제활동이 가능한 18세 이상 60세 미만의 국민으로 제한하고 있는 조항은 헌법상의 평등원칙을 침해한다고 볼 수 없다.
③ 국민연금 보험료를 강제징수하는 것은 헌법에서 보장하는 국민의 재산권을 침해한 것이다.
④ 국가는 경제주체 간의 조화를 통한 경제민주화를 위해 장애인고용부담금 부과처분과 관련한 규제와 조정을 할 수 있다.
⑤ 국민건강보험법에서 보험료 체납의 경우에 보험료를 완납할 때까지 보험급여를 실시하지 아니할 수 있도록 한 것은 행복추구권을 침해한다고 볼 수 없다.

강의로 완성하는
FINAL 모의고사
1회

1교시 사회복지기초

인간행동과 사회환경

1	⑤	2	⑤	3	②	4	⑤	5	④
6	②	7	①	8	④	9	④	10	③
11	③	12	②	13	①	14	①	15	①
16	⑤	17	③	18	②	19	④	20	③
21	②	22	③	23	⑤	24	②	25	③

1
답 ⑤ ⇨ 기본개념 1장 & 기출회독 키워드 001

발달은 보편적인 성장의 과정을 거치지만 개인차는 존재한다.

2
답 ⑤ ⇨ 기본개념 1장 & 기출회독 키워드 002

인간발달이론이 사회복지실천에 유용한 이유로 모두 옳은 내용이다.

3
답 ② ⇨ 기본개념 2장 & 기출회독 키워드 004

현실원리에 의해 작동하는 것은 자아이다. 원초아를 지배하는 원리는 고통을 피하고 쾌락을 추구하는 쾌락원리이며, 일차과정 사고 기제를 사용한다.

4
답 ⑤ ⇨ 기본개념 2장 & 기출회독 키워드 005

무의식을 개인무의식과 집단무의식으로 구분한 것은 융의 분석심리이론이다.

5
답 ④ ⇨ 기본개념 2장 & 기출회독 키워드 006

아들러 이론은 열등감과 보상을 위한 노력이 모든 발달의 근원이 된다고 보았다.

6
답 ② ⇨ 기본개념 2장 & 기출회독 키워드 007

융의 분석심리이론은 중년기의 발달 특성을 자세히 다루는 등 아동기보다는 성인기의 발달에 더 관심을 두었다.

7
답 ① ⇨ 기본개념 3장 & 기출회독 키워드 008
오답노트

ㄷ. 전조작기의 특징에 해당한다.
ㄹ. 형식적 조작기의 특징에 해당한다.

8
답 ④ ⇨ 기본개념 3장 & 기출회독 키워드 009
오답노트

① 인간의 행동이 학습되거나 학습에 의해 수정될 수 있다고 보기 때문에 학습이론이라고도 한다.
② 인간행동에 영향을 주는 중요한 근원은 환경(환경적 자극)이다.
③ 특정 행동 뒤에 유쾌한 자극을 철회하여 해당 행동의 빈도를 감소시키는 것은 부적 처벌이다. 부적 강화는 혐오스러운 결과를 제거함으로써 바람직한 행동 재현을 가져오는 것이다.
⑤ 행동의 학습은 어떤 강화가 없으면 일어나지 않는다고 보면서 조작적 조건형성의 개념을 강조한다.

9
답 ④ ⇨ 기본개념 3장 & 기출회독 키워드 010

변별자극은 스키너의 행동주의이론의 주요 개념에 해당한다.

10
답 ③ ⇨ 기본개념 3장 & 기출회독 키워드 011

인습적 수준의 사람들은 다른 사람의 견해와 입장을 이해할 수 있다. 10세 이상의 아동, 청소년, 대다수의 성인이 인습적 수준에 해당한다.

11
답 ③ ⇨ 기본개념 4장 & 기출회독 키워드 012
오답노트

① 생리적인 욕구 - 음식, 배설, 수면, 성의 욕구
② 안전에 대한 욕구 - 보호, 의존, 질서, 구조의 욕구
④ 자기존중에 대한 욕구 - 명성, 능력, 존경, 성취의 욕구
⑤ 자아실현의 욕구 - 자발성, 포부실현, 창조성의 욕구

12
답 ② ⇨ 기본개념 4장 & 기출회독 키워드 013

인간행동은 개인이 세계를 지각하고 해석한 결과로 보았

다. 객관적 현실세계란 존재하지 않으며 개인이 주관적으로 인식한 현실세계만 존재한다고 주장하였다.

13
답·해설 답 ① ⇨ 기본개념 5장 & 기출회독 키워드 014

항상성은 비교적 안정적이며 지속적인 균형상태를 유지하기 위한 체계의 속성이다. 주로 개방체계에서 나타나는 균형상태이다.

14
답·해설 답 ① ⇨ 기본개념 5장 & 기출회독 키워드 015

클라이언트가 가진 어떠한 문제도 클라이언트 자신의 책임으로 보지 않고 클라이언트를 둘러싸고 있는 환경과의 상호작용의 산물로 본다.

15
답·해설 답 ① ⇨ 기본개념 5장 & 기출회독 키워드 015
오답노트

ㄹ. 생태체계이론은 어느 하나의 개입기법을 가지는 모델이 아니며, 문제를 가진 개인과 그 환경에 대한 개입에 있어 다양한 기술과 기법을 필요로 하는 사회복지사에게 통합적 접근을 가능하게 함으로써 그 유용성이 더욱 크다.

16
답·해설 답 ⑤ ⇨ 기본개념 6장 & 기출회독 키워드 016

엔트로피는 체계 구성요소 간의 상호작용이 감소함에 따라 유용한 에너지가 감소하는 상태를 말한다. 엔트로피는 폐쇄형 가족체계에서 나타나는 특성이다.

17
답·해설 답 ③ ⇨ 기본개념 7장 & 기출회독 키워드 018

규범문화와 관념문화는 비물질문화에 해당한다.

18
답·해설 답 ② ⇨ 기본개념 8장 & 기출회독 키워드 019

임산부는 단백질과 엽산(folic acid: 빈혈의 특효성분. 태아의 두뇌나 신경계 등의 기형을 예방), 철분, 칼슘, 비타민 A, B6, C, D, E를 충분히 섭취하는 것이 매우 중요하다.

19
답·해설 답 ④ ⇨ 기본개념 8장 & 기출회독 키워드 020
오답노트

ㄴ. 프로이트의 구강기, 에릭슨의 유아기, 피아제의 감각운동기에 해당한다.

20
답·해설 답 ③ ⇨ 기본개념 8장 & 기출회독 키워드 021

피아제의 인지발달단계에서 전조작기 후기인 직관적 사고단계에 해당하는 시기이다.

21
답·해설 답 ② ⇨ 기본개념 9장 & 기출회독 키워드 022

오답노트
① 제2반항기는 청소년기이다.
③ 상징적 사고, 인공론적 사고, 전환적 추론 등의 특징이 나타나는 시기는 유아기이다.
④ 아동기에는 사회적 관계의 장이 이웃과 학교까지 확대된다.
⑤ 프로이트의 발달단계에서 잠복기에 해당하는 시기이다.

22
답·해설 답 ③ ⇨ 기본개념 10장 & 기출회독 키워드 023

근면성이 발달하면서 자기존중감을 갖게 되는 시기는 아동기이다.

23
답·해설 답 ⑤ ⇨ 기본개념 11장 & 기출회독 키워드 024

엘킨드가 강조한 자기중심성은 청소년기의 자기중심성을 의미한다. 청소년기에는 급격한 신체적·정서적 변화로 자신의 외모와 행동에 지나치게 몰두하게 된다. 그 연장선으로 다른 사람들도 자기만큼 자신에게 관심이 있다고 생각해 자신의 관심사와 타인의 관심사를 구분하지 못하게 되는데, 이를 청소년기의 자기중심성이라고 한다.

24
답·해설 답 ② ⇨ 기본개념 12장 & 기출회독 키워드 025

장년기의 성격 변화와 특성에 대해 언급한 것은 융의 이론이다.

25
답·해설 답 ③ ⇨ 기본개념 13장 & 기출회독 키워드 026

큐블러-로스의 죽음에 이르는 5개의 심리적 단계(부인 → 격노와 분노 → 협상 → 우울 → 수용)에서 3단계는 '협상'의 단계로 상실의 전부 또는 일부를 다시 회복하여 어떤 불가사의한 힘과 협상하고자 한다.

사회복지조사론

26	④	27	⑤	28	②	29	①	30	③
31	⑤	32	④	33	③	34	①	35	②
36	③	37	③	38	①	39	⑤	40	④
41	①	42	②	43	③	44	③	45	③
46	④	47	③	48	②	49	①	50	③

26
답·해설 답 ④ ⇨ 기본개념 1장 & 기출회독 키워드 027

원인과 결과의 관계에 있어서 단정적 결정론이 아닌 확률적 결정론을 따른다.

27
답·해설 답 ⑤ ⇨ 기본개념 1장 & 기출회독 키워드 029

오답노트
① 해석주의는 현장연구, 참여관찰 등과 같은 질적 연구 방법을 주로 활용한다.
② 실증주의는 객관성, 정확성, 일반화 등을 강조한다.
③ 실증주의는 보편적으로 적용가능한 분석도구가 존재한다고 본다.
④ 해석주의는 사회적 행위의 주관적 의미에 대한 이해를 강조한다.

28
답·해설 답 ② ⇨ 기본개념 2장 & 기출회독 키워드 032

2023년부터 2025년까지 매년 당해 신입생이라는 대상을 시간의 흐름에 따라 조사하였으므로 경향조사에 해당한다.

29
답·해설 답 ① ⇨ 기본개념 2장 & 기출회독 키워드 032

종단조사 중 패널조사만이 동일인을 반복적으로 조사하기 때문에 일정 기간에 걸쳐 나타나는 변화에 대해 가장 포괄적인 자료를 제공할 수 있다.

30
답·해설 답 ③ ⇨ 기본개념 3장 & 기출회독 키워드 036

검증하고자 하는 관계의 방향이 제시되지 않는 가설인 비방향성 가설도 있다.

31
답·해설 답 ⑤ ⇨ 기본개념 3장 & 기출회독 키워드 037

집단따돌림이 초등학생의 자아존중감에 미치는 영향을 살펴보는 것으로 보아 집단따돌림이 원인변수인 독립변수, 자아존중감이 결과변수인 종속변수가 된다. 초등학교 교사의 지지 정도에 따라 독립변수와 종속변수 간의 관계의 강도나 방향에 영향을 미치므로 초등학교 교사의 지지는 조절변수가 된다.

32
답·해설 답 ④ ⇨ 기본개념 3장 & 기출회독 키워드 035

학업스트레스를 '학업으로 인해 유발되는 긴장상태로서 개개인이 느끼는 불안과 갈등'이라고 정의하는 것은 측정이 가능하도록 구체화한 것이 아니라 개념적으로 정의한 것이기 때문에 개념적 정의에 해당한다.

33
답·해설 답 ③ ⇨ 기본개념 4장 & 기출회독 키워드 038

통계적 회귀는 사전검사에서 너무 높거나 낮은 극단적인 점수를 나타냈다면 사후검사에서는 독립변수의 효과와 무관하게 평균값으로 수렴하는 경향을 의미한다. 따라서 극단적인 측정값을 보이는 대상자를 선정하지 않도록 해야 한다.

34
답·해설 답 ① ⇨ 기본개념 5장 & 기출회독 키워드 040

복수시계열 설계는 단순시계열 설계의 우연한 사건 등에 의한 내적 타당도의 문제점을 개선하기 위해 단순시계열 설계에 통제집단을 추가한 것이다.

35
답·해설 답 ② ⇨ 기본개념 5장 & 기출회독 키워드 040

솔로몬 4집단 설계는 통제집단 사전사후검사 설계와 통제집단 사후검사 설계가 결합된 형태이다.

36
답·해설 답 ③ ⇨ 기본개념 6장 & 기출회독 키워드 042

단일사례연구만으로는 인과관계를 충분히 확신하기 어렵다.

37
답·해설 답 ③ ⇨ 기본개념 7장 & 기출회독 키워드 044

① 혈액형, 성별, 종교 - 명목수준의 측정
② 노인장기요양등급, 석차, 학점 - 서열수준의 측정
③ 온도, 지능지수(IQ) - 등간수준의 측정, 출생률 - 비율수준의 측정
④ 자녀수, 가격, 연령 - 비율수준의 측정
⑤ TV시청률, 체중, 고용률 - 비율수준의 측정

38
답·해설 답 ① ⇨ 기본개념 7장 & 기출회독 키워드 045

같은 대상에 대해 반복적으로 측정할 때 어느 정도 동일한 측정값을 산출하는지의 정도를 말하는 것은 측정의 신뢰도이다. 측정의 타당도는 측정한 값과 대상의 진정한 값과의 일치 정도를 의미한다.

39
답·해설 **답 ⑤** ⇨ 기본개념 7장 & 기출회독 키워드 045

모두 옳은 내용이다.

40
답·해설 **답 ④** ⇨ 기본개념 7장 & 기출회독 키워드 046

비체계적 오류는 측정도구, 측정대상, 측정상황의 3가지 측면에서 모두 발생하는데, 비체계적 오류를 줄이기 위해서는 조사대상자가 잘 모르거나 관심이 없는 내용에 대해서는 측정하지 않는다.

41
답·해설 **답 ①** ⇨ 기본개념 8장 & 기출회독 키워드 047

거트만 척도는 서열척도에 해당하며, 단일한 개념, 변수를 측정하는 단일차원성을 특징으로 한다.

42
답·해설 **답 ②** ⇨ 기본개념 9장 & 기출회독 키워드 048

확률표집방법을 통해 추출한 표본은 비확률표집방법을 통해 추출한 표본보다 모집단을 대표할 가능성이 더 높다.

43
답·해설 **답 ③** ⇨ 기본개념 9장 & 기출회독 키워드 049

조사방법의 유형에 따라서도 요구되는 표본의 크기가 달라진다. 실험연구나 사례연구, 또는 다른 질적 연구의 경우 그들이 가지고 있는 속성상 사례 수가 적을 수밖에 없는 반면, 서베이조사에서는 표본의 크기가 대체로 크다.

44
답·해설 **답 ③** ⇨ 기본개념 9장 & 기출회독 키워드 048

층화표집법에 해당한다. 모집단을 먼저 서로 중복되지 않는 여러 개의 층(하위집단)으로 분류한 후, 각 층에서 단순무작위표집에 따라 표본을 추출하는 방법이다.

45
답·해설 **답 ③** ⇨ 기본개념 10장 & 기출회독 키워드 050

서베이 방법은 대규모 모집단의 특성을 기술하는 데 유용하다.

46
답·해설 **답 ④** ⇨ 기본개념 10장 & 기출회독 키워드 050
오답노트

① 민감한 질문이나 개방형 질문은 뒷부분에 배치한다.
② 신뢰도를 검사하는 질문은 서로 떨어지게 하여 배치한다.
③ 일반적인 것을 먼저 묻고 특수한 것을 뒤에 묻는다.
⑤ 질문은 가급적 짧고 명확하게 하는 것이 좋다.

47
답·해설 **답 ⑤** ⇨ 기본개념 11장 & 기출회독 키워드 052

내용분석법은 비관여적인 연구방법이다. 즉, 연구조사자가 연구대상자의 반응에 영향을 미치는 조사방법이 아니기 때문에 반응성이 생기지 않는다.

48
답·해설 **답 ②** ⇨ 기본개념 11장 & 기출회독 키워드 053

관찰법은 관찰자가 직접적인 자료수집의 도구가 되므로, 관찰대상이 되는 표본의 크기를 확대하는 데 뚜렷한 한계가 있다.

49
답·해설 **답 ①** ⇨ 기본개념 13장 & 기출회독 키워드 056

질적 연구는 주로 탐색적인 연구에 활용된다. 엄격한 인과관계를 규명하기보다는 심층적이고 풍부한 사실의 발견, 상황이나 맥락을 중요시한다.

50
답·해설 **답 ③** ⇨ 기본개념 13장 & 기출회독 키워드 057

단순시계열 설계 연구는 독립변수를 노출시키기 전후에 일정 기간을 두고 정기적으로 몇 차례 종속변수를 측정하는 실험설계에 해당한다.

2교시 사회복지기초

사회복지실천론

1	③	2	④	3	④	4	②	5	⑤
6	③	7	④	8	②	9	③	10	⑤
11	②	12	③	13	⑤	14	④	15	③
16	⑤	17	④	18	②	19	②	20	⑤
21	④	22	②	23	③	24	②	25	④

1
답·해설 답 ③ ⇨ 기본개념 1장 & 기출회독 키워드 059

미시 수준의 실천은 사회복지사와 클라이언트가 일 대 일로 접촉하면서 서비스를 제공하게 된다. ③과 같이 지역사회 문제에 대한 조사 및 계획수립 등의 활동은 거시적 차원의 실천이다.

2
답·해설 답 ④ ⇨ 기본개념 1장 & 기출회독 키워드 061
오답노트

ㄱ. 모든 클라이언트가 대우받을 권리가 있음을 표방하는 것은 민주주의이다. 사회진화론은 사회복지실천의 사회통제적 측면에서 나타나는데, 사회적합계층은 살아남고 사회부적합계층은 자연스럽게 소멸된다는 이념이다.

3
답·해설 답 ④ ⇨ 기본개념 2장 & 기출회독 키워드 062

윤리강령은 전문직에게 윤리적 지침을 제공하기 위해 만들어진 것일 뿐 법률은 아니며 법률과 동등한 효력을 갖는 것도 아니다. 따라서 윤리강령을 어겼다고 해서 민형사상 책임이 부과되는 것은 아니다.

4
답·해설 답 ② ⇨ 기본개념 2장 & 기출회독 키워드 065

레비는 사람, 결과, 수단이라는 3가지 범주에서 사회복지 전문직의 가치를 설명하였다. 그 중 수단에 관한 가치는 서비스를 수행함에 있어서의 방법, 수단, 도구 등과 관련된 것이다.

오답노트
① 사람우선의 가치는 사회복지서비스의 대상이 되는 인간에 대해 갖춰야 할 바람직한 가치기준이다.
③ ④ ⑤ 결과우선의 가치는 사람에 대해 서비스를 제공했을 때 초래되는 결과에 대한 가치로서 바람직한 결과 성취를 위해 가져야 하는 가치이다.

5
답·해설 답 ⑤ ⇨ 기본개념 2장 & 기출회독 키워드 062

사회복지사 윤리강령 전문
사회복지사는 인본주의·평등주의 사상에 기초하여, 모든 인간의 존엄성과 가치를 존중하고 천부의 자유권과 생존권의 보장 활동에 헌신한다.
특히 사회적·경제적 약자들의 편에 서서 사회정의와 평등·자유와 민주주의 가치를 실현하는 데 앞장선다. 또한, 도움을 필요로 하는 사람들의 사회적 지위와 기능을 향상시키기 위해 저들과 함께 일하며, 사회제도 개선과 관련된 제반 활동에 주도적으로 참여한다. 사회복지사는 개인의 주체성과 자기결정권을 보장하는 데 최선을 다하고, 어떠한 여건에서도 개인이 부당하게 희생되는 일이 없도록 한다.
이러한 사명을 실천하기 위하여 전문적 지식과 기술을 개발하고, 사회적 가치를 실현하는 전문가로서의 능력과 품위를 유지하기 위해 노력한다. 이에 우리는 클라이언트·동료·기관 그리고, 지역사회 및 전체사회와 관련된 사회복지사의 행위와 활동을 판단·평가하며 인도하는 윤리기준을 다음과 같이 선언하고 이를 준수할 것을 다짐한다.

6
답·해설 답 ③ ⇨ 기본개념 3장 & 기출회독 키워드 066

ㄷ. 1900년 전후로 자선조직협회에서 무급봉사로 활동하던 우애방문원들에게 보수를 지급하고 관리체계를 만들게 되었고, 이를 사회복지사의 효시로 본다.
ㄴ. 1915년 플렉스너(Flexner)는 「사회복지는 전문직인가?」라는 논문을 통해 사회복지는 전문직으로서 갖추어야 할 특성들이 결여되어 있다고 주장했다.
ㄱ. 1917년에 메리 리치몬드의 『사회진단』이 출간되었다.
ㄹ. 1929년에 밀포드 회의에서는 개별사회사업의 공통 요소 8가지를 정리하였다.

7
답·해설 답 ④ ⇨ 기본개념 4장 & 기출회독 키워드 069

교육자의 역할은 클라이언트에게 정보를 제공하거나 필요한 지식을 알려준다.

8
답·해설 답 ② ⇨ 기본개념 4장 & 기출회독 키워드 068
오답노트

① 노인주간보호시설은 이용시설이다.
③ 정신장애인 요양시설은 2차현장에 해당한다.
④ 정신건강복지센터는 이용시설이다.
⑤ 아동보호전문기관, 지역자활센터 모두 이용시설이다.

9
답·해설 답 ③ ⇨ 기본개념 5장 & 기출회독 키워드 071

개입의 초점은 클라이언트의 문제가 아닌 가능성에 둔다.

10
답·해설 답 ⑤ ⇨ 기본개념 5장 & 기출회독 키워드 073
오답노트

① 환류: 투입 → 전환 → 산출의 흐름에서 산출된 결과는 다시 투입으로 연결되는 과정이다. 환류를 통해 기존의 활동을 수정하거나 새로운 활동을 전개할 수 있다.
② 홀론: 특정 체계는 그 체계를 구성하는 작은 체계보다는 큰 상위체계이고, 그 체계를 둘러싼 더 큰 체계의 하위체계가 된다는 현상이다.
③ 순환적 인과성: 한 가족원에게 일어난 변화가 다른 성원에게도 영향을 미치고 전체 가족에게 영향을 주게 되고 이는 다시 처음 변화했던 성원에게 영향을 미치게 되는 순환적 과정을 설명하는 개념이다.
④ 동등종결: 원인이 모두 달라도 같은 결과가 도출될 수 있다는 개념이다.

11
답·해설 답 ② ⇨ 기본개념 5장 & 기출회독 키워드 076

펄만(Perlman)의 4P
- 문제(Problem): 해결해야 할 문제 혹은 욕구
- 사람(Person): 클라이언트
- 장소(Place): 서비스가 이루어지는 공간
- 과정(Process): 문제해결을 위한 활동

12
답·해설 답 ③ ⇨ 기본개념 5장 & 기출회독 키워드 070

통합적 접근은 단선적 사고가 아닌 순환적 사고를 특징으로 한다. 이를 테면, 단선적 사고는 A와 B의 관계를 고려함에 있어 A가 B의 변화에 기여한 영향만을 살필 뿐 그 과정에서 발생했을지도 모를 A의 변화에는 관심을 두지 않는다. 반면 순환적 사고는 A와 B 사이에 시간을 두고 일어나는 순환적 교환에 관심을 둔다.

13
답·해설 답 ⑤ ⇨ 기본개념 6장 & 기출회독 키워드 077

사례관리는 탈시설화 정책에 영향을 받았다. 탈시설화 정책으로 인해 한꺼번에 많은 수의 클라이언트들이 지역사회에 거주하게 되면서 스스로 관리가 어려운 중증 정신장애인들은 흩어져 있는 여러 종류의 서비스에 각각 접근하는 것이 불가능했고 지역사회 내에서 제대로 관리와 보호를 받지 못하였다. 따라서 지역사회에 흩어져 있는 서비스를 통합적으로 제공하는 서비스관리체계가 필요했다.

14
답·해설 답 ④ ⇨ 기본개념 6장 & 기출회독 키워드 078

아웃리치는 서비스 홍보를 위한 방법 중 하나로 아웃리치를 통해 클라이언트를 모집한다. 이후 클라이언트에 대한 사정 → 계획 → 개입 → 점검이 진행된다.

15
답·해설 답 ③ ⇨ 기본개념 6장 & 기출회독 키워드 077

사례관리자는 주로 다양한 전문가들을 통해 서비스가 연계 제공되도록 하는 간접적 개입역할을 하지만, 직접적 개입역할도 한다. 그러나 직접적 개입이 사례관리의 원칙에 속하지는 않는다.

16
답·해설 답 ⑤ ⇨ 기본개념 7장 & 기출회독 키워드 080

비심판적 태도는 클라이언트에게 문제의 원인이나 책임이 있는지를 심판하지 않고 클라이언트의 가치관을 비난하지 않는다는 원칙이다. 사례에서 사회복지사는 접수 과정에서 클라이언트가 말한 문제에 대해 클라이언트가 잘못된 가부장적 가치관을 가지고 있다고 단정짓고 문제의 잘못을 클라이언트에게서 찾는 오류를 범하고 있다.

17
답·해설 답 ④ ⇨ 기본개념 7장 & 기출회독 키워드 082

사회복지사와 클라이언트의 관계는 전문적 관계이기 때문에 클라이언트가 좋아할 만한 이야기를 하는 것보다는 의도된 목적을 달성할 수 있는 이야기를 나눌 수 있어야 한다.

18
답·해설 답 ② ⇨ 기본개념 7장 & 기출회독 키워드 081

헌신과 의무에 관한 설명이다. 전문적 관계에서 관계의 목적을 달성하기 위해서는 사회복지사뿐 아니라 클라이언트도 관계에 대한 헌신과 의무를 가져야 한다.

19
답·해설 답 ⑤ ⇨ 기본개념 8장 & 기출회독 키워드 084

클라이언트의 진술이 일관되지 않다고 생각될 때 분명한 대답을 요구하는 방법으로 주로 질문 형식으로 이루어진다는 내용은 명료화에 해당한다. 초점화는 클라이언트의 이야기가 두서없이 흐르거나 다른 주제로 빠질 때 원래 주제로 다시 돌아올 수 있도록 하는 것이다.

20
답·해설 답 ③ ⇨ 기본개념 9장 & 기출회독 키워드 086

접수단계에서는 클라이언트가 기관을 방문하게 된 표면

적인 문제, 이유 등을 확인하는 데에 그치기 때문에 클라이언트가 수행할 과제나 개입목표 등을 결정할 수는 없다.

21
답·해설 **답 ④** ⇨ 기본개념 9장 & 기출회독 키워드 087

자료수집은 지속적 과정이다. 사정을 진행하면서 새로운 문제가 발견되면 추가적으로 자료를 수집하게 되므로 자료수집과 사정 과정이 순환되기도 한다.

22
답·해설 **답 ②** ⇨ 기본개념 10장 & 기출회독 키워드 088

가계도는 환경체계를 살펴보기 위한 도구는 아니다.

23
답·해설 **답 ③** ⇨ 기본개념 11장 & 기출회독 키워드 091

사회복지사와 클라이언트 양자가 모두 '문제'라고 여기는 합의된 문제를 표적문제로 선정해야 한다. 어느 한쪽만의 의견에 따라 정하면 안 된다.

24
답·해설 **답 ②** ⇨ 기본개념 12장 & 기출회독 키워드 092
오답노트

ㄱ. 프로그램 개발·계획은 간접적 개입이다.
ㄹ. 캠페인은 간접적 개입이다.

25
답·해설 **답 ④** ⇨ 기본개념 13장 & 기출회독 키워드 094

기초선을 측정하는 것은 개입 전에 이루어져야 하는 활동이다.

사회복지실천기술론

26	③	27	④	28	①	29	①	30	④
31	⑤	32	⑤	33	②	34	④	35	③
36	④	37	④	38	④	39	⑤	40	②
41	①	42	④	43	⑤	44	④	45	①
46	④	47	⑤	48	②	49	⑤	50	②

26
답·해설 **답 ③** ⇨ 기본개념 1장 & 기출회독 키워드 096

패러다임 < 관점 < 이론 < 모델 < 실천지혜의 순서로 구체성이 높다.

27
답·해설 **답 ④** ⇨ 기본개념 1장 & 기출회독 키워드 095

재정의(재명명, 재구성)는 클라이언트가 갖는 문제에 대한 관점을 다른 관점에서 볼 수 있도록 원조하는 기법이다. 클라이언트가 제시한 문제를 살펴보면서 더 본질적인 문제를 파악하고자 하는 것은 사정과정의 과업이다.

28
답·해설 **답 ①** ⇨ 기본개념 2장 & 기출회독 키워드 097
오답노트

ㄴ. 잘못 학습된 행동의 수정은 행동주의의 특징에 해당한다.
ㄷ. 위기에 따른 증상 완화는 위기개입모델의 특징에 해당한다.

29
답·해설 **답 ①** ⇨ 기본개념 3장 & 기출회독 키워드 100

인간의 현재 행동을 이해하기 위해서는 과거를 중요시한다. 따라서 클라이언트의 문제나 상황을 이해하기 위해서는 오랜 시간에 걸쳐 클라이언트의 과거를 파악할 필요가 있다.

30
답·해설 **답 ④** ⇨ 기본개념 4장 & 기출회독 키워드 101

인지행동모델은 클라이언트의 주관적 경험이 갖는 독특성을 중시한다. 클라이언트의 경험에 대해 치료자의 관점에서 해석하고 이해하는 것이 아니라 클라이언트가 경험하고 느끼고 해석하는 방식을 존중하고 이해한다.

31
답·해설 **답 ⑤** ⇨ 기본개념 4장 & 기출회독 키워드 102

오답노트
ㄱ. 사회기술훈련에서는 처벌이 아닌 강화가 강조된다. 적절한 행동에 대해 긍정적인 피드백을 주어 강화한다.

32
답·해설 답 ⑤   ⇨ 기본개념 4장 & 기출회독 키워드 102

사례는 선택적 요약에 해당한다. 선택적 요약은 여러 사건 중 하나에만 초점을 두어 결론을 내리는 것이다.

33
답·해설 답 ②   ⇨ 기본개념 5장 & 기출회독 키워드 104

특정한 한 가지 이론이나 모델을 고집하지 않으며 다양한 접근방법, 즉 문제해결, 인지·행동적, 인지적·구조적 접근방법 등으로부터 경험적으로 이끌어진 이론과 방법을 선택적으로 사용한다.

34
답·해설 답 ④   ⇨ 기본개념 6장 & 기출회독 키워드 106

클라이언트의 강점 탐색은 발견단계에서의 과업이다.

35
답·해설 답 ③   ⇨ 기본개념 6장 & 기출회독 키워드 107

①②④⑤는 모두 상황적 위기에 해당한다. ③의 은퇴 이후 재취업이 되지 않는 상황은 발달적 위기이며, 이로 인해 우울증이 생겨 자신의 존재에 대한 불안과 정신적 위기를 느낀다면 실존적 위기이기도 하다.

36
답·해설 답 ④   ⇨ 기본개념 7장 & 기출회독 키워드 108

핵가족화에 따른 가족규모의 축소로 인해 가족 내 정서적 기능은 약화되었다.

37
답·해설 답 ④   ⇨ 기본개념 8장 & 기출회독 키워드 110
오답노트
ㄱ. 가족성원에게 정형화된 역할을 부여하는 것은 역기능적인 가족의 특징이다.

38
답·해설 답 ④   ⇨ 기본개념 8장 & 기출회독 키워드 109

생태도에서 실선은 긍정적 관계를 나타내는데 실선이 굵을수록 강한 관계를, 점선은 미약한 관계, 그리고 사선이나 지그재그선은 긴장이 많거나 갈등적인 관계를 보여준다.

39
답·해설 답 ⑤   ⇨ 기본개념 9장 & 기출회독 키워드 115

해결중심모델에서는 클라이언트가 갖고 있지 않은 것보다 이미 갖고 있는 것에 초점을 두어 목표를 설정한다.

40
답·해설 답 ②   ⇨ 기본개념 9장 & 기출회독 키워드 112

오답노트
ㄱ. 증상활용은 구조적 가족치료의 개입기법에 해당한다.
ㄷ. 미누친은 구조적 가족치료 학자이다.

41
답·해설 답 ①   ⇨ 기본개념 9장 & 기출회독 키워드 112
오답노트
ㄹ. 가족원들의 의사소통 유형을 살펴보는 것은 경험적 가족치료모델이다. 아버지와 어머니의 의사소통 유형에 대한 개입이 필요하다.

42
답·해설 답 ④   ⇨ 기본개념 9장 & 기출회독 키워드 116

문제의 외현화
- 이야기치료의 과정에서 사용되는 기법이면서 이야기치료의 전 과정에서 상담가가 클라이언트의 문제를 어떻게 다루어야 할 것인지에 대한 기본 태도이기도 하다.
- 클라이언트에게 내재화된 부정적인 감정은 그의 정체성과 삶에도 부정적인 영향을 미칠 수 있기 때문에 문제를 의인화하거나 명사화하여 서술함으로써 클라이언트가 자연스럽게 자신의 문제를 자신과 분리된 객체로 인식할 수 있도록 유도하는 것이다.

43
답·해설 답 ⑤   ⇨ 기본개념 9장 & 기출회독 키워드 111
오답노트
① 가족의 분화수준이 낮을수록 삼각관계를 형성하려고 하는 경향이 있다.
② 자아분화는 정신 내적 측면과 외부관계적 측면을 모두 포함하는 개념이다.
③ 형제들은 같은 가족 내에서 모두 같은 경험을 할 것으로 보이지만 형제 순위에 따라, 출생 전후에 가족에게 발생한 사건이나 상황에 따라 제각기 다른 환경을 경험하게 된다.
④ 원가족에서 해소되지 못한 불안들이 개인에게서 새로운 가족에게로 투사되는 것을 말하는 것은 핵가족 정서과정이다.

44
답·해설 답 ④   ⇨ 기본개념 10장 & 기출회독 키워드 120

집단 초기에는 서로에 대한 정보가 없어 지도자와의 대화가 더 많이 이루어질 수밖에 없지만, 집단활동이 계속되다 보면 성원 간의 대화가 더 원활하게 이루어질 수 있도록 하는 것이 필요하다.

45
답·해설 답 ①   ⇨ 기본개념 10장 & 기출회독 키워드 117

자조집단은 집단성원 스스로 구성하고 운영하기 때문에 사회복지사가 없이도 이루어진다. 사회복지사가 있는 경우에도 집단에 문제가 발생했을 때 도움을 주는 정도에 그친다.

46
답·해설 **답 ④** ⇨ 기본개념 10장 & 기출회독 키워드 120

지도자의 소진(burn-out)을 예방할 수 있다는 장점이 있다.

47
답·해설 **답 ⑤** ⇨ 기본개념 11장 & 기출회독 키워드 125

집단 종결단계에서 진행될 수 있는 과업으로 모두 옳은 내용이다.

48
답·해설 **답 ②** ⇨ 기본개념 12장 & 기출회독 키워드 126

오답노트

ㄱ. 과정기록은 사회복지사와 클라이언트 사이에 있었던 일을 있는 그대로 모두 작성하기 때문에 실천 과정을 간단히 살펴볼 수 있는 기록방식은 아니다.
ㄴ. 과정기록은 기록을 위한 시간과 비용이 많이 소요된다는 단점이 있다.

49
답·해설 **답 ⑤** ⇨ 기본개념 12장 & 기출회독 키워드 127

사실과 견해를 구분하여 작성한다. 객관적인 사실과 기록자의 사적인 견해가 구분되어 혼돈되지 않게 정리되어야 한다.

50
답·해설 **답 ②** ⇨ 기본개념 13장 & 기출회독 키워드 128

단일사례설계는 즉각적인 환류가 가능하다. 사례를 진행하는 도중에 도출되는 정보는 환류-수정의 반복적인 과정을 통해 새로운 개입방법을 수립하거나 개입방법을 수정함으로써 개입효과를 높인다.

지역사회복지론

51	②	52	④	53	①	54	③	55	⑤
56	③	57	③	58	④	59	②	60	④
61	⑤	62	④	63	④	64	②	65	④
66	④	67	⑤	68	⑤	69	④	70	④
71	⑤	72	②	73	④	74	③	75	①

51
답·해설 **답 ②** ⇨ 기본개념 1장 & 기출회독 키워드 129

지역사회 내 권력은 분산되는 것이 바람직하다.

52
답·해설 **답 ④** ⇨ 기본개념 1장 & 기출회독 키워드 129

워렌이 제시한 비교척도 중 ④에 해당하는 사항은 없다.
① 지역적 자치성, ② 수평적 유형, ③ 서비스 영역의 일치성, ⑤ 심리적 동일시에 해당한다.

53
답·해설 **답 ①** ⇨ 기본개념 2장 & 기출회독 키워드 132

정상화에 관한 설명이다.

54
답·해설 **답 ③** ⇨ 기본개념 2장 & 기출회독 키워드 130

지역사회복지실천에서 일차적인 클라이언트는 지역사회 그 자체이다.

55
답·해설 **답 ⑤** ⇨ 기본개념 3장 & 기출회독 키워드 134

1971년 새마을정신을 근면·자조·협동으로 정하고, 1972년 전국민적 운동으로 확장하여 새마을운동을 본격적으로 전개하기 시작했다. 1980년대에는 민간 주도운동으로 전환되었으나 사실상 반관반민 체제로 운영되었으며 1990년대에 순수 민간단체운동으로 전환되었다. 2000년 이후 제2의 새마을운동을 추진하면서 2011년에는 4월 22일 새마을의 날을 국가기념일로 정하였다. 2013년에는 새마을운동 기록물이 유네스코 세계기록유산으로 등재되기도 했다.

56
답·해설 **답 ③** ⇨ 기본개념 3장 & 기출회독 키워드 134

ㄴ. 사회복지통합관리망 행복e음 구축: 2010년
ㄷ. 협동조합 기본법 제정 및 시행: 2012년 1월 제정, 같은 해 12월 시행
ㄹ. 사회보장급여의 이용·제공 및 수급권자 발굴에 관한

법률 제정: 2014년 12월 제정, 2015년 7월 시행
ㄱ. 읍·면·동 복지허브화 사업: 2016년

57
답·해설 답 ③ ⇨ 기본개념 4장 & 기출회독 키워드 138

생태체계이론은 사회에서 일어나는 경쟁, 지배, 집중화, 계승 등의 개념을 통해 사회환경의 변화를 설명할 수 있다. 개인 혹은 조직의 환경변화에 대한 적응에 초점을 둔다.

58
답·해설 답 ④ ⇨ 기본개념 4장 & 기출회독 키워드 138

하드캐슬(Hardcastle)은 권력 불균형을 수정하기 위한 전략으로 강제, 연합, 호혜성, 재평가, 경쟁 등을 제시하였다.

59
답·해설 답 ② ⇨ 기본개념 5장 & 기출회독 키워드 139

사회복지사가 전문가로서 문제를 확인하고, 사정하고, 목표를 수립하여 적절한 프로그램을 개발하여 실행하는 것은 사회계획모델에서 강조된다.

60
답·해설 답 ④ ⇨ 기본개념 5장 & 기출회독 키워드 140

웨일과 갬블의 연합모델에 해당한다.

61
답·해설 답 ⑤ ⇨ 기본개념 5장 & 기출회독 키워드 141

테일러와 로버츠는 프로그램 개발 및 조정 모델, 계획모델, 지역사회연계모델, 지역사회개발모델, 정치적 역량강화모델 등 5가지 모델을 제시하였다. ⑤ 지역사회보호모델은 포플이 제시한 모델 중 하나이다.

62
답·해설 답 ③ ⇨ 기본개념 6장 & 기출회독 키워드 143

③ 문제확인 → ④ 사정 → ⑤ 계획 → ① 실행 → ② 평가

63
답·해설 답 ④ ⇨ 기본개념 6장 & 기출회독 키워드 142

자원 사정에 해당한다.

64
답·해설 답 ② ⇨ 기본개념 6장 & 기출회독 키워드 144
오답노트

ㄱ. 개입의 과정과 결과 평가는 평가단계의 과업이다.
ㄷ. 문제의 우선순위 선정은 문제확인단계의 과업이다.

65
답·해설 답 ④ ⇨ 기본개념 8장 & 기출회독 키워드 148
오답노트

ㄷ. 연계는 조직 간의 협력을 위한 것으로 경쟁심을 부추기는 것은 아니다.

66
답·해설 답 ② ⇨ 기본개념 8장 & 기출회독 키워드 149

특정 문제나 문제해결에 초점을 둠으로써 그 문제에 공감하는 사람들 혹은 집단들의 기부 동기를 이끌어 낼 수 있다.

67
답·해설 답 ⑤ ⇨ 기본개념 9장 & 기출회독 키워드 150

지역사회복지에서의 옹호기술
- 옹호는 사회복지사가 지역주민들의 문제상황을 표적체계에 대해 대신 알리는 활동으로 주민의 문제를 직접 대변한다. 주민들의 활동을 간접적으로 지원하는 정도에 그치지 않는 적극적인 활동이다.
- 옹호를 위해 설득, 표적을 난처하게 하기, 정치적 압력, 탄원서 서명, 청원 등 다양한 전술을 활용한다.
- 관련 법률의 제정 및 개정, 적절한 법 적용, 행정적 처리 등을 요구하기 위해 진행될 수 있다.

68
답·해설 답 ⑤ ⇨ 기본개념 8장 & 기출회독 키워드 147

지역사회복지 실천기술에 관한 설명으로 모두 옳은 내용이다.

69
답·해설 답 ④ ⇨ 기본개념 10장 & 기출회독 키워드 152

지역사회보장계획은 지역사회의 욕구를 반영하여 지역사회에 필요한 사회보장 정책 및 서비스를 직접 기획하고 집행하기 위한 것이다.

70
답·해설 답 ④ ⇨ 기본개념 10장 & 기출회독 키워드 152

- 시·군·구계획: 지역주민 등 의견 청취 → 시·군·구 계획 수립 → 지역사회보장협의체 심의 및 시·군·구 의회 보고 → 시·도지사에 제출
- 시·도계획: 시·군·구 계획을 반영하여 시·도 계획 수립 → 시·도 사회보장위원회 심의 및 시·도 의회 보고 → 보건복지부장관에 제출 → 보건복지부장관은 사회보장위원회에 보고

71
답·해설 답 ⑤ ⇨ 기본개념 10장 & 기출회독 키워드 154
오답노트

ㄱ. 한국사회복지협의회는 1983년 사회복지사업법 개정으로 법정단체가 되었으며, 2009년 기타 공공기관으로 지정되었다.

72
답·해설 답 ② ⇨ 기본개념 11장 & 기출회독 키워드 155

지방자치단체들 간에 재정력의 격차가 존재하는 상황에서, 지방분권화를 통해 기존의 재정력 격차가 확대되면 재정이 취약한 지방정부의 경우 복지예산의 감축이 이루어질 수도 있다. 이러한 경우 지역 간 복지수준의 격차와 불평등을 심화시킬 수 있다.

73
답·해설 답 ④ ⇨ 기본개념 12장 & 기출회독 키워드 159

시·도 지회는 중앙에 속해 있으며 독립된 법인이 아니다.

74
답·해설 답 ③ ⇨ 기본개념 12장 & 기출회독 키워드 158

자활사업을 목적으로 설립되는 것은 아니다.

75
답·해설 답 ① ⇨ 기본개념 13장 & 기출회독 키워드 162

지역사회복지운동은 지역주민 전체를 기반으로 한다. 대상자가 특정 집단이나 계층에 있는 것이 아니라 지역사회 전체를 포괄한다.

3교시 사회복지정책과 제도

사회복지정책론

1	①	2	③	3	④	4	⑤	5	①
6	⑤	7	②	8	④	9	③	10	⑤
11	④	12	①	13	②	14	③	15	⑤
16	⑤	17	④	18	②	19	②	20	④
21	④	22	③	23	⑤	24	①	25	③

1
답·해설 답 ① ⇨ 기본개념 1장 & 기출회독 키워드 163

개인의 욕구, 노력, 능력 및 기여에 따라 사회적 자원을 상이하게 배분하는 것은 비례적 평등으로서, 공평 또는 형평성이라고 한다.

2
답·해설 답 ③ ⇨ 기본개념 1장 & 기출회독 키워드 164

국가경제가 성장하면 자연스럽게 국민에게 돌아가는 전체 분배의 몫이 확대되므로 선성장 후분배 논리를 주장한 것은 신자유주의자들이다. 사회민주주의자들은 소득의 재분배가 경제성장을 저해하지 않으며 오히려 성장을 촉진하는 촉매제 역할을 한다고 보면서 복지국가를 적극적으로 지지하였다.

3
답·해설 답 ④ ⇨ 기본개념 1장 & 기출회독 키워드 165

국가 차원의 사회복지정책은 소득재분배를 통해 불평등을 완화하고 소득의 양극화 문제를 해결하는 방향으로 나아가야 한다.

4
답·해설 답 ⑤ ⇨ 기본개념 2장 & 기출회독 키워드 166

공장법은 공장에서 비인도적인 처우를 받는 아동을 위해 만들어진 법으로서, 아동의 노동조건과 작업환경을 개선하기 위한 목적을 갖는다.

5
답·해설 답 ① ⇨ 기본개념 2장 & 기출회독 키워드 167

여성과 아동들이 과거의 빈민구제의 주요 수혜자였던 것과는 달리 사회보험의 주요 수혜자는 취업한 남성 노동자들이다.

6
답·해설 답 ⑤ ⇨ 기본개념 3장 & 기출회독 키워드 169

마샬은 자본주의 사회는 불평등한 체제이지만, 시민권이 확대되면서 이러한 불평등이 완화될 수 있다고 보았다. 즉, 불평등한 계급구조와 평등주의적 시민권이 양립할 수 있다고 보았다.

7
답·해설 답 ② ⇨ 기본개념 3장 & 기출회독 키워드 170
오답노트

ㄴ. 자유주의적 복지국가는 공공부조 프로그램을 강조하고, 탈상품화 효과와 복지의 재분배 효과가 미약하다.
ㄷ. 보수주의적 복지국가는 전통적으로 가부장제가 강하며 남성생계부양자 모형에 속한다.

8
답·해설 답 ④ ⇨ 기본개념 3장 & 기출회독 키워드 171
오답노트

ㄱ. 결과의 평등보다는 기회의 평등을 강조하였다. 불평등의 해소보다는 사회적 포섭에 관심을 두고, 기회를 재분배함으로써 결과의 불평등은 받아들일 수 있는 것으로 보았다.
ㄷ. 사회투자의 핵심을 인적 자본 및 사회적 자본에의 투자로 보았다. 특히, 인적 자본 중 아동에 대한 투자를 강조하며, 좋은 인적 자본을 창출하는 사회적 맥락과 경제활동의 포괄적 기반으로서의 사회적 자본을 강조하였다.

9
답·해설 답 ③ ⇨ 기본개념 4장 & 기출회독 키워드 172

'투입에 대한 산출'의 비율을 토대로 평가하는 것은 효율성(efficiency)이다. 효과성은 자원의 '투입에 상관없이 최대의 목표를 달성했는가'를 판단하는 것으로써 목표의 달성 정도, 즉 의도했던 정책효과가 과연 그 정책 때문에 발생했는가를 살피는 것이다.

10
답 ⑤ ⇒ 기본개념 5장 & 기출회독 키워드 174

노후소득보장과 관련된 입법의 전개 과정을 분석하는 것은 과정분석에 해당한다. 이러한 입법의 결과물로 나타난 다양한 정책 프로그램들을 분석하는 것은 산물분석이고, 그 프로그램들의 성과를 평가하는 것이 성과분석이다.

11
답 ④ ⇒ 기본개념 5장 & 기출회독 키워드 175

아동수당은 사회수당으로서 보편주의적 제도에 해당한다. 반면, 국민기초생활보장제도의 급여(① 생계급여, ⑤ 의료급여), ② 기초연금, ③ 장애인연금은 모두 공공부조제도로서 선별주의에 근거한 제도에 해당한다.

12
답 ① ⇒ 기본개념 5장 & 기출회독 키워드 176

오답노트

② 현금급여는 프로그램의 운영비용이 적게 들어 운영효율성이 높다.
③ 현금급여는 서비스의 선택권을 보장하여 수급자 효용을 극대화할 수 있다.
④ 현물급여는 수급자에게 낙인감을 줄 수 있다.
⑤ 현물급여는 현금급여에 비해 오남용의 위험이 적다.

13
답 ② ⇒ 기본개념 5장 & 기출회독 키워드 177

사회보험료는 일반조세와 달리 미래에 받을 수 있는 사회보장 급여에 대한 '권리'를 갖는 것으로 생각하여 저항이 상대적으로 적기 때문에 정치적인 측면에서도 유리하다.

14
답 ③ ⇒ 기본개념 5장 & 기출회독 키워드 178

중앙정부는 지방정부에 비해 변화하는 욕구에 융통성 있게 대응하지 못한다.

15
답 ⑤ ⇒ 기본개념 6장 & 기출회독 키워드 179

소득재분배에 관한 설명으로 모두 옳은 내용이다.

16
답 ⑤ ⇒ 기본개념 6장 & 기출회독 키워드 179

부담 능력이 있는 국민에 대한 사회서비스에 드는 비용은 그 수익자가 부담함을 원칙으로 하되, 관계 법령에서 정하는 바에 따라 국가와 지방자치단체가 그 비용의 일부를 부담할 수 있다.

17
답 ④ ⇒ 기본개념 7장 & 기출회독 키워드 181

국민연금사업은 보건복지부장관이 맡아 주관한다.

18
답 ② ⇒ 기본개념 8장 & 기출회독 키워드 183

의료급여 수급권자, 유공자등 의료보호대상자는 건강보험의 대상에서 제외된다.

19
답 ② ⇒ 기본개념 8장 & 기출회독 키워드 184

장기요양보험료는 건강보험료와 통합하여 징수하지만, 이 경우 국민건강보험공단은 장기요양보험료와 건강보험료를 구분하여 고지하여야 한다.

20
답 ④ ⇒ 기본개념 9장 & 기출회독 키워드 185

2011년부터 사회보험 징수통합에 따라 보험료의 고지·수납 및 체납관리 등 징수업무는 국민건강보험공단이 수행한다.

21
답 ④ ⇒ 기본개념 10장 & 기출회독 키워드 186

고용노동부장관은 보험사업에 필요한 재원을 충당하기 위해 고용보험기금을 설치한다.

22
답 ③ ⇒ 기본개념 11장 & 기출회독 키워드 187

식료품비를 계산하고 엥겔수의 역을 곱해서 빈곤선을 기준으로 측정하는 것은 반물량 방식이다.

23
답 ⑤ ⇒ 기본개념 11장 & 기출회독 키워드 187

빈곤 및 소득불평등에 관한 설명으로 모두 옳은 내용이다.

24
답 ① ⇒ 기본개념 11장 & 기출회독 키워드 188

수급자격을 결정하기 위한 자산조사를 실시하기 때문에 행정비용이 많이 소요될 수 있다.

25
답 ③ ⇒ 기본개념 11장 & 기출회독 키워드 188

오답노트

① 차상위계층이란 수급권자에 해당하지 아니하는 계층으로서 소득인정액이 100분의 50 이하인 계층을 말한다.
② 현재 우리나라는 부양의무자 기준을 완화하고 있으나 의료급여 수급자는 부양의무자 기준을 적용하고 있다.
④ 의료급여에 필요한 사항은 따로 의료급여법에서 정한다.
⑤ 의료급여 선정기준은 기준 중위소득의 100분의 40 이상으로 한다.

사회복지행정론

26	③	27	⑤	28	③	29	⑤	30	③
31	②	32	⑤	33	②	34	⑤	35	④
36	②	37	⑤	38	⑤	39	④	40	⑤
41	③	42	③	43	①	44	②	45	③
46	③	47	④	48	⑤	49	④	50	③

26
답·해설 답 ③ ⇨ 기본개념 1장 & 기출회독 키워드 189
오답노트

ㄷ. 사회복지서비스는 개별화가 강조되기 때문에 일률적인 서비스가 되도록 표준화하는 것을 지향하지는 않는다.

27
답·해설 답 ⑤ ⇨ 기본개념 2장 & 기출회독 키워드 191

한국사회사업가협회는 1982년 윤리강령을 제정, 1988년 공포하였다.

오답노트

① ② ③ ④는 1990년대의 일이다.

28
답·해설 답 ③ ⇨ 기본개념 3장 & 기출회독 키워드 195

관료제 이론은 인간관계에 대하여 무관심하고, 사적인 감정을 배제한다는 특징이 있다.

29
답·해설 답 ⑤ ⇨ 기본개념 3장 & 기출회독 키워드 194

정치경제이론에 관한 설명이다.

30
답·해설 답 ③ ⇨ 기본개념 3장 & 기출회독 키워드 193

총체적 품질관리에서는 유능한 직원을 선발하는 데에 그치지 않고 지속적인 능력개발, 지속적인 학습을 중요시한다.

31
답·해설 답 ② ⇨ 기본개념 3장 & 기출회독 키워드 194
오답노트

① 조직군 생태론에 해당한다.
③ 정치경제이론에 해당한다.
④ 상황이론에 해당한다.
⑤ 체계이론에 해당한다.

32
답·해설 답 ⑤ ⇨ 기본개념 4장 & 기출회독 키워드 199
오답노트

① 대부분의 사회복지조직은 비영리조직이다. 하지만 사회복지 관련 서비스를 제공하는 조직의 형태가 다양해짐에 따라 영리조직인 사회복지조직도 있다.
② 비영리조직은 정부로부터 독립적이다.
③ 법률에 따라 법인격을 부여받아야 한다. 우리나라는 민법을 통해 비영리법인의 요건을 규정하고 있으며 허가주의를 채택하고 있다.
④ 비영리조직은 국내, 국제를 포함한 모든 자발적 민간부문을 지칭한다. 사회적 가치를 추구한다는 점에서 국가의 지원금을 받기도 하고 세제 혜택을 받기도 한다.

33
답·해설 답 ② ⇨ 기본개념 4장 & 기출회독 키워드 198

비공식조직은 조직 내에 존재하는 일종의 동호회로 공식조직의 업무나 의사결정이 이루어져서는 안 되며 책임을 분담할 수도 없다.

34
답·해설 답 ⑤ ⇨ 기본개념 5장 & 기출회독 키워드 202

공공재는 모든 사람이 공동으로 이용할 수 있는 재화 및 서비스를 말한다. 공공재 성격이 강한 사회복지서비스는 공공체계를 통해 이루어지는 것이 바람직하다. 연대재는 상호협력관계를 통한 재화를 말하며, 공동유가, 조합 등을 예로 들 수 있다. 연대재는 다양한 주민조직의 적극적인 참여를 바탕으로 한다.

35
답·해설 답 ④ ⇨ 기본개념 5장 & 기출회독 키워드 201

서비스의 누락 및 중복을 막기 위해 서비스의 통합성을 확보해야 한다. 전문성은 전문적인 서비스가 전문가에 의해 제공되어야 함을 의미한다.

36
답·해설 답 ② ⇨ 기본개념 6장 & 기출회독 키워드 205
오답노트

① 변증법적 토의는 '정(正) - 반(反) - 합(合)'이라는 헤겔의 변증법적 사고방식에 기초한 토의 방법이다.
③ 명목집단 기법은 참여자들이 한 자리에 모이면서도 무기명으로 의견을 제출하고 각자 의견에 대한 우선 순위를 매겨 투표하는 방식으로 진행된다.
④ SWOT분석은 기업 내외부 환경을 분석하여 강점(strength), 약점(weakness), 기회(opportunity), 위협(threat) 요인을 규정하고 이를 토대로 전략을 수립하는 기법이다.
⑤ 브레인스토밍은 참여자들이 자유롭게 의견을 내면서 아이디어의 연쇄반응을 일으켜 의견을 나누는 방식이다.

37
답·해설 답 ⑤ ⇨ 기본개념 6장 & 기출회독 키워드 204

기획은 불확실한 미래에 대해 대처하고, 제한된 자원을 효율적으로 사용할 수 있도록 하며, 효과적인 서비스 제공을 위한 사전계획을 꾀하고, 서비스가 적절하고 적합하게 이루어지기 위한 타당성을 확보하기 위해 진행된다. 이러한 과정에서 책임성을 증진할 수 있다. 또한 기획 과정에 구성원의 참여를 유도하여 구성원들의 사기를 진작시킬 수 있다.

38
답·해설 답 ⑤ ⇨ 기본개념 7장 & 기출회독 키워드 -

모두 옳은 내용이다. 조직문화란 조직 구성원들이 집단적으로 공유하는 조직 행동의 기본 전제이며, 조직의 가치와 신념, 규범, 관습 및 행동양식을 포함한다.

39
답·해설 답 ④ ⇨ 기본개념 7장 & 기출회독 키워드 206

과업형 리더는 조직의 생산성을 어떻게 끌어올릴 것인가에 집중하는 반면, 지시와 통제 중심으로 구성원들을 이끌기 때문에 구성원들의 사기가 저하될 수 있다. 관리격자모형에서 가장 높은 생산성을 보인 리더십은 생산에 대한 관심과 인간에 대한 관심이 모두 높은 팀형 리더이다.

40
답·해설 답 ⑤ ⇨ 기본개념 8장 & 기출회독 키워드 208
오답노트

① 소진은 열성 → 침체 → 좌절 → 무관심의 단계로 진행된다.
② 보통 직무만족도가 낮을수록 소진을 경험하게 될 확률이 더 높으며, 소진이 촉진될 수 있는 것으로 알려져 있다.
③ 슈퍼비전은 행정적, 교육적, 지지적 등의 차원에서 진행될 수 있다. 제시된 내용처럼 사회복지사가 클라이언트와의 감정적 문제를 호소할 때는 지지적 슈퍼비전에 해당한다.
④ 슈퍼비전은 슈퍼바이저와 일선 사회복지사가 1:1의 방식으로만 진행되어야 하는 것은 아니다. 집단적으로 진행되기도 하며 동료들 간에 진행될 수도 있다.

41
답·해설 답 ③ ⇨ 기본개념 8장 & 기출회독 키워드 209

맥클리랜드는 친화욕구, 권력욕구, 성취욕구 등 세 가지 욕구 유형을 제시하였으며, ③의 내용은 권력욕구에 해당한다.

42
답·해설 답 ③ ⇨ 기본개념 9장 & 기출회독 키워드 212

강제의 원칙에 의하면 재정통제 체계는 강제성을 띠는 명시적인 규정이 있어야 한다. 때로는 개별성이 무시될 수 있으나 규칙의 동일한 적용을 통해 공평성을 공식화해야 한다.

43
답·해설 답 ① ⇨ 기본개념 9장 & 기출회독 키워드 211

성과주의 예산은 예산에 제시된 업무량이 실제로 달성되었는지를 통해 성과를 관리한다. 무엇을 얼마나 제공할 것인지가 작성되므로 프로그램의 목표와 운영에 대한 모니터링이 가능하다.

44
답·해설 답 ② ⇨ 기본개념 10장 & 기출회독 키워드 213
오답노트

① 효율성 평가에 해당한다.
③ 노력성 평가에 해당한다.
④ 공평성 평가에 해당한다.
⑤ 영향력 평가에 해당한다.

45
답·해설 답 ③ ⇨ 기본개념 10장 & 기출회독 키워드 215
오답노트

① ② ④ ⑤ 산출목표에 해당한다.
성과목표가 변화에 관한 목표라면, 산출목표는 프로그램으로 나타나는 결과물에 관한 목표로 구체적인 활동 내용을 담는다.

46
답·해설 답 ③ ⇨ 기본개념 10장 & 기출회독 키워드 213
오답노트

① 메타평가에 해당한다.
② ④ 총괄평가에 해당한다.
⑤ 어떤 평가를 어떤 방식으로 어느 시점에 진행할 것인지는 프로그램이 시작되기 전에 계획하게 된다. 즉 형성평가든 총괄평가든 평가계획은 미리 정한다.

47
답·해설 답 ④ ⇨ 기본개념 11장 & 기출회독 키워드 216
오답노트

ㄱ. 평가영역에는 인적자원관리(자격증 소지 직원 비율, 직원의 근속률, 직원의 교육활동, 직원 채용의 공정성, 슈퍼비전, 직원복지 등)와 이용자의 권리(이용자의 비밀보장, 이용자의 고충처리 등)도 포함된다.

48
답·해설 답 ⑤ ⇨ 기본개념 12장 & 기출회독 키워드 219

마케팅 믹스(4p)에는 상품(Product) 전략, 가격(Price) 전략, 유통(Place) 전략, 촉진(Promotion) 전략 등이 있다.
⑤ 문제(problem)는 해당하지 않는다.

49
답·해설 답 ④ ⇨ 기본개념 13장 & 기출회독 키워드 221

생활시설의 폐쇄적 운영에 대한 문제가 제기되면서 탈시설화 및 지역사회보호가 강조되고 있다.

50
답·해설 답 ③ ⇨ 기본개념 13장 & 기출회독 키워드 222

지역사회의 인구구성의 변화는 일반환경으로서 사회복지시설에 영향을 미친다.

사회복지법제론

51	①	52	③	53	①	54	③	55	③
56	②	57	②	58	①	59	①	60	⑤
61	②	62	②	63	③	64	⑤	65	④
66	③	67	④	68	①	69	④	70	②
71	④	72	②	73	③	74	①	75	②

51
답·해설 답 ① ⇨ 기본개념 1장 & 기출회독 키워드 224
오답노트
② 국무총리는 소관 사무에 관하여 직권으로 총리령을 발할 수 있다.
③ 판례법은 불문법으로서의 법원에 해당한다.
④ 헌법 제40조에서 "입법권은 국회에 속한다."라고 규정되어 있다.
⑤ 시행령은 대통령이 발할 수 있는 명령이다.

52
답·해설 답 ③ ⇨ 기본개념 1장 & 기출회독 키워드 226
• 신체장애자 및 질병·노령 기타의 사유로 생활능력이 없는 국민은 법률이 정하는 바에 의하여 국가의 보호를 받는다.
• 국가는 사회보장·사회복지의 증진에 노력할 의무를 진다.
• 국가는 노인과 청소년의 복지향상을 위한 정책을 실시할 의무를 진다.

53
답·해설 답 ① ⇨ 기본개념 2장 & 기출회독 키워드 227
① 산업재해보상보험법: 1963년 제정
② 국민기초생활보장법: 1999년 제정
③ 노인복지법: 1981년 제정
④ 사회복지사업법: 1970년 제정
⑤ 저출산·고령사회기본법: 2005년 제정

54
답·해설 답 ③ ⇨ 기본개념 5장 & 기출회독 키워드 228
국내에 거주하는 외국인에게 사회보장제도를 적용할 때에는 상호주의의 원칙에 따르되, 관계 법령에서 정하는 바에 따른다.

55
답·해설 답 ③ ⇨ 기본개념 5장 & 기출회독 키워드 228
위원의 임기는 2년으로 한다. 다만, 공무원인 위원의 임기는 그 재임 기간으로 한다.

56
답·해설 답 ② ⇨ 기본개념 5장 & 기출회독 키워드 228
오답노트
ㄱ. "사회보장"이란 출산, 양육, 실업, 노령, 장애, 질병, 빈곤 및 사망 등의 사회적 위험으로부터 모든 국민을 보호하고 국민 삶의 질을 향상시키는 데 필요한 소득·서비스를 보장하는 사회보험, 공공부조, 사회서비스를 말한다.

57
답·해설 답 ② ⇨ 기본개념 6장 & 기출회독 키워드 229
보장기관은 지역의 사회보장 수준이 균등하게 실현될 수 있도록 노력하여야 한다.

58
답·해설 답 ① ⇨ 기본개념 6장 & 기출회독 키워드 229
지원대상자와 그 친족, 후견인, 청소년상담사·청소년지도사, 지원대상자를 사실상 보호하고 있는 자 등은 지원대상자의 주소지 관할 보장기관에 사회보장급여를 신청할 수 있다.

59
답·해설 답 ① ⇨ 기본개념 7장 & 기출회독 키워드 230
오답노트
② 사회복지서비스를 필요로 하는 사람에 대한 사회복지서비스 제공은 현물(現物)로 제공하는 것을 원칙으로 한다.
③ 거짓이나 그 밖의 부정한 방법으로 사회복지사 자격을 취득한 경우에는 반드시 그 자격을 취소하여야 한다.
④ 국가는 국민의 사회복지에 대한 이해를 증진하고 사회복지사업 종사자의 활동을 장려하기 위하여 매년 9월 7일을 사회복지의 날로 한다.
⑤ 「정신건강증진 및 정신질환자 복지서비스 지원에 관한 법률」에 따른 정신질환자는 사회복지사가 될 수 없다. 다만, 전문의가 사회복지사로서 적합하다고 인정하는 사람은 그러하지 아니하다.

60
답·해설 답 ⑤ ⇨ 기본개념 7장 & 기출회독 키워드 230
이사의 임기는 3년으로 하고 감사의 임기는 2년으로 하며, 각각 연임할 수 있다.

61
답·해설 답 ② ⇨ 기본개념 7장 & 기출회독 키워드 230
사회복지법인 또는 사회복지시설에 종사하는 사회복지사는 연간 8시간 이상의 보수교육을 받아야 한다.

62
답·해설 답 ② ⇨ 기본개념 8장 & 기출회독 키워드 231
보건복지부장관 또는 소관 중앙행정기관의 장은 급여의

종류별 수급자 선정기준 및 최저보장수준을 결정하여야 한다.

63
답·해설 **답 ③** ⇨ 기본개념 8장 & 기출회독 키워드 233

「한부모가족지원법」에 따른 미혼모 가족의 8세 미만의 아동은 의료급여법상의 수급권자에 해당하지 않는다.

64
답·해설 **답 ⑤** ⇨ 기본개념 8장 & 기출회독 키워드 234

대한적십자사, 사회복지공동모금회 등의 사회복지기관·단체와의 연계 지원은 '민간기관·단체와의 연계 등의 지원'에 해당한다.

65
답·해설 **답 ④** ⇨ 기본개념 8장 & 기출회독 키워드 232
오답노트

① "기초연금 수급권자"란 기초연금 수급권을 가진 사람을 말한다. 이 법에 따라 기초연금을 지급받고 있는 사람은 "기초연금 수급자"이다.
② 보건복지부장관은 선정기준액을 정하는 경우 65세 이상인 사람 중 기초연금 수급자가 100분의 70 수준이 되도록 한다.
③ 본인과 그 배우자가 모두 기초연금 수급권자인 경우에는 각각의 기초연금액에서 기초연금액의 100분의 20에 해당하는 금액을 감액한다.
⑤ 기초연금 수급권자가 국적을 상실하거나 국외로 이주한 때에는 기초연금 수급권을 상실한다.

66
답·해설 **답 ③** ⇨ 기본개념 9장 & 기출회독 키워드 235

가입자는 사업장가입자, 지역가입자, 임의가입자 및 임의계속가입자로 구분한다.

67
답·해설 **답 ④** ⇨ 기본개념 9장 & 기출회독 키워드 236
오답노트

① 사망한 날의 다음 날
② 국적을 잃은 날의 다음 날
③ 국내에 거주하지 아니하게 된 날의 다음 날
⑤ 수급권자가 된 날

68
답·해설 **답 ①** ⇨ 기본개념 9장 & 기출회독 키워드 237

취업촉진 수당의 종류에는 '조기재취업 수당, 직업능력개발 수당, 광역 구직활동비, 이주비'가 있다.

69
답·해설 **답 ④** ⇨ 기본개념 9장 & 기출회독 키워드 238

업무상 사고
- 근로자가 근로계약에 따른 업무나 그에 따르는 행위를 하던 중 발생한 사고
- 사업주가 제공한 시설물 등을 이용하던 중 그 시설물 등의 결함이나 관리소홀로 발생한 사고
- 사업주가 주관하거나 사업주의 지시에 따라 참여한 행사나 행사준비 중에 발생한 사고
- 휴게시간 중 사업주의 지배관리하에 있다고 볼 수 있는 행위로 발생한 사고
- 그 밖에 업무와 관련하여 발생한 사고

70
답·해설 **답 ②** ⇨ 기본개념 9장 & 기출회독 키워드 239
오답노트

① 방문요양: 장기요양요원이 수급자의 가정 등을 방문하여 신체활동 및 가사활동 등을 지원하는 장기요양급여
③ 방문목욕: 장기요양요원이 목욕설비를 갖춘 장비를 이용하여 수급자의 가정 등을 방문하여 목욕을 제공하는 장기요양급여
④ 방문간호: 장기요양요원인 간호사 등이 의사, 한의사 또는 치과의사의 지시서에 따라 수급자의 가정 등을 방문하여 간호, 진료의 보조, 요양에 관한 상담 또는 구강위생 등을 제공하는 장기요양급여
⑤ 단기보호: 수급자를 보건복지부령으로 정하는 범위 안에서 일정 기간 동안 장기요양기관에 보호하여 신체활동 지원 및 심신기능의 유지·향상을 위한 교육·훈련 등을 제공하는 장기요양급여

71
답·해설 **답 ④** ⇨ 기본개념 10장 & 기출회독 키워드 240

독거노인종합복지센터는 노인복지법상 노인복지시설의 종류에 해당하지 않는다. 노인복지시설의 종류에는 '노인주거복지시설, 노인의료복지시설, 노인여가복지시설, 재가노인복지시설, 노인보호전문기관, 노인일자리지원기관, 학대피해노인 전용쉼터'가 있다.

72
답·해설 **답 ②** ⇨ 기본개념 10장 & 기출회독 키워드 241
오답노트

① "아동"이란 18세 미만인 사람을 말한다.
③ 보건복지부장관은 아동정책의 효율적인 추진을 위하여 5년마다 아동정책기본계획을 수립하여야 한다.
④ 보건복지부장관은 3년마다 아동의 양육 및 생활환경, 언어 및 인지 발달, 정서적·신체적 건강, 아동안전, 아동학대 등 아동의 종합실태를 조사하여 그 결과를 공표하여야 한다.
⑤ 시·군·구에 아동위원을 두며, 아동위원은 명예직으로 하되, 아동위원에 대하여는 수당을 지급할 수 있다.

73
답·해설 **답 ③** ⇨ 기본개념 10장 & 기출회독 키워드 242

특별자치시장·특별자치도지사·시장·군수·구청장은 장애인 등록 및 장애 상태의 변화에 따른 장애 정도를 조정함에 있어 장애인의 장애 인정과 장애 정도 사정이

적정한지를 확인하기 위하여 필요한 경우 대통령령으로 정하는 공공기관에 장애 정도에 관한 정밀심사를 의뢰할 수 있다.

74
답·해설 답 ① ⇨ 기본개념 10장 & 기출회독 키워드 246

다문화가족의 삶의 질 향상과 사회통합에 관한 중요 사항을 심의·조정하기 위하여 국무총리 소속으로 다문화 가족정책위원회를 둔다.

75
답·해설 답 ② ⇨ 기본개념 10장 & 기출회독 키워드 235

사회복지공동모금회는 정관을 작성하여 보건복지부장관의 인가를 받아 등기함으로써 설립된다.

강의로 완성하는
FINAL 모의고사
2회

1교시 사회복지기초

인간행동과 사회환경

1	③	2	③	3	①	4	⑤	5	①
6	②	7	⑤	8	④	9	②	10	⑤
11	②	12	①	13	⑤	14	②	15	④
16	③	17	①	18	②	19	⑤	20	①
21	②	22	④	23	①	24	③	25	③

1
답·해설 답 ③ ⇨ 기본개념 1장 & 기출회독 키워드 002

인간과 환경 간의 관계에 있어서 일방적인 방향성을 갖는 영향을 파악하기보다는 인간과 환경이 서로 영향을 미치는 상호 간의 영향 및 상호작용을 파악할 수 있다.

2
답·해설 답 ③ ⇨ 기본개념 1장 & 기출회독 키워드 002

로저스가 인간을 하나의 통합된 유기체로 본 것은 맞는 내용이지만, 모방학습의 중요성을 인식하는 데 공헌한 것은 반두라이다.

3
답·해설 답 ① ⇨ 기본개념 2장 & 기출회독 키워드 004
오답노트

② 항문기: 배변훈련을 통해 통제하려는 부모 내지는 사회와 갈등을 겪게 된다.
③ 남근기: 남아는 오이디푸스 콤플렉스를, 여아는 엘렉트라 콤플렉스를 경험한다.
④ 잠복기: 리비도가 특정 부위에 집중되지 않고 잠재되어 있다.
⑤ 생식기: 2차 성징이 나타나며 이전 시기에 확립했던 성적 주체성에 의해 성인으로 성장한다.

4
답·해설 답 ⑤ ⇨ 기본개념 2장 & 기출회독 키워드 005
오답노트

① 신뢰감 대 불신감 – 구강기
② 자율성 대 수치심 – 항문기
③ 주도성 대 죄의식 – 남근기
④ 근면성 대 열등감 – 잠재기

5
답·해설 답 ① ⇨ 기본개념 2장 & 기출회독 키워드 006

인간을 의식과 무의식 간의 본질적인 대립양상을 극복하고 하나로 통일해나가는 전체적 존재로 본 것은 융의 분석심리이론이다.

6
답·해설 답 ② ⇨ 기본개념 2장 & 기출회독 키워드 007

개성화는 중년기에 자아를 외적·물질적 차원으로부터 내적·정신적 차원으로 전환시키는 것을 의미한다.

7
답·해설 답 ⑤ ⇨ 기본개념 3장 & 기출회독 키워드 008
오답노트

① 감각운동기는 '반사활동기 – 1차순환반응 – 2차순환반응 – 2차도식협응 – 3차순환반응 – 정신적 표상'의 발달 순서로 진행된다.
② 형식적 조작기에는 관련된 모든 변인들의 관련성을 파악하여 적절한 문제해결 방법을 찾아낼 수 있다.
③ 구체적 조작기에는 더 이상 한 가지 변수에만 의존하지 않고 더 많은 변수를 고려하게 된다.
④ 형식적 조작기에는 어떤 정보로부터 가설을 수립하여 일반적인 원리를 바탕으로, 특수한 원리를 논리적으로 이끌어내는 사고가 가능하다.

8
답·해설 답 ④ ⇨ 기본개념 3장 & 기출회독 키워드 009

ㄱ: 특정 행동이 일어날 때마다 강화물을 제시하는 것은 연속적 강화계획이다.
ㄴ: 일정한 시간 간격에 따라 강화물을 제시하는 것은 고정간격 강화계획이다.

9
답·해설 답 ② ⇨ 기본개념 3장 & 기출회독 키워드 010

반두라는 스키너와 달리 새로운 행동의 학습은 외적 강화 없이도 이루어질 수 있다고 보았다.

10
답·해설 답 ⑤ ⇨ 기본개념 4장 & 기출회독 키워드 012

자기실현 욕구를 충족한 사람, 욕구체계 등의 주요 개념을 설명하는 욕구이론은 매슬로우 이론에 해당한다. 로저스 이론은 현상학이론이라고 하며, 현상학적 장, 완전히 기능하는 사람 등의 주요 개념이 있다.

11
답·해설 **답 ②** ⇨ 기본개념 4장 & 기출회독 키워드 012

매슬로우는 자기실현에 대한 갈망은 거의 모든 연령대에서 발견할 수 있는 보편적인 과정이라 보았기 때문에 연령에 따른 발달적 접근을 하지 않았다.

12
답·해설 **답 ①** ⇨ 기본개념 4장 & 기출회독 키워드 013

ㄱ. 인간은 본래 특정한 성격 유형을 갖고 태어나는 것이 아니라, 다양한 주관적인 경험들을 통해 자신을 형성한다. 미리 정해진 성격발달 패턴은 없으며, 삶의 경험에 따라 각 개인의 성격이 달라질 수 있다.

13
답·해설 **답 ⑤** ⇨ 기본개념 5장 & 기출회독 키워드 014

체계가 한쪽 방향으로 계속 이탈되어 가는 것은 정적 환류이다. 체계에 급진적이고 불연속적인 변화를 통하여 체계 전체를 변화시키는 환류를 의미하며, 주로 엔트로피가 증가하고 있는 체계에서 나타난다.

14
답·해설 **답 ④** ⇨ 기본개념 5장 & 기출회독 키워드 015

ㄹ. 생태체계이론은 인과관계를 규명하는 것이 아니라 인간과 환경 간의 복잡한 상호보완성을 설명하는 데 관심을 둔다.

15
답·해설 **답 ④** ⇨ 기본개념 5장 & 기출회독 키워드 015
오답노트

ㄴ. 미시체계는 개인의 성장시기, 환경변화 등에 따라 달라진다.

16
답·해설 **답 ③** ⇨ 기본개념 7장 & 기출회독 키워드 018

인간에게 삶의 방향을 제시해주고 정신적인 삶을 풍요롭게 해주는 지식과 가치, 태도를 말하는 것은 관념문화이다. 규범문화는 사회구성원들의 행위를 규제하거나 관계를 규정하는 규범, 원리를 말한다.

17
답·해설 **답 ①** ⇨ 기본개념 8장 & 기출회독 키워드 019

터너증후군은 필요한 염색체가 부족한 경우에 발생한다. 성염색체 이상으로 발생하는 장애로서 X염색체가 하나뿐이라서 외견상 여성으로 보이지만 2차 성징이 거의 없는 것이 특징이다.

18
답·해설 **답 ③** ⇨ 기본개념 8장 & 기출회독 키워드 020

회피애착 유형은 양육자가 자리를 비워도 불안해하지 않지만 자리에 있어도 무관심하다. 회피애착 유형은 불안정 애착에 해당한다.

19
답·해설 **답 ⑤** ⇨ 기본개념 8장 & 기출회독 키워드 021

유아기에는 보존개념이 발달하기 시작하나 완전히 형성되지는 못하는 시기이다.

20
답·해설 **답 ①** ⇨ 기본개념 9장 & 기출회독 키워드 022
오답노트

ㄹ. 청소년기의 발달 특성에 해당한다.

21
답·해설 **답 ②** ⇨ 기본개념 10장 & 기출회독 키워드 023

청소년기에는 제2차 성징이 나타난다. 사춘기가 되면 남성은 목소리가 변하고 근육과 뼈가 발달하며, 여성은 여성다운 체형, 유방의 발달, 월경의 시작 등 성에 대한 특징이 나타난다. 반면, 제1차 성징은 사람이 처음 태어났을 때 생식기만으로 남자, 여자를 구분짓는 것을 말하며 특별한 몸의 변화는 없다.

22
답·해설 **답 ④** ⇨ 기본개념 11장 & 기출회독 키워드 024

청년기는 에릭슨의 심리사회 발달단계에서 친밀감 대 고립감에 해당하는 시기이다.

23
답·해설 **답 ①** ⇨ 기본개념 12장 & 기출회독 키워드 025

자신의 삶을 수용하며 자아통합을 이루는 것은 노년기의 발달과업에 해당한다.

24
답·해설 **답 ③** ⇨ 기본개념 13장 & 기출회독 키워드 026

자신의 사고나 감정에 따라 사물을 판단하지만, 문제해결에 있어서 능동적인 태도보다는 타인에 대한 의존성이 증가한다.

25
답·해설 **답 ③** ⇨ 기본개념 9장 & 기출회독 키워드 022

유형화와 서열화는 아동기에 가능하다. 아동기는 구체적 조작기로서 보존개념이 획득되며 유형화와 서열화가 가능하고, 수를 조작하는 조합기술과 가역적 사고가 가능하다.

사회복지조사론

26	③	27	①	28	③	29	②	30	④
31	⑤	32	④	33	⑤	34	②	35	③
36	③	37	②	38	③	39	①	40	⑤
41	①	42	①	43	⑤	44	④	45	④
46	②	47	⑤	48	②	49	⑤	50	③

26
답·해설 답 ③ ⇨ 기본개념 1장 & 기출회독 키워드 031

사회복지조사는 문제를 계량화하고 객관적·통계적으로 검증할 수 있는 과학적 연구를 지향한다.

27
답·해설 답 ① ⇨ 기본개념 1장 & 기출회독 키워드 028

사회복지조사는 연구대상이 인간이기 때문에 연구의 과정이나 결과가 연구참여자에게 피해를 끼칠 가능성이 있는지를 따지는 것이 매우 중요하다. 연구참여자에게 일어날 수 있는 이익뿐만 아니라 연구에 수반될 위험과 피해 등도 반드시 미리 고지하여야 한다.

28
답·해설 답 ③ ⇨ 기본개념 2장 & 기출회독 키워드 032

ㄱ. 설명적 조사는 인과관계를 밝히는 것이 목적인 조사이므로 'A가 B에 미치는 영향에 대한 연구' 또는 'A에 영향을 미치는 요인에 대한 연구' 등이 이에 해당한다.
ㄴ. 기술적 조사는 현상 자체를 이해하거나 변수들 사이의 상관관계 정도를 이해하는 데 목적을 두는 조사로서 대표적인 형태는 실태조사, 여론조사 등이다.

29
답·해설 답 ② ⇨ 기본개념 2장 & 기출회독 키워드 033

사회복지조사의 과학적 수행과정은 '문제형성 → 가설설정 → 조사설계 → 자료수집 → 자료분석 → 보고서 작성'으로 진행된다.

30
답·해설 답 ④ ⇨ 기본개념 3장 & 기출회독 키워드 036

영가설은 연구가설을 부정하거나 기각하기 위해 설정되며, 변수 간의 차이가 없거나 관계가 없다는 내용으로 진술된다. 연구가설에서 설정된 변수 간의 관계는 직접 검증되지 않고 영가설을 기각함으로써 연구가설에서 진술한 변수들이 서로 관계가 있을 것이라는 가능성을 간접적으로 증명한다.

31
답·해설 답 ⑤ ⇨ 기본개념 3장 & 기출회독 키워드 037

- 원래 관계가 없는 독립변수와 종속변수의 관계를 관계가 있는 것처럼 가식적 관계로 만드는 변수를 외생변수라고 한다.
- 선행변수는 독립변수에 앞서면서 독립변수에 영향을 미치는 변수이다.
- 원래 관계가 있는 두 변수가 제3의 변수로 인해 관계가 없는 것처럼 보이는 가식적 영관계가 나타난 경우, 이 때의 제3의 변수를 억압변수라고 한다.
- 왜곡변수는 두 변수의 실제 관계를 정반대의 관계로 나타나게 하는 변수이다.

32
답·해설 답 ④ ⇨ 기본개념 3장 & 기출회독 키워드 037

스마트폰 사용 시간이 독립변수, 학업 성취도는 종속변수가 되며, 독립변수와 종속변수 간의 관계의 강도나 방향에 영향을 미치는 부모의 스마트폰 사용 관리 수준이 조절변수가 된다.

33
답·해설 답 ⑤ ⇨ 기본개념 4장 & 기출회독 키워드 038

검사효과는 동일한 측정도구를 사용하여 두 번 이상 테스트를 실시하는 경우 나타나는 현상을 의미한다. 동일한 검사를 두 번 실시하면 검사 자체를 기억하고 반응할 수 있다.

34
답·해설 답 ② ⇨ 기본개념 5장 & 기출회독 키워드 040

검사효과는 검사를 두 번 이상 하는 경우에 발생한다. 검사효과가 개입되지 않도록 통제하기 위해서는 통제집단 사후검사 설계에서처럼 검사를 한 번만 하거나, 솔로몬 4집단 설계처럼 검사효과가 개입되는 경우와 그렇지 않은 경우를 비교하여 검사효과가 어느 정도 개입했는지를 확인할 수 있어야 한다.

35
답·해설 답 ③ ⇨ 기본개념 5장 & 기출회독 키워드 040

정태적 집단비교 설계는 통제집단 사후검사 설계에서 무작위 할당만 제외된 형태이다. 실험집단과 통제집단을 임의적으로 선정하고 실험집단은 독립변수를 도입한 후 사후검사를, 통제집단은 독립변수를 도입하지 않고 사후검사를 실시한다.

36
답·해설 답 ③ ⇨ 기본개념 6장 & 기출회독 키워드 043

ABCD설계는 하나의 기초선 자료에 대해서 여러 개의 각기 다른 방법(BCD)으로 개입하는 것이다. 클라이언트에게 도움이 되지 않는 개입을 수정하거나 실제로 표적문제에 변화를 가져오는지 설명하고자 할 때 유용하다. ABCD 설계는 융통성이 있어서 연속적인 단계에서 옳다고 입증된 대로 개입계획을 변경할 수 있다.

37
답 ② ⇨ 기본개념 7장 & 기출회독 키워드 044

"서비스 횟수"라는 변수는 비율변수에 해당한다. 비율변수는 서열 간 간격이 동일하고 절대량의 크기를 나타낸다.

38
답 ③ ⇨ 기본개념 7장 & 기출회독 키워드 044

ㄴ. 측정도구의 전체 항목들을 둘로 나누어 두 가지 측정도구로 동일한 대상을 측정해서 상관관계를 검증하는 것은 반분법이다. 대안법은 서로 다른 유사한 양식의 두 가지 측정도구로 동일한 대상을 측정해서 상관관계를 검증하여 신뢰도를 측정하는 방법이다.

39
답 ① ⇨ 기본개념 7장 & 기출회독 키워드 045

내용타당도란 측정도구에 포함된 설문문항들이나 관찰내용들이 측정하려고 하는 속성이나 개념을 얼마나 대표성 있게 포함하고 있는가에 대해 논리적으로 판단하는 것이다.

40
답 ⑤ ⇨ 기본개념 7장 & 기출회독 키워드 046

모두 옳은 내용이다. 무작위적 오류는 측정도구, 측정대상, 측정과정, 측정자 등이 일관성 없이 영향을 미침으로써 발생하는 오류이다.

41
답 ① ⇨ 기본개념 8장 & 기출회독 키워드 047

보가더스의 사회적 거리 척도는 서열척도에 해당한다.

42
답 ① ⇨ 기본개념 9장 & 기출회독 키워드 048
오답노트

② 눈덩이표집법은 성매매, 도박, 노숙인 등을 대상으로 한 연구에 적합하다. 눈덩이를 굴리는 것과 같이 처음에는 연구에 필요한 특성을 갖춘 소수의 표본을 찾고, 그 표본을 통해서 다른 사람을 소개받아 점차로 표본의 수를 늘려가는 표집방법이다. 모집단의 구성원을 찾기 어려운 대상을 연구하는 경우에 사용한다.
③ 층화표집에서 층화한 하위집단은 동질적인 특성을 갖는다.
④ 같은 크기의 표본일 때 확률표집방법 중에서는 집락표집방법의 대표성이 가장 떨어진다.
⑤ 체계적 표집법에서 모집단에서 구성하는 요소들이 일정한 순서대로 배열되어 있다면 표본추출 과정에서 체계적 오류가 발생할 수 있다.

43
답 ⑤ ⇨ 기본개념 9장 & 기출회독 키워드 048
오답노트

① 표집틀: 표본을 추출하기 위한 모집단의 목록이다.
② 표집단위: 표본이 추출되는 각 단계에서 표본으로 추출되는 요소들의 단위이다.
③ 관찰단위: 자료를 직접 수집하는 요소 또는 요소의 총합체를 말하며 자료수집 단위라고도 한다.
④ 모수: 모집단의 특성을 수치로 표현한 것으로써 모집단의 속성을 나타내는 값이다.

44
답 ④ ⇨ 기본개념 9장 & 기출회독 키워드 049

표본의 크기를 크게 하면 표본오차는 감소하지만, 비표본오차의 발생가능성은 높아진다.

45
답 ④ ⇨ 기본개념 10장 & 기출회독 키워드 050

폐쇄형 질문의 응답범주는 상호배타적이어야 한다.

46
답 ② ⇨ 기본개념 10장 & 기출회독 키워드 051
오답노트

① 우편 설문조사에 비해 면접원에 대한 교육과 교통비 등 조사과정에서 시간과 비용이 많이 소요된다.
③ 직접 응답자를 대면하기 때문에 읽고 쓰는 능력이 부족한 사람들을 대상으로 조사를 실시할 수 있다.
④ 면접의 흐름을 중단하지 않는 범위에서 질문 순서 등을 융통성 있게 변경할 수 있다.
⑤ 응답자의 비언어적 행위나 무의식적인 응답을 파악할 수 있으며, 이는 더 많은 정보를 제공한다.

47
답 ⑤ ⇨ 기본개념 11장 & 기출회독 키워드 052

내용분석법은 직접자료를 수집하기보다는 방송, 영화, 그림, 사진, 만화 등의 2차적인 자료들을 활용하는 문헌연구의 일종이다. 따라서 직접적으로 자료를 수집하는 방법에 비해 상대적으로 시간과 비용이 절감된다. 많은 조사원이나 특별한 장비가 필요하지 않고 다만 분석하고자 하는 자료에 접근할 수만 있으면 된다.

48
답 ② ⇨ 기본개념 12장 & 기출회독 키워드 054

전문가들에게 우편으로 의견이나 정보를 수집하여 분석한 결과를 다시 응답자들에게 의견을 묻는 방식으로 진행되는 것은 델파이기법이다. 초점집단기법은 조사대상집단 중에서 중요한 정보를 얻을 수 있는 사람을 추출하여 심층적으로 면접하는 방법이다.

49
답 ③ ⇨ 기본개념 13장 & 기출회독 키워드 057

연구에 따라 양적 연구와 질적 연구의 상대적 비중이 상이할 수 있다.

50
답 ③ ⇨ 기본개념 13장 & 기출회독 키워드 057

ㄱ. 대상자와 자연스럽게 생활하고 상호작용하는 유형은

완전 참여자이다. 완전 관찰자는 사회과정의 일부가 되지 않으면서 사회과정을 관찰한다. 연구조사자가 비관여적이므로 관찰자효과를 일으킬 가능성은 적지만, 연구대상의 완전한 이해의 가능성도 낮다.

ㄷ. 참여관찰은 연구대상이 소수의 개인이나 집단 등으로 제한되며 주관성이 많이 개입되고, 일반화 가능성이 낮아 결론이 제한적이다. 즉, 외적 타당도가 떨어진다.

2교시 사회복지실천

사회복지실천론

1	④	2	①	3	⑤	4	①	5	④
6	⑤	7	①	8	③	9	⑤	10	②
11	③	12	③	13	①	14	①	15	⑤
16	②	17	②	18	①	19	③	20	④
21	⑤	22	④	23	②	24	①	25	②

1
답 ④ ⇨ 기본개념 1장 & 기출회독 키워드 058

전문직의 속성(그린우드)
- 체계적 이론: 전문직만의 체계화된 지식기반과 기술
- 전문적 권위: 클라이언트와의 관계에서 사회복지사에게 부여된 권위와 신뢰
- 사회적 인가: 사회적으로 전문직에게 부여된 권한과 특권
- 윤리강령: 전문직의 특권이 오용되는 것을 방지하고 규제하기 위한 윤리강령
- 전문직 문화: 전문적 가치와 규범의 공유

2
답 ① ⇨ 기본개념 2장 & 기출회독 키워드 065

가치가 윤리를 기반으로 형성되는 것이 아니라 윤리가 가치를 기반으로 형성된다.

3
답 ⑤ ⇨ 기본개념 2장 & 기출회독 키워드 062

윤리강령은 사회복지사가 전문가로서 품위와 자질을 유지하고, 자기관리를 통해 클라이언트를 보호할 수 있도록 안내한다.

4
답 ① ⇨ 기본개념 2장 & 기출회독 키워드 062
오답노트

ㄷ. 윤리강령의 규정이 아닌 법률에 규정된 사항이다. 사회복지시설의 장 및 종사자 등은 아동학대범죄의 처벌 등에 관한 특례법에 따른 아동학대 신고의무 및 노인복지법에 따른 노인학대 신고의무가 있다.

ㄹ. 2023년 전면개정한 한국 사회복지사 윤리강령에서는 기존의 <사회복지사윤리위원회의 구성과 운영>에 관한 내용이 전면 삭제되었다. 5차 전면개정에 따르면 이 부분은 기관에 대한 윤리기준으로 이동하였으며, 그 내용은 "사회복지사는 기관의 부당한 정책이나 요구에 대해 전문직의 가치와 지식을 근거로 대응하고, 제반 법령과 규정에 따라 해결하도록 노력해야 한다."로 변경되었다.

5
답 ④ ⇨ 기본개념 2장 & 기출회독 키워드 065

인권은 공동체 속에서 상호의존적 특성을 갖게 된다. 그렇다고 해서 나누거나 양도할 수 있는 것은 아니며, 이를 인권의 불가분성·불가양성이라고 한다.

6
답 ⑤ ⇨ 기본개념 3장 & 기출회독 키워드 067
오답노트

① 국민기초생활보장법이 제정된 날을 기념하여 매년 9월 7일을 사회복지의 날로 정하고 있다.
② 1987년 사회복지전문요원이 배치되기 시작하였고 2000년부터 사회복지전담공무원으로 전환되었다.
③ 한국외원단체협의회(KAVA)는 전쟁고아 등 전쟁 이후의 문제에 대한 응급구호적 자선사업을 실시하기 위해 1952년 결성되었다. 1970년대 후반부터는 사업을 종결하고 철수하기 시작했다.
④ 2018년 사회복지사업법 개정으로 학교사회복지사가 국가자격이 된 후 수련과정을 거쳐 자격을 취득하게 되었다.

7
답 ① ⇨ 기본개념 3장 & 기출회독 키워드 066
오답노트

② 클라이언트의 과거 분석을 통해 자아를 강화시키려는 것은 진단주의 학파에 해당한다.
③ 기능주의에서는 클라이언트를 병리적 문제를 가진 사람이나 일탈적 존재를 가진 사람으로 보지 않았다. 다만 서비스가 필요한 사람일 뿐이라고 보았다.
④ 기능주의 학파는 시간제한적, 과제중심적 단기개입을 선호했다.
⑤ 질병의 심리학은 진단주의, 성장의 심리학은 기능주의에 해당한다.

8
답 ③ 기본개념 4장 & 기출회독 키워드 069

협상가는 중재자와 달리 중립성을 유지하지 않으며, 갈등 당사자 중 한쪽 편을 들어 협상하는 것이 특징이다.

9
답 ⑤ 기본개념 5장 & 기출회독 키워드 070

환경 속 인간 관점을 기반으로 개인의 심리 내적인 특성과 함께 환경을 고려한다.

10
답 ② 기본개념 5장 & 기출회독 키워드 071

역량강화모델에서는 클라이언트의 주체성, 자기결정권을 강조한다. 이로 인해 해결방안을 수립함에 있어서도 클라이언트와 함께한다.

11
답 ③ 기본개념 5장 & 기출회독 키워드 072

ㄷ. 표적체계는 변화매개인이 목표를 성취하기 위하여 영향을 주거나 변화시킬 필요가 있는 사람들이다. 클라이언트체계와 항상 동일한 것은 아니며, 변화되어야 할 대상이 클라이언트이거나 클라이언트의 내부체계일 때 클라이언트체계와 중복되거나 동일할 수 있다.

12
답 ③ 기본개념 5장 & 기출회독 키워드 074

생태체계관점은 개인과 환경을 분리해서 독립적으로 분석하는 것이 아니라 인간과 환경을 단일 체계로 보고 호혜적 관계를 강조한다.

13
답 ① 기본개념 6장 & 기출회독 키워드 077

사례관리는 클라이언트가 가진 복합적 욕구에 대해 통합적이고 포괄적인 서비스 제공이 가능하도록 제시된 실천원리로 불필요하게 서비스가 반복되고 중복되는 것을 방지할 수 있다.

14
답 ① 기본개념 6장 & 기출회독 키워드 079

사례관리자는 문제나 약점보다는 강점, 능력, 가능성, 자원, 잠재력 등 긍정적 요소를 중심으로 욕구를 사정한다.

15
답 ⑤ 기본개념 6장 & 기출회독 키워드 078

ㄷ. 사례관리는 여러 서비스가 연계 제공되기 때문에 서비스마다 시작과 종료의 시점이 다르다. 각 서비스가 계획대로 제공되고 있는지 산출내역을 살펴보면서 목표를 달성해가고 있는지를 점검한다.
ㄹ. 클라이언트의 문제와 욕구는 고정불변의 것이 아니라서 언제든 바뀔 수 있다. 따라서 사례관리가 장기적으로 진행될 경우에는 재사정을 실시하여 새로운 문제나 욕구는 없는지 점검하는 것이 필요하다.

오답노트
ㄱ. 사정의 내용에 해당한다.
ㄴ. 계획과정에 해당한다.

16
답 ② 기본개념 7장 & 기출회독 키워드 081
오답노트
① 구체성: 클라이언트가 자신의 행동, 사고, 감정을 자신의 독자적인 방법으로 표현할 수 있도록 도와주는 능력이다.
③ 원조의지: 클라이언트가 자신의 삶을 스스로 선택하고 통제할 수 있는 능력을 돕는 태도, 자세 등을 말한다.
④ 권위: 사회복지사는 전문적 지식과 경험을 바탕으로 기관에 의해 위임된 권한에 따라 일정한 권위를 갖게 된다.
⑤ 민감성: 사회복지사는 자신과 다른 클라이언트의 특성과 가치관 등에 대해 유연하게 받아들이고 클라이언트의 내면 세계를 감지할 수 있어야 한다.

17
답 ② 기본개념 7장 & 기출회독 키워드 082

클라이언트와 구체적으로 한정된 기간을 갖고 관계를 맺는다. 사회복지실천과정은 시작단계, 중간단계, 종결단계에 이르는 시작과 종결이 요구되는 과정이기에 관계에서도 시간적인 제한이 필요하다.

18
답 ① 기본개념 7장 & 기출회독 키워드 080

비에스텍은 개별화, 의도적 감정표현, 통제된 정서적 관여, 수용, 비심판적 태도, 자기결정, 비밀보장 등의 7가지 원칙을 제시하였다. 그 중 ①의 내용과 관련된 차별금지나 동일 서비스 등의 내용은 없다. 오히려 개별화의 원칙을 통해 개별 클라이언트는 각자의 특성에 따라 원조해야 한다는 원칙을 제시하였다.

19
답 ③ 기본개념 8장 & 기출회독 키워드 084

클라이언트가 '왜?'라는 질문을 받게 되면 추궁당한다는 느낌이 들어 방어적인 태도를 취하거나 비난받지 않을 정도의 무난한 대답만 할 수 있기 때문에 '왜'라고 묻는 것은 피해야 할 질문 방식이다. 문제에서처럼 '왜 떨어졌는지는 생각해보셨나요?'라고 질문하게 되면 클라이언트 입장에서는 노력을 다하지 않았다고 야단 맞는 느낌이 들 수 있다. '그동안 시험 준비는 어떻게 해오셨나요?', '어떤 어려움이 있었나요?'와 같이 바꾸어 질문하면, 클라이언트가 공부에 집중할 수 없었던 상황들에 대한 단서 등의 정보를 얻을 수 있다.

20
답 ③ 기본개념 8장 & 기출회독 키워드 085

목표를 설정하고 그 목표를 달성하기 위한 개입방법을 선택하기 위해 진행되는 것은 사정 면접이다. 정보수집 면접은 클라이언트 및 그가 처한 상황을 탐색하기 위해 진행된다.

21
답·해설 **답 ⑤** ⇨ 기본개념 9장 & 기출회독 키워드 086

의뢰가 될 기관에서 클라이언트의 문제와 관련하여 어떤 서비스가 진행될 수 있는지를 소개할 수는 있지만 구체적인 서비스에 대한 계획 수립은 해당 기관의 담당자가 면담 및 사정을 진행하여 정하게 된다.

22
답·해설 **답 ④** ⇨ 기본개념 10장 & 기출회독 키워드 089

사정과정에서 문제형성은 클라이언트가 문제라고 말한 것을 욕구로 바꾸어 재진술하는 것이다.

23
답·해설 **답 ②** ⇨ 기본개념 11장 & 기출회독 키워드 090

표적문제가 너무 많으면 계획된 시간 안에 해결하기 어려우므로 주어진 시간 안에 다룰 수 있을지를 고려하여 표적문제의 수를 정하게 된다. 대체로 2~3가지를 표적문제로 선정한다.

24
답·해설 **답 ①** ⇨ 기본개념 12장 & 기출회독 키워드 092
오답노트

ㄴ. 직면은 클라이언트가 보이는 행동, 사고, 감정의 불일치 및 모순을 깨닫도록 하는 것이다.
ㄷ. 모델링은 관찰학습과정을 통해 클라이언트가 시행착오 없이 새로운 행동을 학습할 수 있도록 하는 것으로 인지적 변화가 아닌 행동적 변화를 위한 기술이다.

25
답·해설 **답 ②** ⇨ 기본개념 13장 & 기출회독 키워드 094

사후관리는 종결 이후에 변화가 유지되고 있는지, 새롭게 나타난 문제는 없는지 등을 확인하기 위한 과정으로 사정 → 계획 → 개입 → 점검의 순서를 따라 진행되는 것은 아니다.

사회복지실천기술론

26	②	27	②	28	③	29	④	30	①
31	③	32	④	33	②	34	②	35	⑤
36	③	37	⑤	38	④	39	①	40	⑤
41	②	42	④	43	③	44	①	45	②
46	②	47	③	48	⑤	49	①	50	③

26
답·해설 **답 ②** ⇨ 기본개념 1장 & 기출회독 키워드 096
오답노트

ㄱ. 실천현장에서 다양한 모델을 적용함에 따라 경험적으로 얻어진 실천지혜 역시 실천지식의 요소가 된다.
ㄷ. 하나의 이론에서 하나의 모델이 도출되기도 하고, 다양한 이론을 절충하여 하나의 모델이 형성되기도 한다. 심리사회모델은 다양한 이론을 바탕으로 제시된 것이다.

27
답·해설 **답 ②** ⇨ 기본개념 1장 & 기출회독 키워드 095

문제의 사례는 클라이언트의 고민에 대해 공감하며 사회복지사가 자신의 경험을 이야기하는 자기노출을 실시한 것이다.

28
답·해설 **답 ③** ⇨ 기본개념 2장 & 기출회독 키워드 098
오답노트

① 직면으로 인해 클라이언트의 저항감이 자극될 수 있기 때문에 초기 면접에서는 자제해야 한다.
② 자유연상은 떠오르는 생각을 자유롭게 말하게 하는 기술이기 때문에 특정 주제에 초점화하지 않는다.
④ 훈습은 클라이언트의 이해 및 관점의 수준을 확장시켜 자신의 문제 및 상황을 통합적인 관점에서 이해할 수 있도록 하는 것이다. 현실상황에서 겪을 수 있는 문제상황을 치료 장면에서 반복적으로 경험하도록 하는 것으로 일회적으로 실시되는 것이 아니라 상당한 기간을 두고 실시된다.
⑤ 정신역동모델의 개입과정에서 클라이언트는 사회복지사와 동일시하기 시작하면서 사회복지사의 생각과 태도 등을 받아들이고 현실감각을 구축하게 된다.

29
답·해설 **답 ④** ⇨ 기본개념 3장 & 기출회독 키워드 099
오답노트

① 지지하기에 대한 설명이다.

② 심리사회모델에서는 역설적 개입을 활용하지 않는다.
③ 유형-역동성 고찰에 해당한다.
⑤ 직접적 영향주기에 해당한다.

30
답·해설 답 ① ⇨ 기본개념 4장 & 기출회독 키워드 102

극소화는 어떤 사건이나 상황이 갖는 중요성을 지나치게 축소하는 것이다. 예를 들어 한 선생님이 나에 대해 칭찬했을 때 '누구한테나 그럴 것', 혹은 '의미없는 말'이라고 그 의미를 축소하여 받아들이는 경향을 말한다. 제시된 "이번 취업에 실패했으니, 나를 필요로 하는 회사는 없을 거야"는 과잉 일반화의 예로 볼수 있다. 과잉 일반화는 한 가지 사건으로 결론을 도출하거나 연관성이 거의 없는 다른 사건들에 대해서도 똑같이 적용하는 경향을 말한다.

31
답·해설 답 ③ ⇨ 기본개념 4장 & 기출회독 키워드 101
오답노트

① 인지행동모델은 과거의 경험이나 무의식 등을 강조하지 않으며 현재를 중심으로 한다.
② 인지행동모델은 클라이언트와 사회복지사 간의 협력을 중요시하지만 궁극적인 책임은 사회복지사에게 있다.
④ 클라이언트에게 인지행동치료에 대한 개념을 이해할 수 있도록 설명하면 더 효과적인 개입이 이루어질 수 있다.
⑤ 사회환경적 개입의 필요성을 인식하면서도 치료적 접근이 주로 심리지향적이라는 한계가 있다.

32
답·해설 답 ④ ⇨ 기본개념 4장 & 기출회독 키워드 102

행동시연은 클라이언트가 현실세계에서 실행하려는 행동을 사회복지사 앞에서 먼저 연기하면서 반복적으로 연습하는 것을 말한다.

33
답·해설 답 ② ⇨ 기본개념 6장 & 기출회독 키워드 106
오답노트

ㄱ. 정신역동모델에서는 미래를 강조하지는 않는다.
ㄹ. 과제중심모델에서의 사정단계는 신속하게 진행된다.

34
답·해설 답 ② ⇨ 기본개념 5장 & 기출회독 키워드 105
오답노트

① 문제규명 단계에 해당한다.
③ 계약단계에 해당한다.
④ 시작단계에 해당한다.
⑤ 종결단계에 해당한다.

35
답·해설 답 ⑤ ⇨ 기본개념 6장 & 기출회독 키워드 106
오답노트

ㄱ. 대화단계 → 발견단계 → 발전단계로 진행된다.
ㄴ. 계획은 발견단계에서의 과업이다.

36
답·해설 답 ③ ⇨ 기본개념 7장 & 기출회독 키워드 108
오답노트

① 가족체계가 스스로 균형상태를 유지하려는 속성을 의미하는 것은 가족항상성이다.
② 순환적 인과성은 단선적 혹은 직선적 인과성과 대립되는 개념이다.
④ 순환적 인과성은 한 성원의 변화가 다른 성원에게 자극이 되어 변화가 일어나고 그 변화는 원래 성원에게 다시 영향을 미치게 된다는 것으로, 세대를 거쳐 전승되어 일어나는 가족문제를 파악하기는 어렵다.
⑤ 문제의 원인보다 문제가 지속되는 가족 간 상호작용에 초점을 두는 것이 순환적 인과성이다. 즉 문제가 '왜' 일어났는지가 아닌 문제해결을 위해 '무엇'을 해야 하는지가 더 중요하다.

37
답·해설 답 ⑤ ⇨ 기본개념 8장 & 기출회독 키워드 109

가족조각에서 조각자는 다른 성원들을 조각하는 것으로 그치는 것이 아니라 자신도 조각하기 때문에 제3자의 관점에서 본다는 설명은 적절하지 않다. 가족 성원들이 돌아가면서 자신의 입장에서 조각을 실시하여 그 차이를 살펴봄으로써 서로 간에 더 깊이 이해하고 수용할 수 있는 기회가 될 수 있다.

38
답·해설 답 ④ ⇨ 기본개념 9장 & 기출회독 키워드 114
오답노트

ㄹ. 역설적 개입의 원리로 진행되는 개입기법에는 시련, 증상처방, 제지 등이 있다. 재명명은 역설적 개입의 원리로 진행되는 기술은 아니다.

39
답·해설 답 ① ⇨ 기본개념 9장 & 기출회독 키워드 115

제시된 질문은 예외 질문에 해당한다. 극복 질문은 클라이언트가 힘든 상황을 이겨내기 위해 적용해왔던 방법들을 파악하기 위한 질문으로 대처 질문이라고도 한다.

40
답·해설 답 ⑤ ⇨ 기본개념 9장 & 기출회독 키워드 114

전략적 가족처료모델은 문제행동이 왜 일어났는지 보다 행동의 변화에 초점을 두고 진행된다.

41
답·해설 답 ② ⇨ 기본개념 9장 & 기출회독 키워드 112
오답노트

ㄱ. 순환적 질문은 전략적 가족치료에서 실시하는 개입기법이다.
ㄹ. 실연은 가족 간에 있었던 일을 사회복지사 앞에서 실제로 다시 해보게 하는 것이다. 제시된 내용은 과제 부여에 해당한다.

42
답·해설 답 ④ ⇨ 기본개념 9장 & 기출회독 키워드 116

제시된 사례는 문제를 클라이언트 개인 혹은 가족에서 찾는 것이 아니라 외부에 있는 요소로 보는 문제의 외현화 기법을 활용한 것으로 이는 이야기치료모델에서 사용한다.

43
답·해설 답 ④ ⇨ 기본개념 9장 & 기출회독 키워드 113

사티어는 일치형, 혼란형, 비난형, 회유형, 초이성형 등 다섯 가지의 의사소통 유형을 제시했으며, 그 중 일치형은 기능적 의사소통이다.

44
답·해설 답 ① ⇨ 기본개념 10장 & 기출회독 키워드 118

하위집단은 공통된 관심사, 비슷한 성향 등을 토대로 자연적으로 형성되는 것이다.

45
답·해설 답 ② ⇨ 기본개념 10장 & 기출회독 키워드 117

ㄴ. 자조집단은 집단활동의 주체가 집단 성원들이 되기 때문에 사회복지사가 활동에 직접 개입하지는 않는다.
ㄷ. 교육집단은 사회복지사 혹은 특정 분야의 전문가가 정보를 제공하고 성원들은 강의를 들으며 정보를 제공받는 형태가 된다. 성원간에 토론 등의 상호작용이 있기도 하지만 정보나 지식을 교환하는 정도에 그친다.

46
답·해설 답 ② ⇨ 기본개념 11장 & 기출회독 키워드 121
오답노트

ㄱ. 사정단계의 과업에 해당한다.
ㄷ. 집단 활동의 일정 및 종결일시를 미리 정할 수도 있지만 그렇지 않을 수도 있다. 집단의 유형, 성격이나 목적 등에 따라 일정이 유연하게 조정되는 집단도 있고 종결일시를 정하지 않는 집단도 있다.

47
답·해설 답 ③ ⇨ 기본개념 11장 & 기출회독 키워드 121

집단의 성격마다 차이는 있지만 대체로 개방형 집단은 성원의 유입이 빈번하게 일어나기 때문에 자기노출에 대해 조심스러울 수 있다. 집단 활동에서 자기노출이 중요하게 요구된다면 폐쇄형 집단이 더 적합하다.

48
답·해설 답 ⑤ ⇨ 기본개념 11장 & 기출회독 키워드 122

상호작용 빈도는 상호작용차트를 통해 파악한다.

49
답·해설 답 ① ⇨ 기본개념 12장 & 기출회독 키워드 126
오답노트

② 면담 중에 기록에 집중하다 보면 클라이언트의 언어적, 비언어적 표현을 놓칠 수 있기 때문에 기록보다는 클라이언트에 집중하도록 해야 한다.
③ 클라이언트의 관점, 사회복지사의 생각이 골고루 기록되어야 한다.
④ 좋은 기록의 특징은 간결함, 구체적임, 타당함, 명확함, 논리적 표현 등이다. 기록은 클라이언트 및 클라이언트의 가족들에게 공개되는 경우도 있기 때문에 누구나 쉽게 알아볼 수 있도록 작성되는 것이 좋다.
⑤ 녹음하기 위해서는 반드시 클라이언트의 동의를 구해야 한다.

50
답·해설 답 ③ ⇨ 기본개념 13장 & 기출회독 키워드 128

사례를 단일사례설계에 대입해보면, 개입 전 진행된 심리검사는 기초선 A이며, 3회의 온라인 상담은 개입 B, 5회의 대면상담은 개입 C이다. 즉 '기초선 A → 개입 B → 개입 C'로 진행된 ABC설계이다.

지역사회복지론

51	④	52	②	53	⑤	54	①	55	③
56	②	57	⑤	58	③	59	②	60	②
61	①	62	④	63	⑤	64	②	65	②
66	②	67	⑤	68	①	69	④	70	④
71	③	72	④	73	②	74	④	75	④

51
답 ④ ⇨ 기본개념 1장 & 기출회독 키워드 129

정치제도는 사회통제의 기능에 해당한다.

52
답 ② ⇨ 기본개념 1장 & 기출회독 키워드 129
오답노트

ㄴ. 보존이론은 현대사회의 도시에서도 농촌과 유사하게 혈연, 이웃, 친구 등과 관계를 맺으며 전통적인 기능이 보존되고 있다고 본 것이다. 기능적 지역사회의 의미를 함축한 것은 개방이론이다.

ㄹ. 지역사회에 대한 기능주의적 관점에서는 지역사회의 각 기능을 담당하는 구조들이 조절, 조정, 통합 등을 통해 안정을 추구한다고 보았다. 지역사회 내에 일어나는 갈등에 대해 관심을 둔 것은 갈등론적 관점이다.

53
답 ⑤ ⇨ 기본개념 2장 & 기출회독 키워드 133

지역사회는 개인, 가족 등 미시수준의 체계와 연속선상에 놓여 있음을 고려해야 한다.

54
답 ① ⇨ 기본개념 3장 & 기출회독 키워드 134

두레는 농사일을 공동으로 하기 위해 만들어진 농촌사회의 자발적 민간 협동체이다.

55
답 ③ ⇨ 기본개념 3장 & 기출회독 키워드 136
오답노트

ㄴ. 자선조직협회에 해당하는 설명이다.

56
답 ② ⇨ 기본개념 3장 & 기출회독 키워드 135
오답노트

① 1982년 바클레이 보고서: 비공식 보호서비스와 공식 보호서비스 간 파트너십 개발을 강조
③ 1968년 시봄 보고서: 비공식 서비스의 필요성 인식 및 지역주민의 참여를 통한 지역사회보호 강조, 서비스의 통합적 제공을 위한 행정개편 및 사회서비스 부서 창설 제안
④ 1971년 하버트 보고서: 비공식 서비스를 통한 긴급한 욕구 충족에 초점을 두어 비공식 서비스 지원의 중요성을 역설
⑤ 1941년 베버리지 보고서: 결핍, 질병, 나태, 무지, 불결 등을 사회문제의 5대 악으로 정의하고, 실업, 질병, 노령, 사망 등에 따른 궁핍에 대처하기 위해 사회보장 보험 및 국민부조 등을 제안

57
답 ⑤ ⇨ 기본개념 4장 & 기출회독 키워드 138

환경의 변천을 경쟁, 지배, 집중화 등의 개념으로 설명한 이론은 생태체계이론이다.

58
답 ③ ⇨ 기본개념 4장 & 기출회독 키워드 138

사회구성주의적 관점은 지식의 객관성에 대해 거부하며 기존 지식의 형성에 영향을 미친 사회구조적, 역사적 맥락과 구조에 관심을 둔다. 지역사회복지에서는 다문화 클라이언트 및 사회적 소수자에 대한 억압적 구조 및 문화적 규범 등을 이해하고 사회복지실천을 실행하는 데에 있어 근거가 되는 관점이다.

59
답 ② ⇨ 기본개념 5장 & 기출회독 키워드 141
오답노트

①③ 사회운동모델과 지역사회보호모델은 테일러와 로버츠가 제시한 모델에 해당하지 않는다. 테일러와 로버츠는 프로그램 개발 및 조정 모델, 계획모델, 지역사회연계모델, 지역사회개발모델, 정치적 역량강화모델 등 다섯 가지 모델을 제시하였다.
④ 지역사회연계모델은 주민의 개별적인 문제를 지역사회 문제와 연계하여 해결을 추진하는 모델이다.
⑤ 지역사회개발모델은 지역사회의 자체적 역량을 개발하여 지역사회 문제를 스스로 해결할 수 있도록 지지하고 지원하는 것에 초점을 둔 모형이다.

60
답 ② ⇨ 기본개념 5장 & 기출회독 키워드 139
오답노트

①④ 지역사회개발모델에 해당한다.
③⑤ 사회계획모델에 해당한다.

61
답 ① ⇨ 기본개념 5장 & 기출회독 키워드 140
오답노트

ㄴ. 주요 전략으로 지역주민의 관점에 기초한 개발계획을 강조하는 모델은 지역사회의 사회·경제개발모델이다.
ㄹ. 사회복지사는 조직가, 옹호자, 촉진자, 정보전달자 등의 역할을 수행한다.

62
답 ④ ⇨ 기본개념 6장 & 기출회독 키워드 143

지역사회복지의 클라이언트는 지역사회이기 때문에 지역사회 전체가 표적집단이 되기도 하지만 문제의 특성 및 자원의 제약 등에 따라 특정 집단이나 지역사회의 일부를 표적집단으로 선정하게 된다. 또한 문제확인 과정에서는 표적집단의 규모가 어느 정도인지를 확인하며 실제 표적집단이 확정되는 것은 계획단계이다.

63
답 ⑤ ⇨ 기본개념 6장 & 기출회독 키워드 142
오답노트

① 서베이는 구조화 또는 반구조화된 설문지를 통해 응답을 받는 방식이다.
② 비공식인터뷰는 조사자가 주민들을 자연스럽게 만나 다양한 입장들을 들어보는 것이다.
③ 델파이기법은 참여자 간의 영향력을 배제하기 위해 우편, 이메일 등을 통해 설문지를 발송하여 의견을 취합한다.
④ 초점집단기법에서는 명목집단기법과 달리 참여자 간에 활발한 토론이 진행된다.

64
답 ② ⇨ 기본개념 7장 & 기출회독 키워드 146
오답노트

① 현재 지역사회의 상황을 조사하고 분석하는 것은 분석가로서의 역할에 해당한다.
③ 지역주민들과 필요한 자원을 연결하는 것은 중개자로서의 역할에 해당한다.
④ 문제해결을 위해 계획을 수립하고 예산을 준비하는 것은 행정가로서의 역할에 해당한다.
⑤ 지역주민, 단체 등을 행동체계에 참여시키는 것은 조직가로서의 역할에 해당한다.

65
답 ② ⇨ 기본개념 8장 & 기출회독 키워드 148

정부나 공공기관도 네트워크에 참여함으로써 민·관 협력을 추진한다.

66
답 ② ⇨ 기본개념 8장 & 기출회독 키워드 147

조직화 기술은 지역주민이 지역의 문제를 스스로 해결할 수 있도록 지원하는 것이다. 즉 주민조직의 주체는 지역주민이며, 사회복지사는 주민조직의 활동을 돕는다.

67
답 ⑤ ⇨ 기본개념 9장 & 기출회독 키워드 151

역량강화 기술
- 지역사회복지에서 역량강화는 지역주민의 강점을 인정하고 주민들이 스스로 삶을 결정할 수 있도록 역량을 강화하는 데에 초점을 둔다.
- 지역주민의 역량강화를 위해 비판의식 제고, 자기주장, 공공의제로 만들기, 권력 키우기, 역량 건설하기, 사회자본 창출하기 등의 활동을 진행한다.

68
답 ① ⇨ 기본개념 9장 & 기출회독 키워드 -

협상의 주된 목적은 단순히 문제를 알리는 것에 그치지 않는다. 주민조직의 입장을 표적집단에 대해 관철시키기 위해 진행된다.

69
답 ④ ⇨ 기본개념 10장 & 기출회독 키워드 153
오답노트

ㄴ. 읍·면·동 지역사회보호체계 구축 및 운영은 읍·면·동 지역사회보장협의체의 지원업무이다.

70
답 ④ ⇨ 기본개념 10장 & 기출회독 키워드 152

시·군·구 지역사회보장의 분야별 추진전략은 시·군·구 계획에 포함되는 사항이다.

71
답 ③ ⇨ 기본개념 10장 & 기출회독 키워드 152

시·도 사회보장위원회는 시·도의 지역사회보장계획 수립·시행 및 평가에 관한 사항을 심의·자문한다.

72
답 ④ ⇨ 기본개념 11장 & 기출회독 키워드 155

지방분권화로 사회보장에 관한 지방자치단체의 책임과 역할이 확대되었다.

73
답 ② ⇨ 기본개념 12장 & 기출회독 키워드 160

자원봉사센터는 간접 서비스 기관이다.

74
답 ④ ⇨ 기본개념 12장 & 기출회독 키워드 157

사회복지관의 사업수행은 주민의 의타심을 방지하고 사업의 효과를 높이기 위하여 사업에 소요되는 최소한의 실비를 이용자로부터 수납할 수 있다.

75
답 ④ ⇨ 기본개념 13장 & 기출회독 키워드 161
오답노트

ㄷ. 아른스테인(Arnstein)이 제시한 주민참여 단계 중 주민의 권력이 가장 높은 단계는 주민통제(citizen control)이다.

3교시 사회복지정책과 제도

사회복지정책론

1	⑤	2	④	3	④	4	①	5	②
6	④	7	③	8	②	9	②	10	⑤
11	①	12	⑤	13	④	14	①	15	③
16	②	17	⑤	18	③	19	④	20	⑤
21	①	22	⑤	23	②	24	②	25	③

1
답·해설 답 ⑤ ⇨ 기본개념 1장 & 기출회독 키워드 163

소극적 자유는 '무엇으로부터의 자유', 즉 타인이나 사회 또는 국가로부터 간섭을 받지 않을 수 있는 자유를 의미한다. 반면, 적극적 자유는 '무엇을 할 수 있는 자유', 즉 스스로 원하는 혹은 바람직하다고 생각하는 어떤 목적이나 행위를 추구할 수 있을 때 경험하는 자유를 의미한다.

2
답·해설 답 ④ ⇨ 기본개념 1장 & 기출회독 키워드 164

사회복지정책 행정비용의 비중이 높을수록 운영효율성이 낮아지며, 행정비용의 비중이 낮아질수록 운영효율성은 높아진다고 볼 수 있다.

3
답·해설 답 ④ ⇨ 기본개념 1장 & 기출회독 키워드 165

공공재에 관한 설명이다. 공공재는 어떤 재화와 서비스가 소비에 있어서 비경합성과 비배제성이라는 특성을 갖는 경우를 말하는데, 여기서 비경합성이란 소비에 참여하는 사람의 수가 아무리 많아도 경쟁적인 관계가 나타나지 않는 특성을 말하며, 비배제성이란 재화와 서비스에 대해 대가를 치르지 않고 이를 소비하려고 하는 사람의 경우에도 소비를 못하게 할 수 없는 특성을 말한다.

4
답·해설 답 ① ⇨ 기본개념 2장 & 기출회독 키워드 166

베버리지 보고서는 포괄성의 원칙, 즉 전 국민을 사회보장의 대상으로 포괄함으로써 이를 모든 국민에게 적용하는 보편주의를 강조하였다.

5
답·해설 답 ② ⇨ 기본개념 2장 & 기출회독 키워드 168

복지프로그램의 지방분권화와 민영화는 복지국가 위기의 원인이라기보다는 복지국가 위기 이후 나타나는 경향이다.

6
답·해설 답 ④ ⇨ 기본개념 3장 & 기출회독 키워드 169
오답노트

① 시민권론은 공민권 → 참정권 → 사회권으로 발전하였다.
② 사회양심론은 인도주의에 기초하고 있다.
③ 수렴이론은 경제발전 수준과 사회복지지출 수준 간에 강한 상관관계가 존재한다고 본다.
⑤ 엘리트이론은 사회가 소수의 엘리트 집단을 정점으로 한 피라미드 구조로 이루어져 있으며, 정책은 엘리트로부터 대중에게 일방적·하향적으로 전달되고 집행될 뿐 대중들의 요구와 비판은 수용되지 않는다고 본다.

7
답·해설 답 ③ ⇨ 기본개념 3장 & 기출회독 키워드 170

오스트리아, 프랑스, 독일 등 유럽 대륙의 국가들은 보수주의적 복지국가에 해당한다. 자유주의적 복지국가는 미국, 캐나다, 호주 등이 해당된다.

8
답·해설 답 ② ⇨ 기본개념 3장 & 기출회독 키워드 171

페이비언 사회주의는 혁명적인 변화보다는 점진적인 제도 개혁과 인간의 육성을 동시에 수행해 나갈 때 사회주의라는 목표에 도달할 수 있다는 사회개혁 전략이다. 복지국가의 확대로 자본주의를 변화시킬 수 있다고 본다.

9
답·해설 답 ② ⇨ 기본개념 4장 & 기출회독 키워드 173

만족모형의 대안을 선택하는 기준은 최적화가 아니라 만족화로 최선의 대안보다는 만족스러운 대안을 선택한다.

10
답·해설 답 ⑤ ⇨ 기본개념 5장 & 기출회독 키워드 174

사회복지정책 분석의 4가지 기본틀
• 할당 – 사회적 할당의 기반은 무엇인가: 누가 급여를 받

- 급여 - 사회적 급여의 형태는 무엇인가? 무엇을 받는가?
- 전달 - 사회적 급여를 전달하기 위한 전략은 무엇인가? 어떻게 급여를 받는가?
- 재정 - 사회적 급여에 필요한 재정을 마련하기 위한 방법은 무엇인가? 누가 급여를 지불하는가?

11
답·해설 **답 ①** ⇨ 기본개념 5장 & 기출회독 키워드 175

귀속적 욕구는 거주 여부나 인구학적 속성과 같은 규범적 기준에 의해 정해지는 것으로써 가장 보편적인 자격 조건에 해당한다.

12
답·해설 **답 ⑤** ⇨ 기본개념 5장 & 기출회독 키워드 176

국민건강보험법상 요양비는 현금급여이다.

13
답·해설 **답 ④** ⇨ 기본개념 5장 & 기출회독 키워드 177

ㄹ. 사회보험료는 모든 근로소득에 동률로 부과하고 있고, 자산소득(이자, 임대료, 주식배당금 등)에는 추가로 보험료가 부과되지 않기 때문에 자산소득이 많은 고소득층이 저소득층에 비해 부담이 상대적으로 적다.

14
답·해설 **답 ①** ⇨ 기본개념 5장 & 기출회독 키워드 178

전달체계는 길버트와 테렐이 제시한 사회복지정책 분석틀에서 '어떻게 급여를 제공하는가?', 즉 사회복지 급여를 어떻게 전달하는가에 해당한다.

15
답·해설 **답 ③** ⇨ 기본개념 6장 & 기출회독 키워드 179

사회보장기본법 제3조에 의하면 사회보장이란 "출산, 양육, 실업, 노령, 장애, 질병, 빈곤 및 사망 등의 사회적 위험으로부터 모든 국민을 보호하고 국민 삶의 질을 향상시키는 데 필요한 소득·서비스를 보장하는 사회보험, 공공부조, 사회서비스"를 말한다.

16
답·해설 **답 ②** ⇨ 기본개념 6장 & 기출회독 키워드 179
오답노트

① 사회보험은 강제가입을 원칙으로 하고, 민영보험은 선택적 가입을 원칙으로 한다.
③ 사회보험은 물가상승에 의한 실질가치의 변동을 보장하지만, 민영보험은 물가상승에 대한 보장이 어렵다.
④ 사회보험은 민영보험에 비해 계약에 수반되는 비용이 저렴하다.
⑤ 사회보험은 보험자와 피보험자의 관계에 있어 제도적·법적 관계를 맺고 있기 때문에 권리적 성격이 강하다.

17
답·해설 **답 ⑤** ⇨ 기본개념 7장 & 기출회독 키워드 181

사망자에 의하여 생계를 유지하고 있던 가족으로서 배우자(사실혼 포함), 유족의 범위 요건을 충족하는 자녀, 부모, 손자녀, 조부모 순위 중 최우선 순위자에게 유족연금을 지급한다.

18
답·해설 **답 ③** ⇨ 기본개념 8장 & 기출회독 키워드 183
오답노트

① 지역가입자의 보험료 부과점수는 지역가입자의 소득 및 재산을 기준으로 선정한다.
② 사립학교 교직원 중 교원의 보험료는 가입자 50%, 사용자 30%, 국가 20%를 각각 부담한다.
④ 요양급여는 현물급여이며, 장애인 보조기기는 현금급여이다.
⑤ 우리나라의 국민건강보험은 본인부담상한액 제도를 시행하고 있다.

19
답·해설 **답 ④** ⇨ 기본개념 8장 & 기출회독 키워드 184

재가급여 또는 시설급여를 제공하는 장기요양기관을 운영하려는 자는 보건복지부령으로 정하는 장기요양에 필요한 시설 및 인력을 갖추어 소재지를 관할 구역으로 하는 특별자치시장·특별자치도지사·시장·군수·구청장으로부터 지정을 받아야 한다.

20
답·해설 **답 ⑤** ⇨ 기본개념 9장 & 기출회독 키워드 185

근로자의 보험급여를 받을 권리는 퇴직하여도 소멸되지 않는다.

21
답·해설 **답 ①** ⇨ 기본개념 10장 & 기출회독 키워드 186

구직급여의 소정급여일수는 보험가입기간과 연령에 따라 120일에서 270일까지이다.

22
답·해설 **답 ⑤** ⇨ 기본개념 11장 & 기출회독 키워드 188

생계급여, 장애인연금, 주거급여, 의료급여는 모두 대상을 빈곤층으로 한정하는 공공부조제도에 해당한다. 장애연금은 사회보험제도인 국민연금의 급여 중 하나이다.

23
답·해설 **답 ②** ⇨ 기본개념 11장 & 기출회독 키워드 188

가구단위로 선정하여 지원하는 것을 원칙으로 하지만, 개인단위 지원도 가능하다.

24
답·해설 **답 ②** ⇨ 기본개념 11장 & 기출회독 키워드 187

10분위 분배율은 소득이 낮은 하위 40% 가구의 소득 합을 소득이 가장 높은 상위 20% 가구의 소득 합으로 나눈 것이다.

25
답 ③ ⇨ 기본개념 11장 & 기출회독 키워드 188

주무부처는 기획재정부이며, 시행은 국세청에서 한다.

사회복지행정론

26	④	27	②	28	②	29	①	30	①
31	②	32	④	33	②	34	④	35	③
36	①	37	⑤	38	①	39	③	40	⑤
41	②	42	④	43	②	44	⑤	45	②
46	①	47	①	48	③	49	③	50	②

26
답 ④ ⇨ 기본개념 1장 & 기출회독 키워드 189

휴먼서비스 조직의 주요 특징
- 휴먼서비스 조직의 원료는 인간이다.
- 휴먼서비스 조직의 목표는 불확실하며 애매모호하다.
- 휴먼서비스 조직이 활용하는 기술은 불확실하다.
- 휴먼서비스 조직의 핵심 활동은 직원과 클라이언트의 관계이다.
- 휴먼서비스 조직은 직원의 전문성에 대한 의존도가 크다.
- 휴먼서비스 조직의 효과성을 측정할 척도가 부족하다.

27
답 ② ⇨ 기본개념 2장 & 기출회독 키워드 191

ㄴ. 사회복지전담공무원 전환: 2000년
ㄷ. 사회복지사무소 시범사업: 2004~2006년
ㄹ. 희망복지지원단 운영: 2012년
ㄱ. 복지허브화 추진: 2016년

28
답 ② ⇨ 기본개념 2장 & 기출회독 키워드 191

1987년 도입한 사회복지전문요원은 지방자치단체의 장이 사회복지사 자격을 갖춘 사람 중에 선발하여 저소득층 밀집지역의 동사무소 등에 배치한 별정직 공무원이었다. 사회복지사업법에서 규정된 것은 아니었다.

29
답 ① ⇨ 기본개념 3장 & 기출회독 키워드 194
오답노트

ㄴ. 체계이론: 조직의 하위체계를 경계 하위체계, 생산 하위체계, 적응 하위체계, 유지 하위체계, 관리 하위체계로 구분하여 설명하였으며, 그 중 다른 하위체계를 조정하고 통합하는 기능을 수행하는 것은 관리 하위체계이다.
ㄹ. Z이론: 전문가는 자신의 전문성을 바탕으로 자신의 자유의지에 따라 행동하기 때문에 전문가 집단에 대한 인위적인 동기부여는 적절하지 않다고 보았다.

30
답 ① ⇨ 기본개념 3장 & 기출회독 키워드 195
오답노트
ㄷ. 과학적 관리론은 X이론에 기반한 인간관을 갖는다.
ㄹ. 과학적 관리론은 구성원의 개인적 동기를 금전적 요인에서 찾았다. 즉 노동자는 보상을 받기 위해 일하는 존재라고 보았다.

31
답 ② ⇨ 기본개념 3장 & 기출회독 키워드 193
서브퀄(SERVQUAL)은 신뢰성, 즉응성, 확신성, 공감성, 가시성 등 5가지이며, 문제에 제시되지 않은 즉응성(responsiveness)은 필요한 시기에 짧은 시간 내에 제공되어야 한다는 것을 의미한다.

32
답 ④ ⇨ 기본개념 4장 & 기출회독 키워드 200
대체로 특정 업무가 반복적으로 이루어지는 조직에서는 공식화, 표준화가 강조된다. 하지만 특별사업이나 일시적 프로젝트가 많은 조직은 규칙과 절차 등을 통일하기가 어려울 수 있다.

33
답 ② ⇨ 기본개념 4장 & 기출회독 키워드 198
수평적 분화와 수직적 분화를 같이 진행할 수는 있지만 수평적 분화로 인해 수직적 분화가 일어나는 것은 아니다. 수직적 구조에서 계층 단위가 분화되다 보면 결재 지연 등의 비효율 문제가 발생하게 된다. 이로 인해 조직이 커질수록 계층적인 분화가 아닌 부서 단위를 쪼개는 방식의 수평적 분화를 진행하게 된다.

34
답 ④ ⇨ 기본개념 5장 & 기출회독 키워드 201
서비스가 불필요한 사람에게 제공되는 과활용 및 서비스가 필요한 사람에게 제공되지 못하는 저활용 문제를 고려하는 것이 활용성이다.

35
답 ③ ⇨ 기본개념 6장 & 기출회독 키워드 204
기획은 목표달성을 위한 준비과정으로 과정지향적이다.

36
답 ① ⇨ 기본개념 6장 & 기출회독 키워드 203
간트 차트는 세부사업들을 단순 나열하는 방식으로 도표화하기 때문에 복잡한 사업에 적용하기에는 적합하지 않다.

37
답 ⑤ ⇨ 기본개념 6장 & 기출회독 키워드 205
일상적 업무상황에서 사회복지사 개인의 지식과 경험에 따라 이루어지는 결정은 판단적 결정이다. 대부분의 업무는 판단적 결정에 따라 처리된다.

오답노트
① 비정형적 의사결정은 새로운 사태의 발생을 비롯하여 예측이 어려운 중대한 사건 등에 대처하기 위한 정책대안의 수립과 결정에 관한 것이다.
② 문제해결 의사결정은 정보 수집 및 분석 등을 토대로 합리적인 절차를 통해 이루어지는 결정이다. 긴급한 사안에는 적합하지 않다.
③ 집단적 의사결정은 의사결정자가 여러 구성원의 의견을 모아 의사결정을 진행하는 것이다. 델파이 기법, 명목집단 기법, 브레인스토밍 등이 해당한다.
④ 직관적 의사결정은 논리적 근거가 아닌 감정적 요소에 의해 옳다고 느끼는 것에 따른다.

38
답 ① ⇨ 기본개념 7장 & 기출회독 키워드 207
오답노트
② 참여적 리더십은 민주적 리더십으로 불리지만 권한과 책임은 리더에게 있다. 대부분의 권한과 책임을 위임하는 것은 자율적(위임형, 방임형) 리더십이다.
③ 참여적 리더십은 구성원들을 의사결정 과정에 참여시키기 때문에 시간이 많이 소모될 수 있어 신속한 의사결정이 필요한 때에는 불리할 수 있다.
④ 자율적 리더십의 특징이다. 자율적 리더십에서는 구성원들이 각기 독립적으로 일하게 되기 때문에 내부 갈등이 발생했을 때 리더가 개입할 수 있는 부분이 극히 제한된다.
⑤ 지시적 리더십의 특징이다. 지시적 리더십은 명령과 복종, 보상과 처벌이 체계로 이루어진다.

39
답 ③ ⇨ 기본개념 7장 & 기출회독 키워드 206
자질이론은 리더가 갖는 고유한 특성을 찾는 데에 초점을 둔 특성론적 접근이다.

40
답 ⑤ ⇨ 기본개념 7장 & 기출회독 키워드 206
리더와 구성원의 관계가 개인적·사회적 가치의 교환으로 이루어진다고 본 것은 거래적 리더십에 해당한다. 거래적 리더십은 이러한 전제를 바탕으로 구성원들에게 적절한 보상을 함으로써 동기부여가 이루어진다고 보았다.

41
답 ② ⇨ 기본개념 8장 & 기출회독 키워드 209
오답노트
① 목표설정이론은 로크(Locke)가 제시한 것이다.
③ 알더퍼의 이론은 욕구가 단계적으로 발달된다고 보지는 않았다. 다만, 존재욕구, 관계욕구, 성장욕구의 순서에 따라 고순위 욕구가 좌절되면 저순위 욕구가 중요해진다고 보았다.
④ 동기위생이론에서 동기요인은 만족요인으로, 위생요인은 불만족요인으로 구분하였다. 즉 동기요인의 충족은 위생요인의 충족을 의미하는 것이 아니기 때문

에 불만족이 해소되는 것은 아니다.
⑤ 맥클리랜드는 성취욕구, 권력욕구, 친화욕구를 제시하면서 성취욕구가 가장 중요하다고 보았다.

42
답·해설 **답 ④** ⇨ 기본개념 8장 & 기출회독 키워드 208

현장훈련(OJT)은 직무현장에서 업무를 수행하며 선임자의 지도를 통해 이루어지는 훈련이다.

43
답·해설 **답 ③** ⇨ 기본개념 9장 & 기출회독 키워드 212

회계연도 개시전까지 법인 및 시설의 예산이 성립되지 아니한 때에는 법인의 대표이사 및 시설의 장은 시장·군수·구청장에게 그 사유를 보고하고 예산이 성립될 때까지 준예산으로 집행할 수 있다. 준예산으로 집행할 수 있는 사항은 임·직원 보수, 법인 및 시설운영에 직접 사용되는 필수적인 경비, 법령상 지급의무가 있는 경비 등이다.

오답노트
ㄹ. 보통 보조금의 사용잔액은 그 일부 또는 전부를 반환하도록 정하고 있다.

44
답·해설 **답 ⑤** ⇨ 기본개념 9장 & 기출회독 키워드 212

불가피한 사유로 인하여 연도 내에 지출하지 못한 경비는 다음 연도에 이월하여 사용할 수 있다. 법인회계는 이사회의 의결, 시설회계는 시설운영위원회에의 보고를 거쳐야 하며, 법인이 설치·운영하는 시설은 시설운영위원회에 보고 후 법인 이사회의 의결을 거쳐야 한다.

45
답·해설 **답 ②** ⇨ 기본개념 10장 & 기출회독 키워드 213

노력성은 프로그램에 투입된 인적·물적 자원의 양이 충분했는가 등을 중심으로 살펴보는 기준이다. 전문적 역량을 갖춘 사람에 의해 제공되었는가는 서비스 질 평가에서 더 강조된다.

46
답·해설 **답 ①** ⇨ 기본개념 10장 & 기출회독 키워드 215

주요정보제공자 기법은 지역사회 내 지도자, 전문가, 서비스 제공자 등 영향력 있는 개인을 찾아내어 지역사회의 욕구에 대한 의견을 함께 나누는 기법이다. 이 기법은 지역 대표자나 전문가 등이 제시하는 문제들이 실제 지역주민들이 느끼는 욕구와 부합하는지에 대한 의문이 제기될 수 있다는 약점도 있다.

47
답·해설 **답 ①** ⇨ 기본개념 11장 & 기출회독 키워드 217

과활용은 욕구가 없는 사람에게 불필요하게 서비스가 제공되는 것을 말한다. 문제에서 성과가 미미한 것이 욕구가 없기 때문인지, 욕구에 적합하지 않은 서비스의 제공 때문인지는 정확히 알 수 없지만, 책임성을 확보하기 위해서 과활용은 시정되어야 한다.

48
답·해설 **답 ③** ⇨ 기본개념 12장 & 기출회독 키워드 219

사회복지 서비스는 클라이언트 욕구의 다양성과 복잡성 때문에 표준화 및 대량생산이 어렵고, 오히려 단위 비용이 높아지는 특징이 있다.

49
답·해설 **답 ③** ⇨ 기본개념 12장 & 기출회독 키워드 219

오답노트
ㄷ. 시설평가 제도가 강화되고 있기는 하지만 이것이 마케팅 및 홍보활동이 강조된 직접적인 배경이라고 보기는 어렵다.

50
답·해설 **답 ②** ⇨ 기본개념 13장 & 기출회독 키워드 222

ㄴ. 사회복지조직은 과업환경의 영향을 받는 것이 일반적이며, 사회복지조직이 과업환경에 영향을 미치기도 한다.
ㄹ. 클라이언트 그 자체로 조직의 산출물을 소비·인수하는 과업환경 요소가 된다.

사회복지법제론

51	③	52	③	53	④	54	②	55	⑤
56	③	57	②	58	⑤	59	①	60	⑤
61	④	62	③	63	③	64	②	65	①
66	②	67	⑤	68	④	69	③	70	④
71	④	72	④	73	②	74	①	75	③

51
답·해설 답 ③ ⇨ 기본개념 1장 & 기출회독 키워드 224
오답노트
① 공공부조, 사회보험, 사회서비스를 모두 포괄하는 단일한 사회복지법은 없으며, 개별 법률로서 정하고 있다.
② 헌법에 따라 체결되고 공포된 국제조약은 법원으로서의 기능을 한다.
④ 지방자치단체는 해당 지역에 관한 사회복지조례를 제정할 수 있으며 이를 토대로 독자적인 사업을 수행할 수 있다.
⑤ 특별법 우선적용의 원칙에 따라 사회보장기본법보다 사회복지사업법이 우선한다.

52
답·해설 답 ③ ⇨ 기본개념 2장 & 기출회독 키워드 227
1999년 국민건강보험법이 제정되면서 기존 국민의료보험법은 폐지되었다.

53
답·해설 답 ④ ⇨ 기본개념 2장 & 기출회독 키워드 227
사회보장기본법은 1995년에 제정되었고, 가정폭력방지 및 피해자보호 등에 관한 법률은 1997년에 제정되었다.
오답노트
① 영유아보육법은 1991년에 제정되었고, 긴급복지지원법은 2005년에 제정되었다.
② 장애인연금법은 2010년에 제정되었고, 사회보장급여의 이용·제공 및 수급권자 발굴에 관한 법률은 2014년에 제정되었다.
③ 노인장기요양보험법은 2007년에 제정되었고, 자원봉사활동기본법은 2005년에 제정되었다.
⑤ 아동수당법은 2018년에 제정되었고, 고용보험법은 1993년에 제정되었다.

54
답·해설 답 ② ⇨ 기본개념 5장 & 기출회독 키워드 228
국가와 지방자치단체는 최저보장수준과 최저임금 등을 고려하여 사회보장급여의 수준을 결정하여야 한다.

55
답·해설 답 ⑤ ⇨ 기본개념 5장 & 기출회독 키워드 228
사회보험은 국가의 책임으로 시행하고, 공공부조와 사회서비스는 국가와 지방자치단체의 책임으로 시행하는 것을 원칙으로 한다. 다만, 국가와 지방자치단체의 재정 형편 등을 고려하여 이를 협의·조정할 수 있다.

56
답·해설 답 ③ ⇨ 기본개념 5장 & 기출회독 키워드 228
오답노트
① 사회보장급여를 받으려는 사람은 관계 법령에서 정하는 바에 따라 국가나 지방자치단체에 신청하여야 한다.
② 사회보장수급권은 제한되거나 정지될 수 없다. 다만, 관계 법령에서 따로 정하고 있는 경우에는 그러하지 아니하다.
④ 사회보장수급권은 정당한 권한이 있는 기관에 서면으로 통지하여 포기할 수 있다.
⑤ 사회보장수급권의 포기는 취소할 수 있다.

57
답·해설 답 ② ⇨ 기본개념 6장 & 기출회독 키워드 229
사회보장정보시스템의 운영·지원을 위하여 한국사회보장정보원을 설립하며, 한국사회보장정보원은 법인으로 한다.

58
답·해설 답 ⑤ ⇨ 기본개념 6장 & 기출회독 키워드 229
통합사례관리를 실시하기 위하여 필요한 경우에는 특별자치시 및 시·군·구에 통합사례관리사를 둘 수 있다.

59
답·해설 답 ① ⇨ 기본개념 7장 & 기출회독 키워드 230
오답노트
② 이사회의 구성에 있어서 대통령령으로 정하는 특별한 관계에 있는 사람이 이사 현원의 5분의 1을 초과할 수 없다.
③ 외국인인 이사는 이사 현원의 2분의 1 미만이어야 한다.
④ 해산한 법인의 남은 재산은 정관으로 정하는 바에 따라 국가 또는 지방자치단체에 귀속된다.
⑤ 법인은 시·도지사의 허가를 받아 이 법에 따른 다른 법인과 합병할 수 있다.

60
답·해설 답 ⑤ ⇨ 기본개념 7장 & 기출회독 키워드 230
사회복지시설 운영위원회의 심의사항
- 시설운영계획의 수립·평가에 관한 사항
- 사회복지 프로그램의 개발·평가에 관한 사항
- 시설 종사자의 근무환경 개선에 관한 사항
- 시설 거주자의 생활환경 개선 및 고충 처리 등에 관한

- 시설 종사자와 거주자의 인권보호 및 권익증진에 관한 사항
- 시설과 지역사회의 협력에 관한 사항
- 그 밖에 시설의 장이 운영위원회의 회의에 부치는 사항

61
답·해설 답 ④ ⇨ 기본개념 7장 & 기출회독 키워드 230

주된 사무소가 서로 다른 특별시·광역시·특별자치시·도·특별자치도에 소재한 법인 간의 합병의 경우에는 보건복지부장관의 허가를 받아야 한다.

62
답·해설 답 ③ ⇨ 기본개념 8장 & 기출회독 키워드 231

장해급여는 산업재해보상보험법상의 급여에 해당한다. 국민기초생활보장법상 급여의 종류에는 '생계급여, 주거급여, 의료급여, 교육급여, 해산급여, 장제급여, 자활급여'가 있다.

63
답·해설 답 ③ ⇨ 기본개념 8장 & 기출회독 키워드 233

급여비용은 그 전부 또는 일부를 의료급여기금에서 부담하되, 의료급여기금에서 일부를 부담하는 경우 그 나머지 비용은 본인이 부담한다.

64
답·해설 답 ② ⇨ 기본개념 8장 & 기출회독 키워드 234

가정폭력을 당하여 가구구성원과 함께 원만한 가정생활을 하기 곤란하거나 가구구성원으로부터 성폭력을 당하여 생계유지가 어려운 경우에는 긴급복지지원법상의 '위기상황'에 해당하지만, 지역사회 구성원에게 성폭력을 당하여 생활에 적응하지 못하는 경우는 이 법에 따른 '위기상황'에 해당하지 않는다.

65
답·해설 답 ① ⇨ 기본개념 8장 & 기출회독 키워드 232

기초연금 수급자가 사망한 경우로서 그 기초연금 수급자에게 지급되지 아니한 기초연금액이 있는 경우에는 그 기초연금 수급자의 사망 당시 생계를 같이 한 부양의무자(배우자와 직계혈족 및 그 배우자)는 미지급 기초연금을 청구할 수 있다.

66
답·해설 답 ② ⇨ 기본개념 9장 & 기출회독 키워드 235

가입기간이 10년 이상인 가입자 또는 가입자였던 자에 대하여는 60세가 된 때부터 그가 생존하는 동안 노령연금을 지급한다.

67
답·해설 답 ⑤ ⇨ 기본개념 9장 & 기출회독 키워드 236

사회복지사업법에 따른 사회복지시설에 수용된 사람의 진료를 주된 목적으로 개설된 의료기관은 요양기관에서 제외되는 의료기관이다. 요양급여(간호와 이송은 제외)는 '의료법에 따라 개설된 의료기관, 약사법에 따라 등록된 약국, 약사법에 따라 설립된 한국희귀·필수의약품센터, 지역보건법에 따른 보건소·보건의료원 및 보건지소, 농어촌 등 보건의료를 위한 특별조치법에 따라 설치된 보건진료소'에서 실시한다.

68
답·해설 답 ③ ⇨ 기본개념 9장 & 기출회독 키워드 237
오답노트

① "실업"이란 근로의 의사와 능력이 있음에도 불구하고 취업하지 못한 상태에 있는 것을 말한다.
② 구직급여를 지급받으려는 사람은 직업안정기관의 장에게 구직급여의 수급 요건을 갖추었다는 사실을 인정하여 줄 것을 신청하여야 한다.
④ 고용노동부장관은 매년 기금운용 계획을 세워 고용보험위원회 및 국무회의의 심의를 거쳐 대통령의 승인을 받아야 한다.
⑤ 국가는 매년 보험사업에 드는 비용의 일부를 일반회계에서 부담하여야 한다.

69
답·해설 답 ③ ⇨ 기본개념 9장 & 기출회독 키워드 238

산업재해보상보험법상 보험급여의 종류에는 '요양급여, 휴업급여, 장해급여, 간병급여, 유족급여, 상병보상연금, 장례비, 직업재활급여'가 있다.

오답노트

① 생계급여는 국민기초생활보장법상의 급여에 해당한다.
② 구직급여는 고용보험법상의 급여에 해당한다.
④⑤ 특별현금급여, 재가급여는 노인장기요양보험법상의 급여에 해당한다.

70
답·해설 답 ④ ⇨ 기본개념 9장 & 기출회독 키워드 239

노인등이 가족과 함께 생활하면서 가정에서 장기요양을 받는 재가급여를 우선적으로 제공해야 한다.

71
답·해설 답 ④ ⇨ 기본개념 10장 & 기출회독 키워드 240

학대노인의 보호와 관련된 업무에 종사하였거나 종사하는 자는 그 직무상 알게 된 비밀을 누설하지 못한다.

72
답·해설 답 ④ ⇨ 기본개념 10장 & 기출회독 키워드 241

보호조치 중인 보호대상아동의 연령이 18세에 달하였거나, 보호 목적이 달성되었다고 인정되면 해당 시·도지사, 시장·군수·구청장은 대통령령으로 정하는 절차와 방법에 따라 그 보호 중인 아동의 보호조치를 종료하거나 해당 시설에서 퇴소시켜야 한다.

73
답·해설 답 ② ⇨ 기본개념 10장 & 기출회독 키워드 242

국가와 지방자치단체는 장애인의 장애 정도와 경제적 수준을 고려하여 장애로 인한 추가적 비용을 보전하게 하기 위하여 장애수당을 지급할 수 있다.

74
답·해설 **답 ①** ⇨ 기본개념 10장 & 기출회독 키워드 242

가정폭력피해자 보호시설의 종류에는 단기보호시설, 장기보호시설, 외국인보호시설, 장애인보호시설이 있다.

75
답·해설 **답 ③** ⇨ 기본개념 10장 & 기출회독 키워드 247

행정안전부장관은 관계 중앙행정기관의 장과 협의하여 자원봉사활동의 진흥을 위한 국가기본계획을 5년마다 수립하여야 한다.

강의로 완성하는
FINAL 모의고사
3회

1교시 사회복지기초

인간행동과 사회환경

1	④	2	①	3	③	4	⑤	5	⑤
6	④	7	②	8	①	9	④	10	③
11	①	12	④	13	②	14	②	15	②
16	⑤	17	①	18	②	19	④	20	⑤
21	⑤	22	①	23	①	24	③	25	④

1
답·해설 답 ④ ⇨ 기본개념 1장 & 기출회독 키워드 001

특정 시기의 발달이 잘못되면 그 이후에 충분히 보상적 자극이나 경험을 제공받는다고 하더라도 원래의 발달상태로 회복되기 어렵다. 이를 불가역성이라고 한다.

2
답·해설 답 ① ⇨ 기본개념 1장 & 기출회독 키워드 003

ㄱ. 성장은 신체적·생리적 발달의 양적 증가에 국한된다. 신체의 크기가 커지거나 근육의 힘이 더 세지는 것과 같은 양적 증가와 확대를 말한다.

3
답·해설 답 ③ ⇨ 기본개념 2장 & 기출회독 키워드 004
오답노트

① 반동형성(reaction formation): 무의식 속의 받아들여질 수 없는 생각, 욕구, 충동 등을 정반대의 것으로 표현하는 경우로 원래의 생각, 소원, 충동 등을 의식화하지 못하게 하는 것
② 투사(projection): 자신이 용납할 수 없는 충동, 생각, 행동 등을 무의식적으로 다른 사람이 이러한 충동, 생각, 행동을 느끼거나 행한다고 믿는 것
④ 합리화(rationalization): 자신의 언행 속에 숨어 있는 용납하기 힘든 충동이나 욕구에 대해 사회적으로 그럴듯한 설명이나 이유를 대는 것
⑤ 해리(dissociation): 의식세계에서 받아들이기 힘든 성격의 일부가 자아의 지배를 벗어나 하나의 독립된 기능을 수행하는 것

4
답·해설 답 ⑤ ⇨ 기본개념 2장 & 기출회독 키워드 005

성인기(24~65세, 생산성 대 침체)에는 '배려(타인을 보호할 수 있는 능력)'라는 심리사회적 능력을 획득하며, 중요한 관계범위에는 '직장, 확대가족' 등이 있다.

5
답·해설 답 ⑤ ⇨ 기본개념 2장 & 기출회독 키워드 006

열등감은 모든 인간으로 하여금 무언가를 추구할 수 있는 동기가 되며, 자기완성을 위한 필수요인으로 제시함으로써 열등감을 긍정적인 것으로 보았다. 열등감은 누구에게나 존재하며, 인간이 성숙해지고 자신의 잠재력을 실현하는 데 필요하다고 보았다.

6
답·해설 답 ④ ⇨ 기본개념 2장 & 기출회독 키워드 007
오답노트

ㄴ. 판단이나 평가를 필요로 하는 기능인 '사고'와 '감정'은 합리적 기능으로, 이성적 판단을 필요로 하지 않는 지각의 두 형태인 '감각'과 '직관'은 비합리적 기능으로 분류된다.

7
답·해설 답 ② ⇨ 기본개념 2장 & 기출회독 키워드 006

아들러의 인간관은 원인론적 인간관이 아니라 목적론적 인간관이다. 아들러는 인간을 사회적이며 목적론적인 존재로 보았다.

8
답·해설 답 ① ⇨ 기본개념 3장 & 기출회독 키워드 008

조망수용 능력이란 어떤 상황에서 타인의 감정을 추론하고 이해(수용)할 수 있는 능력을 말한다. 타인의 입장, 감정, 인지 등을 추론하고 이해할 수 있는 조망수용 능력을 습득하게 되는 것은 구체적 조작기의 발달 특성이다.

9
답·해설 답 ④ ⇨ 기본개념 3장 & 기출회독 키워드 009

고정간격 강화계획이 가장 지속성이 낮은 경우에 해당하며, 변동비율 강화계획이 가장 지속성이 높은 경우에 해당한다.

10
답·해설 답 ③ ⇨ 기본개념 3장 & 기출회독 키워드 010

모방한 행동을 상징적인 형태로 기억 속에 담는 것은 관찰학습 과정 중 '보존과정'에 해당한다.

11
답·해설 **답 ①** ▷ 기본개념 4장 & 기출회독 키워드 012

다섯 가지 욕구는 동시에 일어나는 것이 아니라, 어떤 특정한 순간에는 한 가지 욕구만이 강렬하게 나타나고 이 한 가지 욕구가 나타나기 위해서는 이전 단계의 욕구가 충족되어야 한다.

12
답·해설 **답 ④** ▷ 기본개념 4장 & 기출회독 키워드 013

큰 개가 다가오는 객관적 현실 자체가 세 사람의 행동에 영향을 미쳤다기보다는 동일한 현실을 지각하는 세 사람 각자의 주관적 방식의 차이가 결국은 행동의 차이에 영향을 미쳤다. 이때 '큰 개'라는 경험에 대해 이들 각자가 느끼는 방식이나 주관적 경험을 현상학적 장이라고 할 수 있다.

13
답·해설 **답 ②** ▷ 기본개념 4장 & 기출회독 키워드 013
오답노트

ㄴ, ㄹ. 행동주의이론에 기반한 사회복지실천에 대한 설명이다.

14
답·해설 **답 ②** ▷ 기본개념 5장 & 기출회독 키워드 014

균형은 체계가 고정된 구조를 가지고 주위환경과 수직적인 상호작용을 하기보다 체계 내에서 수평적인 상호작용을 하면서 거의 교류를 하지 않는 상태이다. 주로 폐쇄체계에서 나타나며 체계의 구조 변화가 거의 없는 고정된 상태이다.

15
답·해설 **답 ②** ▷ 기본개념 5장 & 기출회독 키워드 015

ㄱ. 미시체계는 개인 혹은 인간이 속한 가장 직접적인 사회적·물리적 환경이다. 인간과 직접적이고 대면적인 상호작용을 함으로써 인간에게 영향력을 미친다.
ㄴ. 외(부)체계는 개인과 직접 상호작용하지는 않으나 미시체계에 영향을 주는 사회적 환경이다. 개인은 외(부)체계에 직접 참여하지는 않지만 이러한 환경들은 인간행동에 여러 가지 영향을 미친다.

16
답·해설 **답 ⑤** ▷ 기본개념 6장 & 기출회독 키워드 017
오답노트

ㄹ. 여성을 위한 의식고양집단, 부부를 위한 참만남 집단은 성장집단의 예에 해당한다.

17
답·해설 **답 ①** ▷ 기본개념 7장 & 기출회독 키워드 018

ㄱ. 통합: 주류사회와의 관계를 유지하면서 동시에 고유문화의 문화적 정체성과 특성을 유지

ㄴ. 동화: 주류사회와 관계는 유지하지만 기존의 모국의 고유문화의 문화적 정체성과 특성을 포기

18
답·해설 **답 ②** ▷ 기본개념 8장 & 기출회독 키워드 019

수정 후 2~8주인 배아기에는 태반과 연결된 탯줄을 통해 모체로부터 영양분과 산소를 공급받는다. 배아기에는 태반이 발달하며, 중요한 신체기관이 형성된다.

19
답·해설 **답 ④** ▷ 기본개념 8장 & 기출회독 키워드 020

영아는 전체보다는 부분을, 정지된 것보다는 움직이는 물체를, 흑백보다는 컬러를, 직선보다는 곡선을 선호하며, 단순한 도형보다는 좀 더 복잡한 도형을, 다른 사물보다는 인간의 얼굴 그 중에서도 눈을 가장 선호한다.

20
답·해설 **답 ⑤** ▷ 기본개념 8장 & 기출회독 키워드 021

전개념적 사고단계의 유아는 귀납적 추론이나 연역적 추론을 하지 못하고 전환적 추론(혹은 비약적 추론, 전도추리)을 한다.

21
답·해설 **답 ⑤** ▷ 기본개념 9장 & 기출회독 키워드 022

논리적으로 사고할 수는 있지만, 이러한 논리를 언어나 가설적 문제에 적용하지는 못한다.

22
답·해설 **답 ①** ▷ 기본개념 10장 & 기출회독 키워드 023

정체감 유실에 대한 설명이다. 마르시아는 '위기'와 '전념'을 기준으로 자아정체감을 '정체감 성취, 정체감 유예, 정체감 유실, 정체감 혼란'으로 구분하였다.

23
답·해설 **답 ①** ▷ 기본개념 12장 & 기출회독 키워드 025

장년기에는 통합적 사고능력이 향상된다. 보고, 읽고, 듣는 것을 자신의 학습과 경험으로 통합하여 사고한다.

24
답·해설 **답 ③** ▷ 기본개념 13장 & 기출회독 키워드 026

하비거스트가 제시한 행동지침으로서의 도덕체계 획득은 청소년기(13~18세)의 발달과업에 해당한다.

25
답·해설 **답 ④** ▷ 기본개념 11장 & 기출회독 키워드 024

친밀감은 청년기의 주요 발달과업이 맞지만, 심리사회적 유예는 청소년기와 관련된 개념이다. 심리사회적 유예는 청소년기에 가치, 믿음, 역할 등을 시험해볼 자유를 허락하며, 각자의 장점을 극대화해 사회로부터 긍정적인 인정을 획득함으로써 사회에 최상으로 적응할 수 있게 한다.

사회복지조사론

26	②	27	②	28	④	29	③	30	⑤
31	③	32	④	33	①	34	⑤	35	④
36	②	37	③	38	①	39	④	40	⑤
41	②	42	③	43	①	44	⑤	45	④
46	⑤	47	⑤	48	⑤	49	①	50	

26
답·해설 **답 ②** ⇨ 기본개념 1장 & 기출회독 키워드 029

쿤(T. Kuhn)은 패러다임의 우열을 비교할 수 있는 객관적 기준은 존재하지 않는다고 보았다.

27
답·해설 **답 ②** ⇨ 기본개념 1장 & 기출회독 키워드 029
오답노트
① 귀납법과 연역법은 상호보완적으로 사용될 수 있다.
③ 귀납법은 경험의 세계에서 관찰된 사실들이 공통적인 유형으로 전개되는 것을 객관적인 수준에서 증명하는 것이다.
④ 연역법은 연구주제를 '가설'의 형태로 만들어 실증적으로 증명할 수 있다는 가정에서 출발한다.
⑤ 귀납법에서 범할 수 있는 오류는 인과의 오류(post hoc fallacy)이다. 구성의 오류(fallacy of composition)는 연역법에서 범할 수 있는 오류이다.

28
답·해설 **답 ④** ⇨ 기본개념 2장 & 기출회독 키워드 032

조사대상이라고 생각되는 모든 부분, 즉 모집단 전체를 대상으로 조사하는 연구는 전수조사이다. 표본조사는 전수조사가 어려운 경우 모집단의 일부만을 추출하여 모집단 전체를 추정하는 조사이다.

29
답·해설 **답 ③** ⇨ 기본개념 2장 & 기출회독 키워드 034

개체주의적 오류는 개인을 분석단위로 한 조사결과에 기초해 집단을 단위로 하는 해석(결론)을 내리는 오류를 말한다. 즉, 개인을 분석단위로 한 조사결과에 기초해 집단에 대해서도 똑같을 것이라고 가정할 때 발생하는 오류이다.

30
답·해설 **답 ⑤** ⇨ 기본개념 3장 & 기출회독 키워드 036

영가설이 거짓인데도, 이를 채택하는 오류를 제2종 오류라고 한다. 제1종 오류는 영가설이 참인데도 이를 기각하는 결정을 하는 오류이다.

31
답·해설 **답 ③** ⇨ 기본개념 3장 & 기출회독 키워드 037

매개변수는 독립변수의 결과인 동시에 종속변수의 원인이 되는 변수이다. 독립변수와 종속변수의 중간에서 두 변수를 연결시켜 간접적으로 관계를 갖게 한다. 청소년의 인터넷 중독 수준이 독립변수이고, 고립감을 통하여(매개로 하여) 폭력성향에 영향을 미친다고 하였으므로 고립감이 매개변수, 폭력성향이 종속변수에 해당한다.

32
답·해설 **답 ④** ⇨ 기본개념 3장 & 기출회독 키워드 037

<보기>는 서열변수를 나타내고 있다. 서열변수는 상호배타적인 변수가 연속성을 가지고 있지 않고, 각 범주별로 서로 떨어져 있기 때문에 이산변수에 해당하며, 비연속적 변수의 속성을 갖는다. 서열변수의 각 범주에 부여된 수치는 단순히 서열을 의미할 뿐이며 범주 간 차이를 나타내지는 않는다.

33
답·해설 **답 ①** ⇨ 기본개념 4장 & 기출회독 키워드 038

편향된 선별, 실험대상자의 상실, 개입의 확산, 인과관계의 모호성은 모두 내적 타당도 저해요인에 해당한다.

34
답·해설 **답 ⑤** ⇨ 기본개념 5장 & 기출회독 키워드 040

요인 설계는 독립변수 속성에 따라 할당행렬을 만들어 행렬상의 각 범주에 따라 실험집단 및 통제집단을 설정하고, 개별 독립변수와 종속변수 간의, 그리고 2개 이상의 독립변수가 상호작용하여 종속변수가 갖게 되는 인과관계를 검증하기 위한 설계이다.

35
답·해설 **답 ④** ⇨ 기본개념 5장 & 기출회독 키워드 040

솔로몬 4집단 설계는 순수실험설계로서 무작위 할당이 이루어진다.

36
답·해설 **답 ②** ⇨ 기본개념 6장 & 기출회독 키워드 042

경향선 접근법은 기초선이 다소 불안정한 경우에 사용하는 방법이다. 기초선(A)의 관찰점을 전반부와 후반부로 나눠 각 평균을 구해 두 점을 잇는 직선을 그어 개입(B) 부분까지 연장하는 경향선을 긋는다. 만일, 개입단계에서의 관찰점이 모두 경향선 아래 또는 위에 있으면 그 개입은 효과적이다.

37
답·해설 **답 ③** ⇨ 기본개념 7장 & 기출회독 키워드 044

ㄱ. 기초연금 대상 노인들의 소득 - 비율변수
ㄴ. 외국인 노동자 거주지역의 생활 수준 - 서열변수
ㄷ. 비정규직 노동자의 4대 보험 가입률 - 비율변수
ㄹ. 장애인의 장애유형(지체장애인, 시각장애인 등) - 명목변수

38
답 ① ⇨ 기본개념 7장 & 기출회독 키워드 045

신뢰도는 일관성 있게 측정되는 정도이며, 타당도는 측정하고자 하는 개념을 정확히 측정하는 정도이다. 측정할 때마다 항상 3kg이 더 가볍게 측정된다면 이 체중계는 일관성이 있으므로 신뢰도는 높지만 정확하게 측정하지 못하므로 타당도가 낮다.

39
답 ④ ⇨ 기본개념 7장 & 기출회독 키워드 045

척도 A의 타당도를 판단하기 위해 같은 개념을 측정하는 척도 간에는 높은 상관을 보여야 하는데, 이를 (ㄱ) 수렴타당도라고 한다. 다른 개념을 측정하는 척도 간에는 낮은 상관을 보여야 하는데, 이를 (ㄴ) 판별타당도라고 한다.

40
답 ⑤ ⇨ 기본개념 7장 & 기출회독 키워드 046

측정도구로 인한 오류, 즉 측정도구에 대한 사전 교육이 충분하지 않을 때는 비체계적 오류가 발생한다.

41
답 ② ⇨ 기본개념 8장 & 기출회독 키워드 047

서열척도인 리커트 척도에 해당한다.

오답노트

① 사회적 거리감을 측정하기 위한 척도로 주로 쓰이는 것은 보가더스의 사회적 거리 척도이다.
③ 가치와 태도와 같은 주관적인 개념 측정에 용이하다는 장점이 있으며, 비교적 적은 수의 문항으로 신뢰도를 획보할 수 있는 것은 의미분화 척도이다.
④ 어떤 사실에 대하여 가장 긍정적인 태도와 가장 부정적인 태도를 나타내는 양 극단을 등간적으로 구분하여, 여기에 수치를 부여하는 것은 써스톤 척도이다.
⑤ 리커트 척도는 하나의 개념을 측정하기 위해 여러 문항들을 이용하는 척도로서, 각 문항들은 동일한 응답범주를 사용하며 모두 동등한 가치를 부여받는다. 즉, 각 문항에 가중치를 부여하지 않는다.

42
답 ③ ⇨ 기본개념 9장 & 기출회독 키워드 048

'65세 이상 고령 여성의 노동 경험 인식과 그 맥락에 관한 연구'는 질적 연구에 해당한다.

오답노트

① 체계적 표집법은 확률표집방법에 해당하며, 양적 연구에서 주로 사용된다.
② 집락표집법은 확률표집방법에 해당하며, 양적 연구에서 주로 사용된다.
④ 단순무작위표집법은 확률표집방법에 해당하며, 양적 연구에서 주로 사용된다.
⑤ 층화표집법은 확률표집방법에 해당하며, 양적 연구에서 주로 사용된다.

43
답 ① ⇨ 기본개념 9장 & 기출회독 키워드 048

표본설계는 연구대상이 되는 모집단을 확정하고 적당한 표집틀을 선정한 후, 표집의 방법과 표본의 크기를 결정하고 실제로 표본을 추출하는 과정을 거친다. 따라서 표본추출은 'ㄹ. 모집단 확정 → ㅁ. 표집틀 선정 → ㄷ. 표집방법 결정 → ㄱ. 표집크기 결정 → ㄴ. 표본추출'의 순서로 진행된다.

44
답 ⑤ ⇨ 기본개념 9장 & 기출회독 키워드 049

오답노트

ㄷ. 표준오차는 모집단에서 정해진 크기 N의 표본을 무수히 많이 뽑아서 그 표본의 평균값들을 각각 구한 후 그 표본 평균값들 간에 계산한 표준편차를 의미한다. 표준오차는 표본의 크기가 커짐에 따라 표본크기의 제곱근에 반비례하여 감소한다.

45
답 ④ ⇨ 기본개념 10장 & 기출회독 키워드 050

행렬식 질문은 여러 개의 질문들이 동일한 응답범주를 가지고 있는 경우에 사용한다. 질문지를 효율적으로 사용할 수 있고 응답하는 데 걸리는 시간을 줄여주는 장점이 있지만, 유사한 질문들이 인접하여 배치되기 때문에 고정반응이 발생할 수 있는 단점이 있다.

46
답 ⑤ ⇨ 기본개념 10장 & 기출회독 키워드 051

오답노트

① 우편설문법은 대인면접법에 비해 응답자가 시간적 여유를 갖고 응답할 수 있다.
② 자기기입식 설문조사는 대인면접법에 비해 응답자의 익명성이 더 잘 보장되며, 응답자의 부담을 줄일 수 있다.
③ 우편설문법과 인터넷조사는 응답자가 지리적으로 광범위하게 분포되어 있어도 응답이 가능한 장점이 있다. 대인면접법은 접근성이 낮아 응답자가 여러 지역에 퍼져 있는 경우 이들의 면접에 애로사항이 있다.
④ 우편설문법은 대리응답 여부를 확인할 수 없지만 대인면접법은 직접 조사자와 대상자가 얼굴을 맞대고 자료를 수집하기 때문에 대리응답의 가능성이 낮다.

47
답 ⑤ ⇨ 기본개념 11장 & 기출회독 키워드 052

모두 옳은 내용이다. 2차 자료분석은 연구자가 직접 자료를 수집하는 1차 자료수집 방법과는 달리 문헌에 나와 있는 데이터, 국제기구, 정부나 공공기관, 연구기관에서 제공하는 통계자료, 조사자료 등 기존 자료를 2차적으로 분석하는 방법이다.

48
답 ⑤ ⇨ 기본개념 12장 & 기출회독 키워드 055

오답노트
① 형성평가는 프로그램 운영 도중에 프로그램의 개선과 발전을 위해 이뤄지는 평가이다.
② 효율성 평가란 비용최소화와 산출극대화를 평가하는 것이다.
③ 프로그램 평가의 기준 중 적절성(adequacy)은 현실적으로 적합한 범위 내에서 프로그램이 계획되고 운영되는가를 기준으로 평가한다.
④ 비용-편익분석은 모든 비용과 편익을 화폐로 환산함으로써 서로 다른 목표를 갖는 프로그램까지도 비교할 수 있다.

49
답·해설 답 ① ⇨ 기본개념 13장 & 기출회독 키워드 057

근거이론은 기존에 이론적 기반이 갖추어지지 않은 분야를 연구하는데 적합하다. 근거이론 연구에서 조사자는 미리 어떤 이론을 설정하지 않고 조사를 시작하며 자료수집과 분석 과정에서 이론을 생성하도록 한다.

50
답·해설 답 ④ ⇨ 기본개념 13장 & 기출회독 키워드 057

- 개방코딩은 자료를 통해 현상에 이름을 붙이고 개념을 도출하고 범주화하는 단계이다. 즉, 확보된 자료를 전사한 후, 각 의미 단위마다 속성과 차원에 따라 '명명'하는 과정이다.
- 축코딩 과정은 코딩 패러다임 혹은 논리적 다이어그램을 사용해서 제시되는데, 연구자는 중심현상, 인과적 조건, 상호작용 전략을 확인·구체화하고, 맥락적 조건, 중재적 조건을 확인하며 이 현상의 결과를 묘사한다.
- 선택코딩은 코딩의 마지막 단계로서 모든 범주의 유형을 통합시키고 정교화하여 이후 새로운 이론을 생성하고, 이를 도식화하기 위한 과정이다.

2교시 사회복지실천

사회복지실천론

1	①	2	②	3	⑤	4	⑤	5	①
6	②	7	①	8	①	9	①	10	②
11	③	12	④	13	⑤	14	①	15	②
16	④	17	②	18	③	19	②	20	①
21	①	22	①	23	⑤	24	①	25	⑤

1
답·해설 답 ① ⇨ 기본개념 1장 & 기출회독 키워드 060

사회복지실천의 다양한 목적은 시대변화나 사회변화에 따라 달라질 수 있지만 '인간의 삶의 질 향상'이라는 궁극적인 목적은 변하지 않는다.

2
답·해설 답 ② ⇨ 기본개념 2장 & 기출회독 키워드 063
오답노트

ㄱ. 슈퍼비전, 사례회의 등에 따른 클라이언트의 정보공개는 비밀보장의 예외 상황으로 인정되지만, 클라이언트는 이에 관한 사항을 알지 못하기 때문에 사전에 어떤 상황에서 정보공개가 이루어질 수 있는지를 설명하고 동의를 구해야 한다.

ㄷ. 클라이언트의 자기결정권과 인간의 생명보호라는 가치 사이에서 결정을 내려야 하는 경우는 가치 상충에 해당한다. 결과의 모호성은 대안들의 결과가 불투명하거나 성과를 확신할 수 없을 때에 어떤 결정을 내려야 할지에 대한 갈등이 발생하는 것을 말한다.

3
답·해설 답 ⑤ ⇨ 기본개념 2장 & 기출회독 키워드 064

로웬버그와 돌고프의 윤리원칙 준거틀
윤리원칙 1. 생명보호의 원칙
윤리원칙 2. 평등과 불평등의 원칙
윤리원칙 3. 자율과 자유의 원칙(자기결정의 원칙)
윤리원칙 4. 최소 해악의 원칙(최소 손실의 원칙)
윤리원칙 5. 삶의 질 향상의 원칙
윤리원칙 6. 사생활 보호와 비밀보장의 원칙
윤리원칙 7. 성실의 원칙(진실성과 정보개방의 원칙)

4
답·해설 답 ⑤ ⇨ 기본개념 2장 & 기출회독 키워드 062
오답노트

① 사회복지사는 사회복지 전문직의 이익과 권익을 증진시키기 위해 동료와 협력해야 한다.
② 사회복지사의 클라이언트에 대한 윤리기준 중 동료의 클라이언트와의 관계에 해당한다.
③ 사회복지사의 기관에 대한 윤리기준에 해당한다.
④ 사회복지사는 전문직 내 다른 구성원이 행한 비윤리적 행위에 대해, 제반 법률규정이나 윤리기준에 따라 조치를 취해야 한다.

5
답·해설 답 ① ⇨ 기본개념 3장 & 기출회독 키워드 066
오답노트

ㄴ. 1929년 밀포드 회의에서는 사회복지 공통요소를 정리했다. 역량강화를 기반으로 한 실천을 강조한 것은 아니다.
ㄷ. 개별사회복지실천, 집단사회복지실천, 지역사회조직 등을 전통적 3대 방법론이라고 한다. 이후 사례관리를 추가하여 4대 방법론으로 불리기도 한다.

6
답·해설 답 ② ⇨ 기본개념 3장 & 기출회독 키워드 066

우애방문원의 활동은 자선조직협회에서 이루어졌으며, 이는 개별사회사업의 효시가 되었다.

7
답·해설 답 ① ⇨ 기본개념 4장 & 기출회독 키워드 068

문제에 제시된 기관은 사회복지사업법에 따른 사회복지관이다. 사회복지관은 클라이언트에게 서비스를 직접 제공하는 직접 서비스 기관이며, 사회복지서비스 제공을 주된 사업으로 하는 1차 현장이다.

오답노트

ㄴ. 사회복지관은 이용시설이다.
ㄹ. 지역자치단체에서 민간에 위탁하여 운영함에 따라 지역명이 복지관 이름에 포함되는 경우가 많은데, 그렇다고 해서 공공기관은 아니다.

8
답·해설 답 ① ⇨ 기본개념 5장 & 기출회독 키워드 070

PIE(Person In Environment) 분류체계
- 요소 1. 사회적 기능 수행상 문제: 사회복지사는 클라이언트의 사회적 역할문제를 확인하고 묘사한다.
- 요소 2. 환경상의 문제: 사회복지사는 요소 1에 영향을 주고 있는 환경상의 문제를 묘사한다.
- 요소 3. 정신건강 문제: 현재의 정신적, 성격적 혹은 발달상의 장애 혹은 상태를 표시한다.
- 요소 4. 신체건강 문제: 문제를 지속시킬 수 있는 현재의 신체장애 혹은 상태를 표시한다.

9
답·해설 **답 ①** ⇨ 기본개념 5장 & 기출회독 키워드 076

사회복지실천은 클라이언트의 문제해결 능력을 회복시키거나 향상시켜주는 과정이다.

10
답·해설 **답 ②** ⇨ 기본개념 5장 & 기출회독 키워드 072

전문체계는 콤튼과 갤러웨이가 제시한 6체계모델 중 하나로, 전문가 단체, 전문가를 육성하는 교육체계 등을 말한다. 사례에서 정신건강복지센터는 행동체계에 해당한다.

11
답·해설 **답 ③** ⇨ 기본개념 5장 & 기출회독 키워드 071

전문가의 지식, 기술, 진단, 판단, 치료 등은 병리관점에 해당한다.

12
답·해설 **답 ④** ⇨ 기본개념 6장 & 기출회독 키워드 077
오답노트
① 제공 기관의 증가로 중복 제공을 조정할 필요성이 제기되었다.
② 클라이언트의 다양한 욕구를 복합적으로 다룰 수 있는 전략이 요구되며 등장했다.
③ 사례관리는 지역사회보호의 필요성이 강조되면서 등장했다.
⑤ 클라이언트의 자율성 극대화는 사례관리의 주요 원칙이다.

13
답·해설 **답 ⑤** ⇨ 기본개념 6장 & 기출회독 키워드 079

사례관리자는 사례관리 과정 전반에 걸쳐 제공된 서비스들에 대한 정보를 수집하고 분석하고 효과성 및 효율성 등을 살펴보는 평가자로서의 역할을 수행한다. 사례에서는 이에 관한 역할이 나타나지는 않았다.

14
답·해설 **답 ①** ⇨ 기본개념 7장 & 기출회독 키워드 083

양가감정은 누구한테나 나타날 수 있는 것이다. 양가감정으로 인해 저항이 나타날 수도 있지만, 양가감정 그 자체가 저항은 아니다.

15
답·해설 **답 ②** ⇨ 기본개념 7장 & 기출회독 키워드 083
오답노트
ㄱ. 개별화의 원칙은 클라이언트를 독특한 개성을 가진 한 사람으로서 인정하고 대한다는 것으로 가치상충의 의미는 아니다.
ㄹ. 역전이는 사회복지사가 클라이언트와의 관계에서 개인적으로 겪었던 다른 누군가를 떠올리면서 그 사람에 대한 감정을 클라이언트에게 대입하는 것이다. 클라이언트가 사회복지사에 대해 드러내는 감정은 역전이가 아닌 전이이다.

16
답·해설 **답 ④** ⇨ 기본개념 7장 & 기출회독 키워드 080
오답노트
① 윤리강령 및 사회복지사업법에는 비밀보장에 관한 의무에 대해 규정하고 있지만 예외 상황을 구체적으로 정하고 있지는 않다.
② 개별화는 클라이언트를 유형화, 범주화하지 않는 것이다.
③ 정신적, 신체적, 지적 장애 등으로 인해 자기결정이 어려운 클라이언트의 경우 자기결정의 원칙이 제한되기도 한다.
⑤ 수용은 클라이언트를 있는 그대로 받아들인다는 것이다.

17
답·해설 **답 ④** ⇨ 기본개념 8장 & 기출회독 키워드 085
오답노트
① 클라이언트도 사회복지사가 어떤 사람인지에 대해 궁금증과 호기심을 가질 수 있기 때문에 답변을 무조건 피하는 것이 옳은 대응은 아니다.
② 도전, 해석 등은 관계가 형성되고 이해와 신뢰가 쌓인 상태에서 시도할 수 있는 기법이다.
③ 관찰은 클라이언트의 행동, 표정 등에 주의를 기울이는 것으로 사회복지실천의 초기과정뿐만 아니라 전 과정에서 중요하게 사용한다.
⑤ 클라이언트가 받아들이기 힘들어하는 해석은 잘못된 해석일 수 있기 때문에 사회복지사의 해석 내용을 강요해서는 안 된다.

18
답·해설 **답 ③** ⇨ 기본개념 8장 & 기출회독 키워드 084

ㄱ. 요약하기: 지난 시간에 나눴던 이야기를 간단히 정리하는 것이다. 면접 중 새로운 주제로 전환할 때 앞선 주제에 대해 정리하기 위해 사용하기도 한다.
ㄴ. 폐쇄형 질문: 예 혹은 아니요로 답할 수 있거나 간단한 사실을 확인할 수 있는 질문 방식이다.
ㄷ. 관찰: 클라이언트의 언어적 표현 뿐만 아니라 표정변화, 작은 움직임, 억양, 침묵 등의 비언어적 표현에도 주의를 기울이는 것이다.

19
답·해설 답 ② ⇨ 기본개념 9장 & 기출회독 키워드 087

문제해결에 도움이 될 만한 개입방식은 사정 이후 계획단계에서 살펴보는 것으로 클라이언트에 대한 자료수집 단계에 해당하지 않는다.

20
답·해설 답 ① ⇨ 기본개념 9장 & 기출회독 키워드 086
오답노트

ㄴ. 접수과정에서 의뢰가 제한되는 것은 아니다. 기관이 클라이언트의 문제를 다룰 만한 서비스가 없거나 서비스를 제공할 수 있는 상황이 아니라면 다른 기관으로 의뢰를 제안할 수 있다.
ㄹ. 클라이언트의 문제가 심각한 수준이라 하더라도 동의 없이 의뢰를 진행해서는 안 된다.

21
답·해설 답 ① ⇨ 기본개념 10장 & 기출회독 키워드 088
오답노트

② 생활주기표는 하나의 표에 클라이언트 및 가족원의 생애주기와 발달과업을 정리하는 것이다. 가족 성원마다 각각 작성하지 않는다.
③ 소시오그램은 집단 프로그램에서 집단 성원들의 관계 및 상호작용을 도식화한다.
④ 가계도는 가족의 문제를 체계적으로 이해할 수 있다.
⑤ 변화과정을 살펴보기 위해 개입 중간중간 생태도 작성을 재실시하기도 한다.

22
답·해설 답 ① ⇨ 기본개념 10장 & 기출회독 키워드 089
오답노트

② 클라이언트에 대한 완전한 이해는 애초에 불가능하다.
③ 수평적 정보는 현재의 인간관계나 능력 등을 의미하며, 수직적 정보는 과거의 경험 등을 의미하는데 초기 과정에서는 수평적 정보에 집중하게 되지만 시간이 지남에 따라 수직적 정보도 살펴보게 된다. 사회복지사는 필요에 따라 수평적 정보와 수직적 정보에 대한 탐색을 적절히 해야 한다.
④ 클라이언트가 하는 말이 모두 사실인 것은 아니다. 클라이언트가 의식적으로 사회복지사를 속이려 하지 않더라도 재구성하거나 재해석할 때도 있기 때문이다.
⑤ 클라이언트가 자신의 문제를 보는 관점이나 태도도 사정의 대상이다.

23
답·해설 답 ⑤ ⇨ 기본개념 12장 & 기출회독 키워드 092

클라이언트가 부여하는 부정적 의미를 긍정적 시각으로 변화시키는 방법이다.

24
답·해설 답 ① ⇨ 기본개념 12장 & 기출회독 키워드 092
오답노트

ㄴ. 모델링은 행동변화기술에 해당한다.
ㄹ. 의사소통기술은 정서적 안정을 돕는 방법, 인지구조 변화를 위한 방법, 상황인식 능력을 향상시키는 방법 등으로 구분해볼 수 있다. 일반화는 정서적 안정을 돕는 방법에 해당한다.

25
답·해설 답 ⑤ ⇨ 기본개념 13장 & 기출회독 키워드 094

형성평가는 프로그램이 일부 진행되었을 때 실시하여 남은 회기 진행에 보완할 점은 없는지, 계획을 수정해야 하는지 등을 점검하는 것으로 개입과정에서 진행된다.

사회복지실천기술론

26	②	27	②	28	④	29	④	30	⑤
31	①	32	⑤	33	④	34	④	35	②
36	③	37	①	38	③	39	②	40	⑤
41	③	42	③	43	⑤	44	④	45	⑤
46	①	47	①	48	④	49	②	50	④

26
답·해설 답 ② ⇨ 기본개념 1장 & 기출회독 키워드 096

②는 과학성에 해당하며, ①③④⑤는 예술성에 해당한다.

27
답·해설 답 ② ⇨ 기본개념 1장 & 기출회독 키워드 095

도전 기술은 클라이언트가 문제를 회피하거나 왜곡할 때에 자신의 문제와 상황을 똑바로 인식할 수 있도록 하는 방법이다.

28
답·해설 답 ④ ⇨ 기본개념 2장 & 기출회독 키워드 097

정신역동모델에서는 클라이언트의 감정 표현을 이끌어내기 위해 전이를 의도적으로 유발시키기도 한다.

29
답·해설 답 ④ ⇨ 기본개념 3장 & 기출회독 키워드 099

ㄴ. 탐색은 클라이언트의 주변 상황을 둘러보도록 하는 것이고 기술은 탐색한 내용을 묘사하도록 하는 것이다. 탐색-기술 과정의 연결선상에서 클라이언트의 감정을 표현하도록 이끄는 것이 환기 과정이다. 과거 경험이 현재에 미치는 영향을 살펴보는 것은 발달적 고찰이다.
ㄹ. 현재 또는 최근 사건에 대해 고찰하여 현실적으로 파악하게 하는 것은 개인-환경에 관한 고찰이다.

30
답·해설 답 ⑤ ⇨ 기본개념 4장 & 기출회독 키워드 103

비합리적 신념에 대한 논박 과정을 통해 인지적 효과, 정서적 효과, 행동적 효과 등을 꾀한다. 인지적 효과는 합리적 신념, 정서적 효과는 적절한 느낌, 행동적 효과는 바람직한 행동을 갖도록 하는 것이다.

31
답·해설 답 ① ⇨ 기본개념 4장 & 기출회독 키워드 102

행동시연은 행동수정의 한 가지 기법으로, 클라이언트로 하여금 특정 행동을 상담 과정에서 시험삼아 해보도록 하는 것이다. 모델의 행동을 따라해보는 방법으로, 보상과 처벌 없이도 행동을 습득할 수 있다는 대리적 조건화 원리를 기반으로 한다.

32
답·해설 답 ⑤ ⇨ 기본개념 5장 & 기출회독 키워드 104

과제중심모델은 클라이언트가 인식한 문제를 중심으로 클라이언트와 사회복지사 간에 합의를 통해 표적문제를 선정하여 표적문제에 대해 초점화된 접근을 한다.

33
답·해설 답 ④ ⇨ 기본개념 6장 & 기출회독 키워드 -

동기강화모델에 해당한다. 클라이언트가 변화에 대해 갖는 양가감정을 탐색하고 해결해가는 과정에서 변화동기를 강화해가는 데에 목적을 둔다.

34
답·해설 답 ④ ⇨ 기본개념 6장 & 기출회독 키워드 107

위기발달단계는 '사회적 위험 → 취약단계 → 위기촉진요인 발생 → 실제 위기단계 → 재통합'의 과정으로 진행되며, 개입은 실제 위기단계에 이루어진다.

35
답·해설 답 ② ⇨ 기본개념 6장 & 기출회독 키워드 097

정신역동모델은 과거나 무의식 등을 분석하기 위해 긴 시간이 소요되기 때문에 단기개입으로는 적합하지 않다.

오답노트
① 해결중심모델은 클라이언트가 제시한 문제, 할 수 있는 것 등에 초점을 두어 단기적이고 경제적으로 진행한다.
③ 인지행동모델은 목표지향적이고 구조화된 접근을 통해 개입을 단기화할 수 있다고 보았다.
④ 동기강화모델은 3개월 이내의 집중적인 단기개입으로 진행되며 이후 사후관리나 사례관리 등으로 연계할 수 있다.
⑤ 과제중심모델은 길어야 2~3개월 정도의 비교적 단기간 내에 변화가 일어난다고 전제한다.

36
답·해설 답 ③ ⇨ 기본개념 7장 & 기출회독 키워드 108
오답노트
ㄱ. 여권주의적 관점이다.
ㄴ. 사회구성주의적 관점이다.

37
답·해설 답 ① ⇨ 기본개념 7장 & 기출회독 키워드 108
오답노트
ㄴ. 가족의 욕구와 문제는 생애주기에 따른 발달과업과 연관되는 경우가 많다. 가족생애주기(가족생활주기)는 임신·출산·육아·자녀교육·자녀독립·은퇴 후 노후생활 등 가족생활의 변화과정으로 가족의 구조와 관계상의 발달 및 변화를 뜻한다. 이러한 가족생

활주기의 각 단계는 가족마다 달라지며 부부의 결혼연령과 자녀출산시기, 자녀 수, 독립기간, 부부의 은퇴나 사망 등의 영향을 받는다. 또한 각 단계마다 일정한 발달과업이 수반되며, 새로운 단계로 전환할 때는 일종의 위기를 경험할 수 있다.

ㄹ. 가족생활주기의 구분은 학자마다 다르다. 듀발(Duvall)이나 콜린즈 외(Collins et al.) 등은 자녀가 없는 부부부터 가족생활주기 단계를 제시한 반면 카터와 맥골드릭(Carter & McGoldrick)은 원가족으로부터 독립한 미혼의 젊은 성인을 첫 번째 단계로 제시하였다.

38

답·해설 답 ③ ⇨ 기본개념 8장 & 기출회독 키워드 110

가족 내 삼각관계는 부부 사이에 긴장이 발생했을 때 제3자인 자녀를 끌어들여 긴장 수준을 완화하려는 현상이다. 사례에서 부부 사이에 긴장 관계가 나타난 것은 아니기 때문에 삼각관계로 볼 수는 없다.

39

답·해설 답 ② ⇨ 기본개념 9장 & 기출회독 키워드 112

사례에서는 지나치게 밀착된 어머니와 아들의 관계에 개입하여 아들의 독립성과 자율성을 확보할 수 있도록 개입한 것이다. 이는 구조적 가족치료모델의 경계 만들기에 해당한다.

오답노트
① 사례에서는 삼각관계가 나타나지는 않았기 때문에 탈삼각화를 진행한 것은 아니다.
③ 시련기법은 전략적 가족치료에서의 개입기법이다.
④ 경험적 가족치료에서는 가족 간 역기능적 의사소통 방식을 기능적 방식으로 교정하는 것을 중요시한다. 사례에서는 어머니와 아들 사이에 구체적인 의사소통 유형이 나타나지는 않았다.
⑤ 균형 깨뜨리기는 가족 사이에 기울어져 있는 균형을 재배치하여 기능적 균형 관계가 되도록 개입하는 것이다. 구조적 가족치료모델의 개입방법 중 하나이다.

40

답·해설 답 ⑤ ⇨ 기본개념 9장 & 기출회독 키워드 113

회유형은 자신을 무시하고 타인과 상황을 존중하여 상대방을 화나지 않게 하기 위해 노력한다. 상황을 회피하기 위해 상황과 무관한 농담을 던지는 것은 혼란형에 해당한다.

41

답·해설 답 ③ ⇨ 기본개념 9장 & 기출회독 키워드 115

해결중심모델은 한 사람의 변화를 통한 파문효과로 가족문제가 해결될 수 있다고 본다. 하지만 클라이언트가 가진 장애나 결함은 되도록 다루지 않으며 그동안 문제를 잘못 다룬 것이 문제라고 보고 이에 초점을 둔다.

42

답·해설 답 ③ ⇨ 기본개념 9장 & 기출회독 키워드 114

전략적 가족치료에서는 순환적 질문을 통해 문제의 순환성을 깨닫도록 한다. 관계성 질문은 해결중심모델에서 사용하는 질문 기법 중 하나이다.

43

답·해설 답 ⑤ ⇨ 기본개념 9장 & 기출회독 키워드 111

가계도를 작성하면서 가족성원들과의 관계를 살펴보는 것은 보웬의 다세대 가족치료모델이다.

44

답·해설 답 ④ ⇨ 기본개념 10장 & 기출회독 키워드 118

하위집단은 매력을 느끼는 성원들끼리 소규모 집단을 구성하는 것을 말한다. 하위집단 간에 경쟁이나 갈등이 일어나기도 하고 하위집단 내에서도 균열이 있을 수 있기 때문에 항상 집단응집력에 도움이 된다고 단정할 수는 없다.

45

답·해설 답 ⑤ ⇨ 기본개념 10장 & 기출회독 키워드 118

집단 응집력이 높을수록 성원들의 자기개방이 용이하다.

46

답·해설 답 ① ⇨ 기본개념 11장 & 기출회독 키워드 125

오답노트
② 개방형 집단도 계획대로 운영이 되었는지, 집단을 통해 어떤 성과가 있었는지 등을 평가한다.
③ 성장집단은 성원들이 새로운 행동을 시험해보고 서로 피드백하면서 사회심리적 건강을 향상하고 잠재력을 발전시키는 데에 초점을 둔다. 이질성을 중심으로 구성하며 서로 피드백하는 과정에서 다른 방식으로 생각하고 행동하는 것을 배우며 성장할 수 있기 때문에 동질성을 중심으로 구성해야 하는 것은 아니다.
④ 자조집단은 집단성원의 자율적 의지로 구성되고 운영되는 것이 원칙이기 때문에 계획과 다르게 운영된다 하더라도 집단지도자가 개입하는 것이 옳은 것은 아니다.
⑤ 과업집단은 과업의 달성을 목적으로 하지만 성과에 대한 평가만 진행하는 것은 아니다.

47

답·해설 답 ① ⇨ 기본개념 11장 & 기출회독 키워드 122

집단의 재구조화는 집단활동이 어느 정도 진행되었을 때 점검을 통해 고려할 사항이므로 초기단계 사정의 목적으로는 적절하지 않다.

48

답·해설 답 ④ ⇨ 기본개념 11장 & 기출회독 키워드 122

오답노트
ㄴ. 소시오그램은 집단 성원 간 상호작용을 표현한 그림으로 하위집단의 형성, 삼각관계의 형성, 소외된 성원, 결속의 강도 등을 파악할 수 있지만 집단 내에 암묵적 규칙을 파악하기는 어렵다.

49
답·해설 답 ② ⇨ 기본개념 12장 & 기출회독 키워드 126
오답노트

ㄱ. S(Subjective Information, 주관적 정보): 클라이언트에 대한 기초자료, 클라이언트가 상황에 대해 느끼는 인식 및 감정 등 클라이언트가 표현하는 내용이 해당한다.
ㄴ. O(Objective Information, 객관적 정보): 전문적인 심리검사 자료를 통해 얻은 결과물과 클라이언트에 대한 사회복지사의 관찰 결과를 포함한다.

50
답·해설 답 ④ ⇨ 기본개념 13장 & 기출회독 키워드 128
오답노트

① 단일사례설계는 가설 검증이 아닌 표적행동에 대한 개입의 효과성을 규명하는 데에 주된 목적이 있다.
② 문제 확인 및 규정 → 변수 선정 → 측정대상 선정 → 개입목표 설정 → 조사설계 → 실시 → 평가의 과정으로 진행된다.
③ BAB설계와 같이 기초선단계가 없이 개입단계 먼저 진행할 수도 있다.
⑤ 개인, 가족, 소집단 등을 대상으로 적용할 수 있다.

지역사회복지론

51	③	52	④	53	④	54	④	55	③
56	②	57	③	58	①	59	④	60	④
61	⑤	62	①	63	④	64	⑤	65	④
66	⑤	67	②	68	⑤	69	②	70	④
71	①	72	②	73	①	74	⑤	75	③

51
답·해설 답 ③ ⇨ 기본개념 1장 & 기출회독 키워드 129

인구크기, 경제적 기반, 행정구역, 인구구성의 사회적 특수성 등에 따라 유형화한 학자는 던햄(Dunham)이다.

52
답·해설 답 ④ ⇨ 기본개념 2장 & 기출회독 키워드 133

사회복지사업의 전통적인 분류는 개별사회복지, 집단사회복지, 지역사회조직 등 세 가지로 나뉜다. 지역사회조직은 지역주민의 자율적인 활동이라기보다 전문 사회복지기관과 사회복지사에 의해 조직적, 의도적, 계획적으로 이루어진다.

53
답·해설 답 ④ ⇨ 기본개념 2장 & 기출회독 키워드 131

지역사회보호는 수용시설의 한계를 지적하며 사회적 보호가 필요한 사람들이 가정 또는 가정과 유사한 환경에서 일상적인 삶을 유지하며 살아갈 수 있도록 해야 한다는 것이다.

54
답·해설 답 ④ ⇨ 기본개념 3장 & 기출회독 키워드 135

1968년 시봄 보고서는 가족, 이웃 등에 의한 비공식 서비스에 초점을 두었다.

55
답·해설 답 ③ ⇨ 기본개념 3장 & 기출회독 키워드 134
오답노트

① 1992년에 설치된 재가복지봉사센터는 2010년 종합사회복지관의 재가복지봉사서비스로 흡수되었다.
② 국민기초생활보장법은 1999년 제정되어 이듬해 시행되었다.
④ 사회보장급여의 이용·제공 및 수급권자 발굴에 관한 법률 제정으로 2015년부터 지역사회보장협의체로 대체되었다.
⑤ 2016년 읍·면·동 복지허브화 사업을 통해 행정복지센터가 출범하기 시작했다.

56
답 ② ⇨ 기본개념 4장 & 기출회독 키워드 138

지역사회는 집중된 권력에 의해 좌우되기 때문에 사회복지사는 주민의 욕구가 반영될 수 있도록 해야 한다는 것은 엘리트주의에 해당한다.

57
답 ③ ⇨ 기본개념 4장 & 기출회독 키워드 138
오답노트

① 사회학습이론: 지역주민에게 영향을 주는 지역사회 및 환경에 대한 학습을 통해 주민들의 역량을 강화시킴으로써 지역사회의 발전을 이끌어낼 수 있다고 본다.
② 지역사회 개방이론: 전통적인 지리적 지역사회의 개념에 기능적 지역사회를 포괄하여 현대사회의 지역사회에 대해 과거 지역성의 의미에서 벗어나 새로운 개념으로서 접근한다.
④ 상호조직이론: 조직 상호 간의 지지와 조정, 협력이 지역사회의 원동력이 될 수 있다고 보는 이론이다.
⑤ 사회체계이론: 지역사회를 하나의 체계로 간주하고 지역사회와 환경의 관계를 설명한다.

58
답 ① ⇨ 기본개념 4장 & 기출회독 키워드 138

사회권력이나 자원 등이 불평등한 관계에서는 갈등이 불가피하게 일어난다고 보았다.

59
답 ④ ⇨ 기본개념 5장 & 기출회독 키워드 141
오답노트

① 로스만은 과정중심 목표와 과업중심 목표로 구분하였으며, 사회행동모델은 과업중심적 성격과 과정중심적 성격이 모두 있으면서도 과업중심적 성향이 더 짙다.
② 로스만의 지역사회개발모델은 이익집단도 지역사회의 문제해결을 위해 공동의 노력을 할 수 있다는 관점을 갖기 때문에 피억압집단뿐만 아니라 지역사회를 구성하는 다양한 집단의 참여와 합의를 통해 문제를 해결해나가는 모델이다.
③ 웨일과 갬블의 지역사회의 사회·경제개발모델은 로스만의 지역사회개발모델에서 세분화된 모델이다.
⑤ 포플의 모델 중 우선순위를 결정하여 프로그램의 기획, 자원동원, 실행 및 평가에 중점을 두는 모델은 사회·지역계획모델이다. 프로그램 개발 및 조정모델은 테일러와 로버츠의 모델에 해당한다.

60
답 ④ ⇨ 기본개념 5장 & 기출회독 키워드 140
오답노트

ㄱ. 정치·사회행동모델, 연합모델, 사회운동모델 등은 로스만의 사회행동모델을 세분화한 것이다.

61
답 ⑤ ⇨ 기본개념 5장 & 기출회독 키워드 -

포플이 제시한 지역사회복지 실천모델 중 사회·지역계획에 해당한다. 포플은 지역사회복지모델을 총 8개로 제시하였는데, 1) 지역사회보호, 2) 지역사회조직, 3) 지역사회개발, 4) 사회·지역계획, 5) 지역사회교육, 6) 지역사회행동, 7) 여권주의적 지역사회사업, 8) 인종차별철폐 지역사회사업이다.

62
답 ① ⇨ 기본개념 6장 & 기출회독 키워드 142

지역사회 내 여러 욕구 중 어떤 욕구가 절대적으로 중요하다고 말할 수는 없으며, 상대적 중요성을 파악하는 것이 필요하다. 이것이 곧 우선순위가 된다.

63
답 ④ ⇨ 기본개념 6장 & 기출회독 키워드 144
오답노트

① 목표설정은 계획 단계의 과업이다.
② 참여자들의 동기 강화는 실행 단계의 과업이다.
③ 네트워크 구축은 실행 단계의 과업이다.
⑤ 평가를 어떻게 진행할지에 관한 계획은 계획 단계에서 수립한다.

64
답 ⑤ ⇨ 기본개념 7장 & 기출회독 키워드 146

행동가로서의 역할은 사회행동모델에서 강조되는 사회복지사의 역할로, 갈등적인 상황에서 클라이언트의 행동을 조직화하는 데에 초점을 둔다. 사회복지사 활동의 적극성이 가장 강하게 나타나는 역할이다.

65
답 ④ ⇨ 기본개념 8장 & 기출회독 키워드 148

한 번 획득된다고 해서 유지되지 않기 때문에 유지를 위한 지속적인 노력이 투입되어야 한다.

66
답 ⑤ ⇨ 기본개념 8장 & 기출회독 키워드 147
오답노트

① 장기적 관점에서 조직되기 때문에 문제가 해결되었다고 해서 해산되는 것은 아니다.
② 지역사회의 문제해결을 위해 주민들을 결집시키는 것으로 사회행동모델의 차원에서 이루어지기도 하지만 지역사회개발모델의 측면에서 이루어지기도 한다.
③ 조직화 기술은 지역사회 내에 다양한 갈등이 존재할 수 있음을 전제로 하지만, 이러한 갈등상황이 모두 해결가능한 일시적인 것이라고 전제하지는 않는다.
④ 사회복지사의 활동이 전문가주의로 흐르지 않도록 유의해야 한다.

67
답 ② ⇨ 기본개념 9장 & 기출회독 키워드 150

옹호를 위한 전술로 설득, 표적을 난처하게 하기, 정치적 압력, 탄원서 서명, 청원, 청문·고충처리·이의신청 등이 있다. ① 정치적 압력은 유권자가 가진 정치적 힘을 이용해 시도의원에게 지역의 현안을 논의하는 것이다. ③ 청원은 다수인의 서명지를 통해 특정 기관에 일정한 조치를 취할 것을 요청하는 것으로 청원법을 따른다.

68
답·해설 답 ⑤ ⇨ 기본개념 10장 & 기출회독 키워드 152
오답노트

① 시장·군수·구청장은 지역주민 등 이해관계인의 의견을 들은 후 계획을 수립한다.
② 시·군·구 계획은 지역사회보장협의체의 심의와 해당 시·군·구 의회의 보고를 거친다.
③ 시·군·구 계획은 전년도 9월 30일까지, 그 연차별 시행계획은 시행연도의 전년도 11월 30일까지 시·도지사에게 제출해야 한다.
④ 시·도지사는 수립된 시·도 계획을 시·도 사회보장위원회의 심의와 해당 시·도 의회의 보고를 거쳐 보건복지부장관에게 제출해야 한다.

69
답·해설 답 ② ⇨ 기본개념 10장 & 기출회독 키워드 153
오답노트

① 사회복지사업법에 따라 지역사회복지협의체로 설치되었다가 2015년 7월 시행된 사회보장급여의 이용·제공 및 수급권자 발굴에 관한 법률로 이관되었다.
③ 보건복지부장관은 시·도 및 시·군·구의 사회보장 추진 현황 분석, 지역사회보장계획의 평가, 지역 간 사회보장의 균형발전 지원 등의 업무를 효과적으로 수행하기 위하여 지역사회보장균형발전지원센터를 설치·운영 할 수 있다.
④ 실무협의체 및 실무분과의 구성과 운영에 관한 사항은 법률로 정한 사항 외에는 시·군·구 조례로 정할 수 있다.
⑤ 읍·면·동 단위 협의체는 읍·면·동장의 추천을 받아 시·군·구청장이 위촉하여 구성한다.

70
답·해설 답 ④ ⇨ 기본개념 10장 & 기출회독 키워드 154

지역사회보장계획의 수립·실행은 지방정부(시·군·구 및 시·도)에서 진행한다.

71
답·해설 답 ① ⇨ 기본개념 11장 & 기출회독 키워드 156

복지허브화는 시·군·구가 아닌 읍·면·동 단위이다.

72
답·해설 답 ② ⇨ 기본개념 12장 & 기출회독 키워드 158
오답노트

ㄱ. 「국민기초생활보장법」상 "수급자 및 차상위자는 상호 협력하여 자활기업을 설립·운영할 수 있다"고 규정하고 있다.
ㄹ. 사회적 협동조합은 비영리법인으로 설립한다.

73
답·해설 답 ① ⇨ 기본개념 12장 & 기출회독 키워드 157
오답노트

② 서비스 제공 기능은 세부적으로 가족기능 강화, 지역사회보호, 교육문화, 자활지원 등 기타 사업으로 구분된다. 가족기능 강화 사업이 지역사회보호 사업에 속하는 것은 아니다.
③ 지역조직화 기능 안에 복지네트워크 구축, 주민조직화, 자원 개발 및 관리 등의 사업분야가 있다.
④ 자원봉사자 및 후원자의 개발·관리 등은 지역조직화 기능 중 자원 개발 및 관리 사업분야에 해당한다.
⑤ 성인기능교실은 교육문화 사업분야에 해당한다.

74
답·해설 답 ⑤ ⇨ 기본개념 13장 & 기출회독 키워드 162

지역사회복지운동은 의도적인 조직적 활동이다.

75
답·해설 답 ③ ⇨ 기본개념 13장 & 기출회독 키워드 161
오답노트

ㄱ. 주민통제 단계는 주민 스스로 입안하며, 결정, 집행, 평가 등 거의 전 단계에 걸쳐 주민이 통제하는 단계이다.
ㄹ. 치료 단계는 행정이 일방적으로 주민들의 불만을 일정 사업에 어느 정도 반영해주는 수준에 그치는 비참여 상태이다.

3교시 사회복지정책과 제도

사회복지정책론

1	④	2	③	3	④	4	②	5	①
6	①	7	③	8	⑤	9	⑤	10	⑤
11	④	12	②	13	①	14	③	15	①
16	②	17	③	18	③	19	③	20	⑤
21	①	22	②	23	②	24	③	25	②

1
답·해설 답 ④ ⇨ 기본개념 1장 & 기출회독 키워드 163

공공부조는 대상효율성은 높지만 운영효율성은 낮다고 볼 수 있다.

2
답·해설 답 ③ ⇨ 기본개념 1장 & 기출회독 키워드 165
오답노트

ㄴ. 의료서비스는 가치재의 대표적인 예이다. 가치재란 모든 국민에게 최소한 일정 수준 이상의 혜택이 돌아갈 필요가 있는 재화 및 서비스를 의미한다.
ㄹ. 수요자와 공급자 모두가 서비스에 대한 충분한 정보를 가지고 있어야 시장을 통한 수요와 공급이 원활하게 이루어질 수 있다. 하지만 대부분의 수요자는 어떤 질병에 대해 어떤 치료가 효과적인지에 대한 전문적 지식이 부족한 경우가 많다. 반면 공급자인 의사는 의료서비스에 대한 정보를 파악하고 있다. 이러한 정보의 비대칭성으로 역 선택의 문제와 도덕적 해이 현상이 발생할 수 있다.

3
답·해설 답 ④ ⇨ 기본개념 1장 & 기출회독 키워드 164
오답노트

ㄱ. 자본주의 경제체제 유지를 위하여 사회복지정책이 필요하다고 설명되기도 한다. 사회복지정책이 항상 경제에 부정적인 영향을 미치는 것은 아니며, 오히려 자동안정화 기능과 자본축적 기능을 통해 경제성장에 긍정적 영향을 미칠 수 있다는 주장도 있다.

4
답·해설 답 ② ⇨ 기본개념 2장 & 기출회독 키워드 167

1935년 미국의 사회보장법은 최초로 사회보장(Social Security)이라는 용어를 공식화했다는 데에 의의가 있다.

5
답·해설 답 ① ⇨ 기본개념 2장 & 기출회독 키워드 166

국가의 도움을 받는 사람의 처우는 스스로 벌어서 생활하는 최하위 노동자의 생활보다 더 높지 않아야 한다는 원칙을 갖고 있다. 이는 영국의 개정 빈민법의 주요 원칙 중 하나인 '열등처우의 원칙'에 해당한다.

6
답·해설 답 ① ⇨ 기본개념 3장 & 기출회독 키워드 169

국가중심이론은 사회복지의 수요 증대에 초점을 맞춘 이론들과 달리, 사회복지의 공급 측면에 초점을 두고 복지국가 발전을 설명하는 이론이다. 복지국가의 발전에 있어서 국가조직의 형태(중앙집권적/지방분권적 또는 조합주의적/다원주의적), 사회복지정책을 담당하는 정부부처, 전문관료의 개혁성 등과 같은 사회복지를 제공하는 주체(국가)의 측면에 주목한다.

7
답·해설 답 ③ ⇨ 기본개념 3장 & 기출회독 키워드 170
오답노트

① 빈민과 같은 요보호 대상자를 대상으로 하여 사회적으로 최저한의 급부를 주는 역할만을 수행하는 것은 윌렌스키와 르보의 '잔여적 모형'이다.
② 보편적 욕구 충족을 기반으로 하여 시장경제 메커니즘 밖에서 보편적 서비스를 제공하는 기본적이고 종합적인 모형은 티트머스의 '제도적 재분배 모형'이다.
④ 경제정책과 사회복지정책이 분리되어 있으며 사회복지정책은 잔여적인 역할에 국한된다고 본 것은 미쉬라의 '분화된 복지국가 모형'이다.
⑤ 공공부문의 사회복지서비스의 역할은 미미한 편이며, 민간부문의 역할을 강조하는 것은 에스핑-앤더슨의 '자유주의적 복지국가 모형'이다.

8
답·해설 답 ⑤ ⇨ 기본개념 3장 & 기출회독 키워드 171

국가의 적극적인 시장 개입을 통해 시장경제의 위기를 해결할 수 있다는 케인즈의 경제이론을 케인즈주의라고 한다. 케인즈는 실업을 줄이고 경기를 회복시키기 위해서는 생산물 총수요를 증대시켜야 하며, 이를 위해 공공사업을 일으켜 정부지출을 증대시키고 조세를 감면해 주는 등 적극적인 재정정책이 필요하다고 주장했다.

9
답·해설 답 ⑤ ⇨ 기본개념 4장 & 기출회독 키워드 172

정책평가는 다양한 이론의 형성에 기여할 수는 있지만, 정책을 결정하기 위한 이론을 형성하기 위한 것이 정책평가의 필요성이라고 볼 수는 없다.

10
답·해설 답 ⑤ ⇨ 기본개념 5장 & 기출회독 키워드 174

모두 옳은 내용이다. 과정분석은 정책의 형성과정을 분석하고, 산물분석은 정책의 운영(행정)과 관련된 문제들을 분석하며, 성과분석은 정책이 실행된 결과나 영향을 평가한다.

11
답·해설 답 ④ ⇨ 기본개념 5장 & 기출회독 키워드 175
오답노트

① 건강보험은 사회보험제도로서 보험료 기여에 따라 급여를 제공하며, 연령에 따른 인구학적 기준은 적용되지 않는다.
② 장애인연금은 인구학적 기준과 진단적 차등, 자산조사에 따른 선별주의적인 공공부조제도이다.
③ 산업재해보상보험은 사회보험제도로서 진단적 차등과 함께 보험료 기여를 기준으로 급여가 제공된다.
⑤ 노인장기요양보험은 자산조사 기준이 적용되지 않는다. 인구학적 기준과 진단적 차등, 그리고 사회보험제도로서 보험료 기여를 기준으로 급여를 제공한다.

12
답·해설 답 ② ⇨ 기본개념 5장 & 기출회독 키워드 176
오답노트

① 현물급여는 정치적인 측면에서 세금이 반드시 필요한 곳에 쓰인다는 것을 보여줄 수 있어서 정치적으로 선호되기도 한다.
③ 현금급여는 소비자 주권을 높일 수 있다.
④ 현금급여, 바우처, 현물급여 중 소비자 선택권은 현물급여가 가장 낮다.
⑤ 기회(opportunity)는 무형의 급여 행태로서 장애인의 무고용제도, 여성고용할당제 등이 이에 해당한다.

13
답·해설 답 ① ⇨ 기본개념 5장 & 기출회독 키워드 177

많은 수의 저소득층은 소득이 낮아 과세대상에서 제외되어 이러한 복지성 조세감면 혜택을 누리지 못할 뿐만 아니라 소득이 높을수록 공제대상 지출이 높기 때문에 고소득층이 유리하다. 또한 누진적인 개인소득세 구조에서 소득이 높을수록 조세감면의 액수가 커지기 때문에 고소득층이 유리하다.

14
답·해설 답 ③ ⇨ 기본개념 5장 & 기출회독 키워드 178

ㄹ. 지방 정부의 재량권을 기준으로 작은 것에서 큰 순서로 나열하면 범주적 보조금 < 포괄 보조금 < 일반 교부세 순으로 나열할 수 있다.

15
답·해설 답 ① ⇨ 기본개념 6장 & 기출회독 키워드 179
오답노트

② 사회보험은 기여금, 부담금 등을 재원으로 하며, 공공부조는 조세를 재원으로 한다.
③ 사회보험은 자산조사에 근거하지 않으며, 공공부조는 자산조사를 실시한다.
④ 사회보험은 공공부조에 비해 수직적 재분배 효과가 낮다.
⑤ 사회보험은 보편주의를 기반으로 하며, 공공부조는 선별주의를 기반으로 한다.

16
답·해설 답 ② ⇨ 기본개념 6장 & 기출회독 키워드 179
오답노트

ㄱ. 사회수당 제도는 비기여·비자산 조사의 형태이다.
ㄴ. 우리나라의 사회수당 제도는 아직 보편주의적 가치를 완벽하게 반영하지 못하고 있다.
ㄷ. 사회보장제도 중 가장 오래된 유형은 공공부조제도와 같은 비기여·자산조사의 형태이다.

17
답·해설 답 ③ ⇨ 기본개념 7장 & 기출회독 키워드 180

ㄴ. 부과방식은 매년 전체 가입자가 낸 보험료 등으로 당해 연도에 지급해야 할 연금급여를 충당하는 방식이다. 세대 간 재분배 효과가 크지만, 인구구조 변화에 상당한 영향을 받는다는 단점이 있다.

18
답·해설 답 ① ⇨ 기본개념 8장 & 기출회독 키워드 183

ㄱ. 행위별 수가제는 환자에게 많은 진료를 제공하면 할수록 의사 또는 의료기관의 수입이 증가하게 되어 과잉진료 등을 초래할 우려가 있다. 과잉진료 및 신의료기술의 지나친 적용으로 국민의료비가 증가할 가능성이 크다.
ㄴ. 우리나라는 행위별 수가제를 기본으로 하면서 포괄수가제의 적용도 확대하고 있다.

19
답·해설 답 ⑤ ⇨ 기본개념 8장 & 기출회독 키워드 184

장기요양기관으로 지정을 받을 수 있는 시설은 노인복지법에 따른 노인복지시설 중 노인의료복지시설(노인요양시설, 노인요양공동생활가정) 및 재가노인복지시설(방문요양서비스, 주·야간보호서비스, 단기보호서비스, 방문 목욕서비스 등을 제공하는 것이 목적인 시설)로 한다.

20
답·해설 답 ⑤ ⇨ 기본개념 9장 & 기출회독 키워드 185

산재가 발생하면 노동자는 요양급여와 휴업급여를 받게 되는데, 중증요양상태등급에 해당되는 2년 이상의 장기 요양자에게는 휴업급여 대신 상병보상연금을 지급한다.

21
답·해설 답 ① ⇨ 기본개념 10장 & 기출회독 키워드 186

구직급여의 급여일수는 대기기간을 제외하고 산정한다. 구직급여를 지급받을 수 있는 날은 대기기간이 끝난 다음 날부터 계산하기 시작하여 피보험 기간과 연령에 따라 정한 일수가 되는 날까지로 한다.

22
답·해설 답 ② ⇨ 기본개념 11장 & 기출회독 키워드 188

수급자 및 차상위자가 상호 협력하여 조합 또는 공동 사업자 등의 형태로 저소득층의 일자리 창출 및 탈빈곤을 위한 자활사업을 운영하는 업체를 자활기업이라고 한다.

23
답·해설 답 ② ⇨ 기본개념 11장 & 기출회독 키워드 187
오답노트

ㄴ. 타운센드(Townsend)는 절대적 빈곤 개념을 비판하며, 상대적 박탈의 개념을 구체화했다.
ㄹ. 절대적 빈곤은 경제발전에 따라 소득수준이 상승하면 일정 부분 완화될 수 있지만, 상대적 빈곤은 불평등과 상대적 박탈감에 따라 느끼게 되므로 경제발전에 따라 완화된다고 볼 수는 없다.

24
답·해설 답 ③ ⇨ 기본개념 11장 & 기출회독 키워드 188

의료급여 수급자가 의료급여를 받을 수 있는 급여일수에는 상한이 있다.

25
답·해설 답 ② ⇨ 기본개념 11장 & 기출회독 키워드 187
오답노트

ㄴ. 완전평등선에서 아래쪽으로 볼록한 면적이 넓을수록 불평등 정도가 심하다고 해석할 수 있다.
ㄹ. 시장소득 지니계수는 시장소득을 토대로 계산하고, 가처분소득 지니계수는 가처분소득을 토대로 계산하기 때문에 같은 값을 갖지 않는다. 시장소득 지니계수가 높고 가처분소득 지니계수가 낮게 나타나면 시장에 따른 불평등은 심하지만 국가의 개입을 통해 불평등 정도가 완화된다고 판단할 수 있다.

사회복지행정론

26	①	27	⑤	28	③	29	②	30	①
31	⑤	32	②	33	①	34	①	35	③
36	③	37	③	38	②	39	①	40	⑤
41	③	42	③	43	①	44	⑤	45	⑤
46	①	47	①	48	⑤	49	②	50	④

26
답·해설 답 ① ⇨ 기본개념 1장 & 기출회독 키워드 190

사례에서의 초점은 생활시설이 3교대 방식이나 주중-주말 등의 방식으로 운영된다는 점에 있다. 따라서 여러 근무자가 동일한 업무를 시간에 따라 나누어 수행하는 직무공유로 인해 근무자들 간의 의사소통 조정 장치가 필요하다.

27
답·해설 답 ⑤ ⇨ 기본개념 2장 & 기출회독 키워드 191
오답노트

① 보건복지사무소 시범사업은 1995년부터 1999년까지 운영되었고, 사회복지사무소 시범사업은 2004년부터 2006년까지 운영되었다.
② 2005년부터 지역사회복지계획이 수립되었고 2015년부터 지역사회복지계획을 지역사회보장계획으로 확대하였다.
③ 희망복지지원단 설치는 시·군·구 단위에 이루어졌다.
④ 복지 허브화 사업은 읍·면·동 단위이다.

28
답·해설 답 ③ ⇨ 기본개념 3장 & 기출회독 키워드 196

인간관계이론은 조직을 둘러싼 환경적 변수를 고려하지 못한 폐쇄체계적 관점의 이론이다.

29
답·해설 답 ② ⇨ 기본개념 3장 & 기출회독 키워드 193

TQM에서는 합리적인 조직관리를 위해 분권화함으로써 조직의 민주화에 기여한 측면이 있다.

30
답·해설 답 ① ⇨ 기본개념 3장 & 기출회독 키워드 194
오답노트

② 목표관리론은 목표달성을 위한 집단적 노력에는 개개인의 참여와 협조가 필요하며, 이를 위해 구성원 개개인의 동기유발을 중요시하였다.
③ 업무의 동작과 시간을 분석하여 효율적인 분업을 체계화한 것은 과학적 관리론에 해당한다.

④ 조직군 생태론은 환경결정론적 시간의 이론으로, 조직이 환경을 변화시켜 나가는 것이 아니라 환경이 환경에 적합한 조직군을 선택한다고 설명하였다.
⑤ 제도이론은 환경이 가진 제도적 조건들에 의해 조직의 성격이 결정된다고 본 이론으로, 법적 조건에 따른 조직의 정당성, 성공적인 조직에 대한 모방, 전문직의 규범화 등 제도적 동형화 과정을 설명하였다.

31
답·해설 답 ⑤ ▷ 기본개념 3장 & 기출회독 키워드 194

모두 옳은 내용이다. 상황이론, 정치경제이론, (신)제도이론, 조직군 생태이론 등은 모두 조직에 대한 환경의 영향력을 고려했지만, 각 이론마다 설정된 환경이나 환경에 대한 입장은 조금씩 다르다.

32
답·해설 답 ② ▷ 기본개념 4장 & 기출회독 키워드 199

적극적이고 협조적으로 참여하며 성공 가능성이 높을 것으로 기대되는 클라이언트를 위주로 선발하려는 경향을 크리밍 현상이라고 한다.

33
답·해설 답 ① ▷ 기본개념 5장 & 기출회독 키워드 201

ㄱ. 적절성의 원칙은 서비스의 양과 질이 클라이언트의 문제를 해결하고 욕구를 충족할 수 있는 정도로 충분히 제공되어야 함을 의미한다.
ㄷ. 통합성의 원칙은 서비스의 중복 및 누락 방지에 관한 것이다. 홍보물 제작은 접근성의 원칙과 관련된다.

34
답·해설 답 ① ▷ 기본개념 5장 & 기출회독 키워드 202

사회복지협의회, 자원봉사센터, 공동모금회 등은 간접 서비스 기관이다.

35
답·해설 답 ③ ▷ 기본개념 6장 & 기출회독 키워드 203

PERT는 목표에 도달하기 위해 필요한 활동들을 연결하여 도식화하기 때문에 활동 간 상관관계 및 전체적인 활동 흐름을 파악할 수 있다.

36
답·해설 답 ③ ▷ 기본개념 6장 & 기출회독 키워드 205

문제해결 결정은 수집된 정보를 분석하고 연구하는 객관적이고 과학적인 과정을 포함하며 합리적인 절차를 통해 이루어지기 때문에 즉각적인 결정이 불필요한 경우에 주로 사용된다.

37
답·해설 답 ③ ▷ 기본개념 6장 & 기출회독 키워드 204

전략 기획은 한번 수립되었더라도 조직의 내외부적 상황에 따라 근본적인 방향까지도 수정될 수 있다.

38
답·해설 답 ② ▷ 기본개념 7장 & 기출회독 키워드 206

경쟁가치 리더십 모델
· 경계잇기기술 영역: 외부지향적, 비집권적
· 지휘기술 영역: 외부지향적, 집권적
· 조정기술 영역: 내부지향적, 집권적
· 인간관계기술 영역: 내부지향적, 비집권적

39
답·해설 답 ① ▷ 기본개념 7장 & 기출회독 키워드 206
오답노트

② 리더가 보이는 행동유형에 따라 성공적인 리더를 구별하고자 한 것은 특성론적 접근이 아닌 행태론적 접근에 해당한다.
③ 미시간연구에서는 구성원 중심 리더십이 더 높은 생산성을 보인다는 결론을 도출했다.
④ 리더의 독단이 역효과를 일으킬 수 있다는 것은 카리스마 리더십에 해당한다.
⑤ 하나의 조직 내에서도 각 부서마다 업무 특성과 분위기가 다를 수 있기 때문에 거래적 리더십과 변혁적 리더십이 양립할 수 있다.

40
답·해설 답 ⑤ ▷ 기본개념 8장 & 기출회독 키워드 208

모두 옳은 설명이다.

41
답·해설 답 ③ ▷ 기본개념 8장 & 기출회독 키워드 209

알더퍼(Alderfer)의 ERG이론
· E(존재욕구): 급여, 육체적 작업에 대한 욕구, 물질적 욕구 등 존재 확보에 필요한 욕구
· R(관계욕구): 소속감, 인간관계 등 사회적 욕구
· G(성장욕구): 잠재력 개발 등 자존감 및 자기실현 욕구

42
답·해설 답 ③ ▷ 기본개념 8장 & 기출회독 키워드 208

직무내용 및 핵심과업 등을 중심으로 기록하는 것은 직무기술서이다. 직무명세서는 직무를 수행함에 있어 요구되는 자격, 학력 등을 비롯해 요구되는 능력과 자격을 중심으로 기술한 것이다.

43
답·해설 답 ① ▷ 기본개념 9장 & 기출회독 키워드 211

프로그램기획 예산은 어떤 사업이 어떤 목적을 위해 얼마의 비용이 필요한지를 나타낸다. 구체적인 항목이나 단위원가가 제시되지는 않는다.

44
답·해설 답 ⑤ ▷ 기본개념 9장 & 기출회독 키워드 212

예산보고서에는 예산총칙, 세입·세출명세서, 추정재무상태표, 추정수지계산서, 임직원 보수 일람표, 예산을 의결한 이사회 회의록 또는 예산을 보고받은 시설운영위원

회 회의록 사본 등을 첨부해야 한다. 세입·세출결산서는 결산보고서에 첨부해야 할 서류이다.

45
답·해설 답 ⑤ ⇨ 기본개념 10장 & 기출회독 키워드 215

일반집단 → 위기집단 → 표적집단 → 클라이언트 집단 순으로 범위를 좁혀가며 클라이언트 규모를 가늠해본다.

46
답·해설 답 ① ⇨ 기본개념 10장 & 기출회독 키워드 214

오답노트
ㄴ. 활동은 실제 프로그램의 실행을 의미한다. 전문가 모집은 투입에 해당한다.
ㄹ. 성과는 프로그램의 실행에 따른 변화를 말한다. 제시된 프로그램은 스트레스 완화를 위한 프로그램이기 때문에 성과는 참여자의 스트레스 완화로 제시될 수 있다.

47
답·해설 답 ① ⇨ 기본개념 11장 & 기출회독 키워드 216

서비스 최저기준 적용 사항
- 시설 이용자의 인권
- 시설의 환경
- 시설의 운영
- 시설의 안전관리
- 시설의 인력관리
- 지역사회 연계
- 서비스의 과정 및 결과
- 그 밖에 서비스 최저기준 유지에 필요한 사항

48
답·해설 답 ⑤ ⇨ 기본개념 12장 & 기출회독 키워드 219

공익연계마케팅은 기업과 연계하는 방식으로, 기업이 수익의 일부를 기관에 후원하는 물품을 판매함으로써 기업은 좋은 이미지를 만들고 기관은 재정을 확보할 수 있게 된다.

49
답·해설 답 ② ⇨ 기본개념 13장 & 기출회독 키워드 221

조직혁신은 조직이 설정한 목표에 대해 의도한 바에 따라 계획적으로 진행되는 것이다.

50
답·해설 답 ④ ⇨ 기본개념 13장 & 기출회독 키워드 221

연합전략은 여러 조직들이 사업을 위해 합동하여 자원을 합하는 전략으로 협동전략에 속한다.

오답노트
① 권위주의 전략은 이미 자금과 권위를 가지고 있는 정부조직들에게 유리하다.
② 두 조직 간에 지원이나 서비스의 교환을 하였다면 협동전략 중 계약전략이다.
③ 방해전략도 환경관리 전략에 포함된다. 정당한 요구가 묵살되거나 이념적 갈등이 존재하는 경우 등에 한해 신중하게 사용해야 하는 전략이다.
⑤ 크리밍 현상은 경쟁전략을 잘못 사용할 경우 야기되는 현상이다.

사회복지법제론

51	②	52	②	53	③	54	⑤	55	④
56	⑤	57	③	58	⑤	59	④	60	③
61	④	62	④	63	⑤	64	②	65	①
66	③	67	②	68	①	69	④	70	②
71	⑤	72	③	73	⑤	74	④	75	③

51
답·해설 **답 ②** ⇨ 기본개념 1장 & 기출회독 키워드 224

본회의에서 법률안이 의결되면 정부에 이송되어 15일 이내에 대통령이 공포하게 된다.

52
답·해설 **답 ②** ⇨ 기본개념 1장 & 기출회독 키워드 225
오답노트
① 지방자치단체의 조례 제정권은 헌법 제117조 "지방자치단체는 주민의 복리에 관한 사무를 처리하고 재산을 관리하며, 법령의 범위 안에서 자치에 관한 규정을 제정할 수 있다"는 규정에 따라 부여된 권리이다.
③ 조례는 해당 지역에서만 법적 구속력을 갖는다.
④ 법령을 위반하여 제정된 조례는 효력이 없다.
⑤ 지역사회보장협의체의 조직 및 운영에 관하여 법률에서 규정한 사항 외에 필요한 사항은 시·군·구 의회의 의결을 거쳐 조례로서 정한다.

53
답·해설 **답 ③** ⇨ 기본개념 2장 & 기출회독 키워드 227

ㄱ. 산업재해보상보험법(1963년 제정) - ㄹ. 국민연금법(1973년 국민복지연금법 제정 → 1986년 국민연금법으로 개정) - ㄷ. 국민건강보험법(1999년 제정) - ㄴ. 노인장기요양보험법(2007년 제정)

54
답·해설 **답 ⑤** ⇨ 기본개념 3장 & 기출회독 키워드 -

사회적 기본권은 국민이 국가기관에 대하여 인간다운 생활과 최저한의 생활보장을 적극적으로 요구할 수 있는 권리를 의미한다. 우리나라 헌법에서는 사회적 기본권에 대하여 인간다운 생활을 할 권리, 교육을 받을 권리, 근로에 대한 권리, 근로 3권, 환경권 등을 규정하고 있다.

55
답·해설 **답 ④** ⇨ 기본개념 5장 & 기출회독 키워드 228

보건복지부장관은 사회보장정보시스템의 구축·운영을 총괄하며, 사회보장정보시스템의 운영·지원을 위하여 전담기구를 설치할 수 있다.

56
답·해설 **답 ⑤** ⇨ 기본개념 5장 & 기출회독 키워드 228

사회보장위원회의 심의·사항
- 사회보장 증진을 위한 기본계획
- 사회보장 관련 주요 계획
- 사회보장제도의 평가 및 개선
- 사회보장제도의 신설 또는 변경에 따른 우선순위
- 둘 이상의 중앙행정기관이 관련된 주요 사회보장정책
- 사회보장급여 및 비용 부담
- 국가와 지방자치단체의 역할 및 비용 분담
- 사회보장의 재정추계 및 재원조달 방안
- 사회보장 전달체계 운영 및 개선
- 사회보장통계
- 사회보장정보의 보호 및 관리
- 사회보장제도 운영에 관한 협의에 따른 조정
- 그 밖에 위원장이 심의에 부치는 사항

57
답·해설 **답 ③** ⇨ 기본개념 6장 & 기출회독 키워드 229
오답노트
① 보건복지부장관은 속임수 등의 부정한 방법으로 사회보장급여를 받거나 타인으로 하여금 사회보장급여를 받게 한 경우에 대하여 보장기관이 효과적인 대책을 세울 수 있도록 그 발생 현황, 피해사례 등에 관한 실태조사를 3년마다 실시하고, 그 결과를 공개하여야 한다.
② 수급자가 수급자 변동신고를 고의로 회피하거나 속임수 등의 부정한 방법으로 사회보장급여를 받거나 타인으로 하여금 사회보장급여를 받게 한 경우에는 사회보장급여를 제공한 보장기관의 장은 그 사회보장급여의 전부 또는 일부를 그 사회보장급여를 받거나 받게 한 자로부터 환수할 수 있다.
④ 보장기관의 장은 발굴한 위기가구의 구성원이 필요로 하는 적절한 사회보장급여를 제공받을 수 있도록 지원하여야 한다.
⑤ 보건복지부장관은 지원대상자 발굴체계의 운영 실태를 매년 정기적으로 점검하고 개선방안을 마련하여야 한다.

58
답·해설 **답 ⑤** ⇨ 기본개념 6장 & 기출회독 키워드 229

ㄴ. 파산선고를 받고 복권되지 아니한 사람은 시·도사회보장위원회의 위원이 될 수 없다.
ㄹ. 시·도의 지역사회보장계획 수립·시행 및 평가에 관한 사항은 시·도사회보장위원회가 심의·자문하는 사항이다.

59
답·해설 **답 ④** ⇨ 기본개념 7장 & 기출회독 키워드 230

수용인원 300명을 초과할 수 있는 사회복지시설
- 노인복지법에 따른 노인주거복지시설 중 양로시설과

　노인복지주택
- 노인복지법에 따른 노인의료복지시설 중 노인요양시설
- 보건복지부장관이 사회복지시설의 종류, 지역별 사회복지시설의 수, 지역별·종류별 사회복지서비스 수요 및 사회복지사업 관련 종사자의 수 등을 고려하여 정하여 고시하는 기준에 적합하다고 시장·군수·구청장이 인정하는 사회복지시설

60

답·해설 답 ③   ⇨ 기본개념 7장 & 기출회독 키워드 230

사회복지사업법에 따른 사회복지사 의무채용 제외시설은 '노인복지법에 따른 노인여가복지시설(노인복지관은 제외), 장애인복지법에 따른 장애인 지역사회재활시설 중 수화통역센터·점자도서관·점자도서 및 녹음서 출판시설, 영유아보육법에 따른 어린이집, 성매매방지 및 피해자보호 등에 관한 법률에 따른 성매매피해자등을 위한 지원시설 및 성매매피해상담소, 정신건강증진 및 정신질환자 복지서비스 지원에 관한 법률에 따른 정신요양시설 및 정신재활시설, 성폭력방지 및 피해자보호 등에 관한 법률에 따른 성폭력피해상담소'가 있다.

61

답·해설 답 ④   ⇨ 기본개념 7장 & 기출회독 키워드 230
오답노트

ㄱ. 국민기초생활보장법의 목적에 해당한다.
ㄷ. 사회보장기본법의 기본이념에 해당한다.

62

답·해설 답 ④   ⇨ 기본개념 8장 & 기출회독 키워드 231
오답노트

① 생계급여 최저보장수준은 생계급여와 소득인정액을 포함하여 생계급여 선정기준 이상이 되도록 하여야 한다.
② 사회복지전담공무원은 이 법에 따른 급여를 필요로 하는 사람이 누락되지 아니하도록 하기 위하여 관할지역에 거주하는 수급권자에 대한 급여를 직권으로 신청할 수 있다.
③ 근로능력이 있는 수급자가 자활에 필요한 사업에 참가하지 아니하는 경우 조건을 이행할 때까지 본인의 생계급여의 전부 또는 일부를 지급하지 아니할 수 있다.
⑤ 교육급여는 교육부장관의 소관으로 하며, 주거급여는 국토교통부장관의 소관으로 한다.

63

답·해설 답 ⑤   ⇨ 기본개념 8장 & 기출회독 키워드 233

의료급여는 '의료법에 따라 개설된 의료기관, 지역보건법에 따라 설치된 보건소·보건의료원 및 보건지소, 농어촌 등 보건의료를 위한 특별조치법에 따라 설치된 보건진료소, 약사법에 따라 개설등록된 약국 및 한국희귀·필수의약품센터'에서 실시한다. 이 경우 보건복지부장관은 공익상 또는 국가시책상 의료급여기관으로 적합하지 아니하다고 인정할 때에는 대통령령으로 정하는 바에 따라 의료급여기관에서 제외할 수 있다.

64

답·해설 답 ②   ⇨ 기본개념 8장 & 기출회독 키워드 234
오답노트

① 이 법에 따른 지원은 위기상황에 처한 사람에게 일시적으로 신속하게 지원하는 것을 기본원칙으로 한다.
③ 국가 및 지방자치단체는 위기상황에 처한 사람에 대한 발굴조사를 연 1회 이상 정기적으로 실시하여야 한다.
④ 국내에 체류하고 있는 외국인 중 「난민법」에 따른 난민으로 인정된 사람은 긴급지원대상자가 된다.
⑤ 긴급지원연장 결정, 긴급지원의 적정성 심사 등을 심의·의결하기 위하여 시·군·구에 긴급지원심의위원회를 둔다.

65

답·해설 답 ①   ⇨ 기본개념 8장 & 기출회독 키워드 232

- 기초연금액의 환수금을 환수할 권리와 기초연금 수급권자의 권리는 5년간 행사하지 아니하면 시효의 완성으로 소멸한다.
- 국가는 지방자치단체의 노인인구 비율 및 재정 여건 등을 고려하여 기초연금의 지급에 드는 비용 중 100분의 40 이상 100분의 90 이하의 범위에서 대통령령으로 정하는 비율에 해당하는 비용을 부담한다.

66

답·해설 답 ③   ⇨ 기본개념 9장 & 기출회독 키워드 235

분할연금은 혼인기간이 5년 이상인 자가 분할연금 수급요건을 모두 갖출 때 받을 수 있다.

67

답·해설 답 ②   ⇨ 기본개념 9장 & 기출회독 키워드 236

국민건강보험종합계획 포함 사항
- 건강보험정책의 기본목표 및 추진방향
- 건강보험 보장성 강화의 추진계획 및 추진방법
- 건강보험의 중장기 재정 전망 및 운영
- 보험료 부과체계에 관한 사항
- 요양급여비용에 관한 사항
- 건강증진 사업에 관한 사항
- 취약계층 지원에 관한 사항
- 건강보험에 관한 통계 및 정보의 관리에 관한 사항
- 그 밖에 건강보험의 개선을 위하여 필요한 사항으로 대통령령으로 정하는 사항

68

답·해설 답 ①   ⇨ 기본개념 9장 & 기출회독 키워드 237

실업의 신고일부터 계산하기 시작하여 7일간은 대기기간으로 보아 구직급여를 지급하지 아니한다.

69

답·해설 답 ④   ⇨ 기본개념 9장 & 기출회독 키워드 238

분진을 흡입하여 폐에 생기는 섬유증식성 변화를 주된 증

상으로 하는 질병은 "진폐"이다. "장해"란 부상 또는 질병이 치유되었으나 정신적 또는 육체적 훼손으로 인하여 노동능력이 상실되거나 감소된 상태를 말한다.

70
답·해설 **답 ②** ⇨ 기본개념 9장 & 기출회독 키워드 239

장기요양보험료율, 재가 및 시설 급여비용, 가족요양비·특례요양비 및 요양병원간병비의 지급기준 등을 심의하기 위하여 보건복지부장관 소속으로 장기요양위원회를 둔다. 장기요양등급판정위원회는 장기요양인정 및 장기요양등급판정 등을 심의하기 위하여 공단에 둔다.

71
답·해설 **답 ⑤** ⇨ 기본개념 10장 & 기출회독 키워드 240
오답노트

① 노인복지주택에 입소할 수 있는 자는 60세 이상의 노인으로 한다.
② 노인공동생활가정은 노인주거복지시설에 해당한다.
③ 국가 또는 지방자치단체 외의 자가 노인의료복지시설을 설치하고자 하는 경우에는 시장·군수·구청장에게 신고하여야 한다.
④ 재가노인복지시설은 방문요양서비스, 주·야간보호서비스, 단기보호서비스, 방문목욕서비스 등을 제공함을 목적으로 하는 시설이다.

72
답·해설 **답 ③** ⇨ 기본개념 10장 & 기출회독 키워드 241

ㄱ. 아동의 권리증진과 건강한 출생 및 성장을 위하여 종합적인 아동정책을 수립하고 관계 부처의 의견을 조정하며 그 정책의 이행을 감독하고 평가하기 위하여 국무총리 소속으로 아동정책조정위원회를 둔다.
ㄴ. 시·도지사, 시장·군수·구청장은 보호조치 및 퇴소조치 등에 관한 사항을 심의하기 위하여 그 소속으로 아동복지심의위원회를 각각 둔다.
ㄷ. 보건복지부장관, 관계 중앙행정기관의 장 및 시·도지사는 매년 기본계획에 따라 연도별 아동정책시행계획을 수립·시행하여야 한다.

73
답·해설 **답 ⑤** ⇨ 기본개념 10장 & 기출회독 키워드 242

장애인을 전문적으로 상담·치료·훈련하거나 장애인의 일상생활, 여가활동 및 사회참여활동 등을 지원하는 시설은 장애인 지역사회재활시설이다. 장애인 직업재활시설은 일반 작업환경에서는 일하기 어려운 장애인이 특별히 준비된 작업환경에서 직업훈련을 받거나 직업 생활을 할 수 있도록 하는 시설을 말한다.

74
답·해설 **답 ④** ⇨ 기본개념 10장 & 기출회독 키워드 249

성폭력피해자 보호시설의 종류에는 '일반보호시설, 장애인보호시설, 특별지원 보호시설, 외국인보호시설, 자립지원 공동생활시설, 장애인 자립지원 공동생활시설'이 있다.

75
답·해설 **답 ③** ⇨ 기본개념 11장 & 기출회독 키워드 250

국민연금 보험료의 강제징수는 헌법상 재산권을 침해 하는 것은 아니다.

사회복지사1급 2026년 24회 대비 FINAL 모의고사 답안카드

사회복지사1급 2026년 24회 대비 FINAL 모의고사 답안카드

사회복지사1급 2026년 대비 FINAL 모의고사 답안카드

사회복지사1급 2026년 대비 FINAL 모의고사 답안카드

사회복지사1급 2026년 24회 대비 FINAL 모의고사 답안카드

사회복지사1급 2026년 대비 FINAL 모의고사 답안카드

사회복지사1급 2026년 24회 대비 FINAL 모의고사 답안카드

사회복지사1급 2026년 24회 대비 FINAL 모의고사 답안카드

사회복지사1급 2026년 24회 대비 FINAL 모의고사 답안카드